JN233081

シリーズ 21世紀の社会心理学 4
監修 高木 修

援助とサポートの社会心理学

助けあう人間のこころと行動

編集 西川正之

北大路書房

執筆者一覧 (執筆順)

西川正之（にしかわ　まさゆき）　　序章・4章
　　　帝塚山大学人文科学部教授（ご逝去）／専門分野：社会心理学
　　　　特に援助行動・被服行動　等

福岡欣治（ふくおか　よしはる）　　1章
　　　静岡文化芸術大学文化政策学部専任講師／専門分野：社会心理学・健康心理学
　　　　特に対人行動・対人関係・ソーシャル・サポート・生活ストレス

岡林秀樹（おかばやし　ひでき）　　2章
　　　明星大学人文学部心理教育学科助教授／専門分野：生涯発達心理学・健康心理学
　　　　特に老年期の問題・ストレス・コーピング　等

田中　泉（たなか　いずみ）　　3章
　　　滋賀県スクールカウンセラー・臨床心理士／専門分野：臨床心理学・社会心理学　特に援助行動

清水　裕（しみず　ゆたか）　　5章
　　　昭和女子大学人間社会学部心理学科助教授／専門分野：社会心理学　特に援助行動

水田恵三（みずた　けいぞう）　　6章
　　　尚絅学院大学総合人間科学部人間心理学科教授／専門分野：社会心理学　特に対人行動　等

大嶺和歌子（おおみね　わかこ）　　7章
　　　琉球大学非常勤講師／専門分野：社会心理学　特に援助行動

髙木　修（たかぎ　おさむ）　　8章
　　　関西大学社会学部教授／専門分野：社会心理学　特に対人行動　等

山口智子（やまぐち　ともこ）　　8章
　　　日本福祉大学社会福祉学部助教授／専門分野：社会心理学　特に援助行動　等

田中　優（たなか　まさし）　　9章
　　　大妻女子大学人間関係学部人間関係学科助教授／専門分野：社会心理学
　　　　特に対人関係・援助行動・被服行動　等

浦　光博（うら　みつひろ）　　10章
　　　広島大学総合科学部教授／専門分野：社会心理学
　　　　特に対人関係・社会的認知・自己過程　等

監修のことば

　社会心理学の原点は社会的に意味のある現象や問題にあり，それが複雑，深刻になるにつれて研究領域は拡大してきました。それゆえに，現象，問題なくして社会心理学は成立，発展しなかっただろうといわれています。社会心理学は，研究を通じて多くの理論をうち立て，知識を蓄積してきました。しかし，それらを応用して社会的な現象や問題の解明と現実的解決にどの程度寄与してきたかに関しては，残念ながら，厳しい評価が下されています。「社会心理学は，ほとんど，あるいはまったく貢献していない」という批評に私たちは真摯に耳を傾けねばなりません。なぜならば，社会心理学に対する期待は，それでもなお大きく，昨今の社会状況がさらにそれを拡大しているからです。そして，それに応える潜在力が社会心理学には確かにあると信じたいからです。

　さて，諸家が指摘するように，日本の社会は，何百年に一度といわれるほどに混乱する世紀末のなかで，大きく変動しています。21世紀に歩を進めようとしている社会は，その統制力を失った従来の社会，文化，教育，経済，および政治のシステムや制度に取って代われるものをしきりに模索しています。

　社会心理学は，かつての反省のうえに立って，自己の責務を深く受け止めねばなりません。つまり，この過渡期において，激動する現況をとらえ，長年の研究成果に照らして，これからの人間，社会の進む方向性を予見し，より質の高い幸せな生活の実現に向けて努力することを決意しなければなりません。

　監修者は，この認識のもとで，編集を担当していただける先生方と相談し，「シリーズ：21世紀の社会心理学」を企画しました。シリーズは，対人行動，集団行動，集合・文化行動の3領域に視程を定め，その総論と，各領域の個別問題に関する各論の計10巻で構成し，現在第一線で活躍中の研究者に執筆していただくことにしました。

　このシリーズが，監修者，編集者，執筆者はもとより，読者の研究者の皆さま方が，たとえ精神的なものであれ，研究に一応の区切りをつけ，21世紀における研究のいっそうの発展に向けて再出発されます際に少しでもお役に立てば，これに勝る喜びはありません。

2000年4月

関西大学　　高木　修

編者のことば

　人を助けたり支えたりする行動が社会心理学のおもな研究分野として注目されはじめてから，四半世紀が過ぎました。このあいだ，数多くの研究が精力的にすすめられ，それらは人を支える行動のメカニズムを徐々に明らかにしてきました。しかし依然として，私たちの社会では，他者を思いやるこころの喪失がさまざまな社会問題を生み出しています。

　バブル崩壊から10年，従来からあった社会のさまざましくみが崩壊し，再構築されようとしています。私たちの社会は物質中心主義から精神的価値を重視した社会へと移りつつあるといわれています。新しい社会的価値や人間関係のあり方が模索されているいま，「人を思いやるこころ」は，重要なキー概念の一つであるといえるでしょう。

　私たちは，相手を尊重する気持ちや思いやりのこころの欠如から生じている深刻な社会問題の解決をめざす必要があります。21世紀を迎えるにあたって，人を支える行動の研究は，現実の問題解決に貢献することを社会から強く期待されています。そして研究者は，その期待にこたえて，解決に役立つ理論モデルや研究パラダイムを示す必要があるでしょう。

　本書「援助とサポートの社会心理学」の特色の一つは，このような社会的要請や最近の研究動向を考慮して，現実の社会問題と人を支える行動との関係を中心に構成されていることにあります。現在あるいは近い将来，私たちの身のまわりで起きるさまざまな問題の解決に，援助やサポートを研究する者がどのように寄与できるのでしょうか。本書では，その可能性を社会心理学の立場から探ってみたいと思います。

　本書を企画するにあたって，現在援助やサポートの分野で第一線に立って精力的に研究活動を行なっている方々に執筆をお願いしました。そして，それぞれの担当の章では，海外の研究成果を紹介するだけではなく，できるだけ執筆者ご自身が現在進行形で取り組んでいるテーマについてもお書きいただくように依頼しました。多少，専門的な話題が多くなったかもしれませんが，このことは結果的に，本書がわが国における援助・サポート研究の，最先端部を照らし出すことになりました。これが本書の第二の特色であるといえるでしょう。

　本書は，人を支える行動に関する最近の研究動向を概括的に述べた序章を除けば，3つの部から構成されています。第1部では，青年（1章）と高齢者（2章）といった，援助やサポートを受ける対象者を中心に，最新の研究知見が紹介されています。第2部では，援助やサポートが提供される場所や状況を中心に，研究がまとめられています。とくに，青年にとってのおもな生活の場である大学（3章），一般社会人や高齢者の生活にとって重要な意味をもつ近隣社会（4章），そして1995年の阪神・淡路大震災以降，研究者の関心が高まっている大規模災害時（5章）における援助とサポートの研究が報告されています。最後の第3部では，21世紀に向けて，この分野の新たな展開を探る意味で，担当の執筆者には方法論的提言（6章），ますます社会的要請が高まると思われるボランティア活動（7章）やセルフ・ヘルプの研究（8章），生涯発達の視点からとらえた援助とサポート研究（9章），そして援助やサポートを含む対人関係のダークサイドにも注目した研究（10章）を紹介していただきました。

本書は以上のような内容で構成されています。全体を見れば，まず，どのような人たちが，どのようなときに，どのような場面・場所で他者からの支えを受けているのか，について述べられた章を前半に配置して，この研究分野の広がりと深まりとを読者に理解していただくことを考えました。次に，21世紀を迎えるにあたって，この分野の研究が今後どのような方向に進んでいくのかを，執筆者とともに考えていただくための章を後半に配置しました。しかし読者には，各章のテーマを見たうえで，興味をもった章から順次読み進んでいただいても，十分に援助とサポート研究の概略をおわかりいただけるのではないかと思っています。もちろん，編集の不手際から執筆者の意図を十分に伝えられない構成になっているかもしれません。また読者の立場から，読みにくい構成になっているかもしれません。その責はひとえに編者にあります。

　最後になりましたが，本書の出版にあたって，編者を激励し，本書の誕生を支えて下さった北大路書房編集部の石黒憲一氏・奥野浩之氏に心より謝意を表します。

2000年3月

帝塚山大学　　　西川　正之

　2000年3月9日，編者の西川正之さんが不慮の事故で47年の短い生涯を閉じられました。これからますます大きな花を咲かせると期待されていた俊英の思いもよらぬ夭逝に接して，かけがえのない人を失った深い悲しみを感じています。西川さんも，本書の出版を待たずしてこの世を去ることをさぞかし無念・残念に思ったことでしょう。

　研究の中心テーマは援助行動，とくに被援助者の行動であり，これで学位を取得し，この領域での理論的，実際的発展に大きく寄与されました。本書の編者，著者としてまさしく適任であったと考えます。

　ご遺族の方々の計り知れないご心痛をご推察申し上げますとともに，西川さんのご冥福を心よりお祈りし，本書を西川正之さんに捧げることを，読者ならびに執筆者のみなさまにお許し願いたいと思います。

2000年4月

監修者　高木　修

21世紀の社会心理学　4

援助とサポートの社会心理学

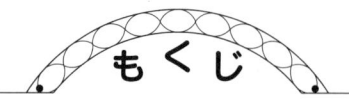

もくじ

序章　援助とサポートの社会心理学　1
　1　研究する援助過程の広がり　1
　2　研究対象者の広がり　3
　3　研究される援助状況の広がり　4
　4　おわりに　6

第1部　だれを助けるのか　9

1章　青年の援助とサポート　10
　1　はじめに　11
　2　発達過程のなかでの青年期　11
　　(1)　青年期の特徴　11
　　(2)　青年期の発達課題　11
　3　青年の人間関係　12
　　(1)　青年と人間関係　12
　　(2)　青年の悩みとその相談相手　13
　4　青年のソーシャル・サポート　13
　　(1)　ソーシャル・サポートの測度例　14
　　(2)　わが国での実証研究の知見　15
　5　まとめと今後の課題　20
　　(1)　研究知見の整理　20
　　(2)　課題とこれから　21
　6　おわりに　22

2章　高齢者の援助とサポート　26
　1　高齢者のサポート研究の背景　27
　　(1)　高齢者におけるサポート研究の流れ　27
　　(2)　社会関係のなかでのサポート概念の位置づけ　27
　2　サポートに関する実証研究　28
　　(1)　社会的支援と精神的健康　28
　　(2)　縦断研究による知見　30
　　(3)　社会的支援のストレス緩衝効果　32
　　(4)　高齢者の介護　33

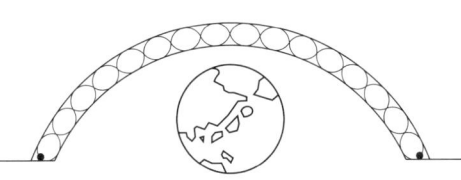

3　高齢者におけるサポート研究の課題　36
　　　(1)　理論的課題　36
　　　(2)　方法論的課題　37
　　　(3)　実践的課題　37

第2部　どんなとき助けるのか　39

3章　学校における援助とサポート　40
　　1　インフォーマルな社会資源―友人サポート　41
　　2　学内のフォーマルなサポートシステム　43
　　3　サポートネットワークを作るための援助活動
　　　　―学生相談について　43
　　4　よりよいサポートネットワークを確立するた
　　　　めの個人要因について　45
　　5　サポートネットワークを確立するためのスキル
　　　　―援助要請を決める手がかり　48
　　6　おわりに　50

4章　近隣社会における援助とサポート　52
　　1　はじめに　53
　　2　日常生活における援助とサポート　53
　　3　都市の規模と援助・サポート　54
　　4　近隣社会における援助行動の構造　56
　　5　地域社会のなかでの交友関係と援助行動　59
　　6　おわりに　60

5章　災害時における援助とサポート　62
　　1　災害時の援助とサポート　63
　　2　災害とはなにか　63
　　3　阪神・淡路大震災における援助・サポート　64
　　　(1)　被災者への援助　64
　　　(2)　避難所の運営　66
　　　(3)　ボランティアによる援助　68

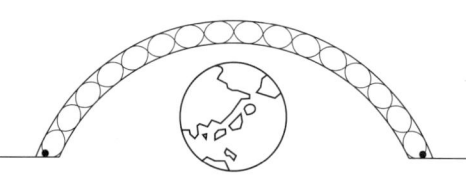

4　災害による精神・心理面への影響　70
　　　　(1)　被災者の精神・心理的問題とサポート　70
　　　　(2)　救援者へのサポート　71

第3部　これからの課題―今後の援助・サポート研究―　73

6章　援助行動への生態学的アプローチ　74
　1　はじめに　75
　2　生態学とは　75
　3　生態学的心理学とは　76
　4　生態学的心理学の分析方法による観察例　77
　5　生態学的心理学の方法に基づいた援助行動の研究　77
　　(1)　定点観察の方法　77
　　(2)　選定したゲレンデ　78
　6　最後に　81

7章　ボランティア活動の動機と成果　82
　1　ボランティアとは　83
　　(1)　ボランティアの定義　83
　　(2)　ボランティアの活動　84
　2　ボランティアの動機　85
　　(1)　ボランティアの特徴　85
　　(2)　ボランティア活動の参加動機　85
　3　ボランティア活動の成果　89
　　(1)　ボランティア活動経験の影響過程　89
　　(2)　自己への活動成果　90
　　(3)　対象者への活動効果　90
　4　これからのボランティア活動　90

8章　セルフ・ヘルプ―助けることは助けられること―　94
　1　セルフ・ヘルプ・グループとは？　95
　　(1)　セルフ・ヘルプ・グループの定義　95
　　(2)　セルフ・ヘルプ・グループの分類　95

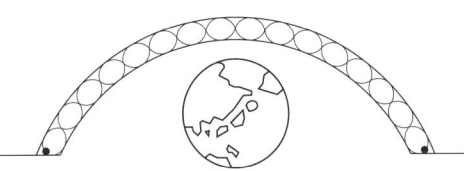

(3) セルフ・ヘルプ・グループの機能　96
　2　援助行動の生起過程とヘルパーセラピー効果　97
　　　(1) 援助行動の生起過程に関するモデル　97
　　　(2) 援助要請行動の生起過程モデル　97
　　　(3) 援助授与行動の生起過程モデル　98
　　　(4) 援助経験の影響出現過程モデル　98
　　　(5) 被援助経験の影響出現モデル　99
　3　ヘルパーセラピー効果に関するモデル　99
　　　(1) 岡の機能モデル：3つの基本要素　99
　　　(2) 高木・山口の効果出現3過程8段階モデル　100
　4　今後の研究課題　102

9章　社会的ネットワークと生涯発達　104
　1　社会的ネットワーク（ソーシャル・ネットワーク）　105
　2　生涯発達と社会的ネットワーク　ネットワークの始まり　107
　　　(1) 愛着　107
　　　(2) インターナル・ワーキング・モデル　108
　　　(3) 漸成説とルイスの社会的ネットワーク・モデル　109
　　　(4) コンボイ・モデル　110
　　　(5) 愛情の関係モデル　113
　　　(6) 社会的ネットワークの発達的移行　114
　3　社会的ネットワークにおける互恵性　114
　　　(1) クリッテンデンの研究　114
　　　(2) 大日向の研究　115
　　　(3) 社会的ネットワークにおける互恵性に関する研究　115
　4　おわりに　115

10章　対人関係の光と影　118
　1　対人関係の2面性　119
　2　ソーシャル・サポートのネガティブ効果　119
　　　(1) 友人からのサポートのネガティブ効果　119
　　　(2) 上司からのサポートのネガティブ効果　120
　　　(3) 対人関係の特質とサポート　121

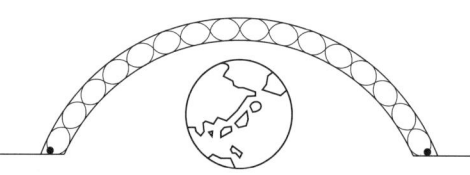

- ⑷ 文脈のなかでのソーシャル・サポート　122
- 3　ソーシャル・サポートと自己過程　123
- ⑴ ソーシャル・サポートと自己高揚　123
- ⑵ ソーシャル・サポートと自己確証　124
- ⑶ 自己高揚と自己確証との関連　124
- ⑷ 自己過程が対人関係に及ぼす影響　125
- 4　残された課題　126
- ⑴ サポートを質量ともに適切なものにするための条件とは　126
- ⑵ サポートの受け手の要因をどうとらえるか　127
- ⑶ 対人関係の多様性をどうとらえるか　128

索引　131

序章 援助とサポートの社会心理学

　老人福祉施設の一室，あるボランティアの主婦が仲間のボランティアといっしょに高齢者への介助をしています。この活動に参加してようやく1年が経とうとしています。友人に誘われて始めた活動ですが，彼女はいまやここに来て介護することに積極的な自分を感じています。始めた当初はいったい自分になにができるのだろうかと不安に思うことがありました。自分の思いほどにはうまく介助できずに，お年寄りを不快にさせることもありました。そんなとき，施設職員の指導やボランティア仲間の励ましが彼女を支えてくれました。彼らの援助やサポートのおかげで，いまでは彼女はこの場所でとても充実した時間を過ごしています。

　ある病院のナース・ステーション，ようやくその日の日勤業務を終えようとしている看護婦がいます。今日は夕方の5時半までに保育所へ子どもを迎えに行かなければなりません。帰りじたくにかかろうとしていたところ，急に医師から仕事を指示されました。夫は残業があるために，今日に限ってはどうしても自分が時間までに子どもを迎えに行かなければなりません。依頼された仕事は自分がかかわっていたものだけに，それをおいて帰ることはしづらいし，かといって子どもの迎えを夫に替わってもらうわけにもいきません。彼女は苦境に立たされました。すると同僚の看護婦が，その仕事を替わって引き受けてあげよう，と申し出てくれました。彼女は同僚のひとことに救われた思いで，職場をあとにしました。

　最近，人を支える行動の研究は，理論的研究に加えて，いろいろな現実場面で行なわれるさまざまなタイプの援助を対象にして行なわれるようになってきました。研究者たちは実際的な問題の解決によりいっそう積極的に取り組むようになってきたのです。今後ますますこの分野の研究対象は広がりを見せるでしょう。

1　研究する援助過程の広がり

　困っている人を支える行動の研究は，まず，援助を促進したり抑制したりする要因の分析，援助する人の特徴の検討，援助行動の類型や構造の解明，あるいは援助者の認知過程や意思決定過程のモデル化を通して，おもに援助する人の心理的過程を明らかにしてきました。そして最近では，従来の援助者からの視点に加え，援助を依頼する人や援助を受ける人の立場から，援助過程をとらえようとしています。援助行動を，援助する人の視点だけではなく，援助される人，さらには援助を要請する人の立場から幅広くとらえようとする研究は，1980年代に入ってしだいに増えてきました。このような研究動向は，第一に，いくつかの社会心理学的研究を通して，助けられることが被援助者に喜ばしい気持ちだけをもたらすのではなく，援助や援助してくれた人に対する申し訳のなさのような苦しい感情をいだかせたり，援助者に対する反発心のような気持ちをいだかせることもある，という事実が明らかにされてきたこと，第二に，社会福祉学や老年学(gerontology)の分野における研究，あるいは対外援助の受け手国の反応に関する研究でも，被援助者の否定的反応が明らかにされたこと，などによって生み出されてきたといわれています (Nadler & Fisher, 1986)。このような研究の流れに加えて，この分野がしだいに成熟するにつれて，研究者が，援助の生まれる背景や援助が被援助者に及ぼす効果に関する研究の重要性を認識し始めたことも，この種の研究をさらに発展させてきた理由であると考えられています。つまり，人を支える行動の研究者たちは，援助を提供する行動だけではなく，なぜ援助を必

1

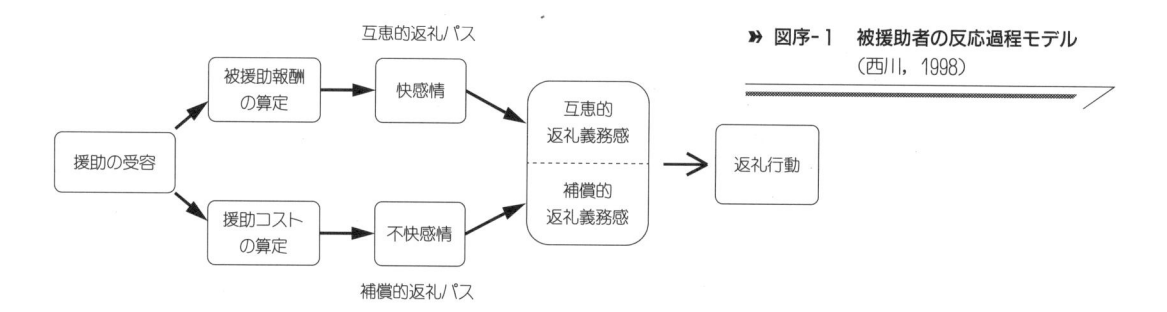

図序-1　被援助者の反応過程モデル
（西川，1998）

要とするにいたったのか，そして援助されることが援助者と被援助者にどのような影響を及ぼすのかといった，より幅広い援助過程へと関心を広げてきたといえるでしょう。

相川（1987）は，援助を要請する人の心理的過程に関するモデルを提案しています。このモデルによると，援助要請過程は自分が直面している問題が重要かどうか，自分に問題を解決する能力があるかどうか，自分のまわりに適切な援助者がいるかどうか，そして援助を要請する方略があるかどうか，の4つの主たる判断から構成されます。そして相川は，援助を要請し，その援助を得るためには，この判断過程を通して決定された援助を要請する方略を適切に実行できる社会的スキルがたいせつであることを述べています。

西川（1998）もまたこのような研究の流れのなかで，被援助者の反応過程に関するモデルを提案しています（図序-1）。このモデルでは，援助された人が援助してくれた人に対して行なう返還行動が，互恵的か，さもなければ補償的かと，二者択一的に単純に類型化されるものではなく，援助のやりとりのなかに含まれる被援助報酬の大きさが互恵的返還行動を導く過程と，援助コストの大きさが補償的返還行動を導く過程の双方を，同時に視野に入れた被援助者の反応過程を考える必要があることが強調されています。

援助要請過程や被援助者の心理的過程に加えて，高木（1998）は，援助を提供することが提供後の援助者に及ぼす肯定的効果に注目し，これを援助成果ということばで概念化しています。高木によれば，援助成果とは「日常生活でストレスに苦しみ，本来ならば援助の対象となる人が，自分と同じ，あるいは異なる困難に遭遇している人を助けることによって，自分自身の問題が解決する」ことを意味します。これは，援助が被援助者の苦境を解決するといった援助効果とは区別されるものであり，援助することが自分自身の生活ストレスに打ち勝つための有効な手段になるという効果を援助者にもたらします（高木，1998）。援助成果に関する研究は，生活ストレスに悩む人が他人を援助することによって，自分自身も恩恵を受けるという，援助提供後の過程をとらえています。

このように，研究の対象とされる援助過程は，潜在的援助者が援助提供を決定する際の心理的過程を中心にして，困窮者が援助を要請するか否かを判断する援助要請者の心理的過程，援助された人が援助や援助者に対する反応を決定する被援助者の心理的過程，そして援助提供後における援助者の心理的過程の研究へと，幅広く展開されてきました。

他方，ソーシャル・サポートの研究は，個人の社会的関係と心身の健康との関係を明らかにすることから始まったといわれています（たとえば浦，1998）。そしてソーシャル・サポートには，ストレスに苦しむ人たちに対してそのストレスを解消するために役立つ手段を提供したり，それを入手しやすくするための情報を提供したりする道具的サポートと，ストレスの状況下にある人の傷ついた自尊心や情緒を癒すような励ましを与えたりする社会情緒的サポートがあると述べられています（浦，1992）。ソーシャル・サポートの研究分野はこの30年ほどのあいだに大いに発展してきました。そしてこれらの研究を通して，ある人が保持する社会的ネットワークの密度や境界密度といっ

た特徴が心身の健康と関連し，しかもその関係の様相はその人の社会経済的地位や居住する町の規模によって規定されること，あるいは道具的サポートや社会情緒的サポートの効果はその与え手がだれであるかによって異なること，などの知見が提供されてきました。

ここで，援助行動とソーシャル・サポートという2つの概念の関係について触れておきたいと思います。社会心理学の分野では，苦境に立つ他者に対する行動を，援助行動研究の流れと，ソーシャル・サポート研究の流れの双方からたどることができるでしょう。松井と浦（1998）は援助とサポートを，研究対象や手法の比較および研究動向の比較を通して特徴づけています。これらの比較は双方の概念上の違いを理解するうえで重要な手がかりを与えてくれています。他方で，援助もソーシャル・サポートも，ともに苦境に立ち，ストレスをいだいている人々に安寧をもたらす行動であるとみなすことができます。したがって，ここでは2つの概念を別のものとして区別せず，人を支える行動として包括的に理解したいと思います。

援助やサポートが好ましい対人関係の発展・深化をいかに促進するのかを理解するためには，援助やサポートがその提供者と受け手の双方にとって，どのような肯定的，否定的結果をもたらすかを詳細に検討する必要があります。善意に基づく援助が，その行為の受け手に向けられた好意の表現として受け止められ，その結果受け手の行為者に対する好意を生み出す過程は，両者のあいだで安定した対人関係が発展していくために重要です。この関係の発展を理解するためには，試みられた援助やサポートがどのように受け止められ，さらにどのような反応を生み出すのか，といった行為の与え手とその受け手の反応過程を幅広く理解する必要があるでしょう。そして，これらの過程を詳細に分析することは，二者間，集団内，さらには近隣社会のなかで私たちが円滑な対人関係を発展させていくのに必要な知見を提供することになると考えられます。

2 研究対象者の広がり

これまで社会心理学の分野で行なわれてきた研究の多くは，青年，とりわけ大学生をおもな研究対象として展開されてきました。援助行動の分野では，研究が始まったばかりの段階からフィールド実験を積極的に行ない，日常生活場面で不特定多数の人の反応をとらえてきました。また，ソーシャル・サポートの研究では，高齢者や寡婦（寡夫）などを対象に，現実的問題にアプローチしてきました。しかしこの領域の研究全体を見わたせば，社会心理学の他の領域と同様に，大学生を対象とした研究が中心であったといえるでしょう。

たしかに大学生を対象にして研究を行なう場合，いくつかの利点が考えられます。たとえば，援助行動の生起メカニズムを明らかにしたり，援助を提供するにいたるまでの意思決定過程を解明したり，さらには援助行動に関する理論的モデルを詳細に検討したりするときには，実験参加者に対して，彼らの感情状態や思考過程についての内省をかなり詳細に求めることになります。また，研究者は精緻な理論を検証するために，大学などの研究機関に設けられた実験室内で，ある程度実験参加者の時間を拘束しながら，実験を行なう必要があります。このような場合，大学生は研究を進めるうえで，実験や調査の対象者として格好の存在であると思われます。

ただし，実験室のなかで得られた結果と矛盾した結果がフィールド研究で得られたりすることがあります。たとえばウィルス（Wills, 1992）は，実験室ではなかなか現われにくい援助要請行動がフィールド研究ではたびたび生じることを述べています。このくい違いについてウィルス自身は，フィールド研究では，人々のあいだで継続して維

持されている親密で個人的な関係に注目しがちであるため，実験室研究にくらべてより頻繁に援助要請行動が現われると考えています。実験室での研究では，多くの場合困窮者は，初めて出会った相手に対して援助を要請するか否かを決定しなければなりません。それに対してフィールド研究では援助を要請する相手として知り合いや親しい人を想定させることが多いようです。そして実験参加者は，過去の関係の文脈のなかで，相手とのあいだでもちつもたれつといった互恵的な援助関係を作りあげていたとみることもできるでしょう。このように考えれば，実験室研究よりもフィールド研究においてより頻繁に援助要請が見受けられるという結果は理解されます。ウィルスの指摘は，人を支える行動が観察される状況や文脈をとらえておくことの重要さを私たちに教えてくれます。

また，最近の研究動向として，現実の社会問題への対処としての援助やサポートを考える傾向が強くなってきているように思います。しかも，これらの行動をより自然な状況でとらえることに関心が向けられるようになってきました（Spacapan & Oskamp, 1992）。このことは，人を支える行動の分野では，実験室からフィールドへと，研究の比重が移ってきたことを示唆しています。

このような経緯から，実際にわが国においても人を支える行動の研究対象者は，大学生だけでなく，継続的な援助の提供者であるボランティアや家庭の主婦たち，あるいは援助の受け手としての高齢者や自然災害の被災者たちへと広がってきました。これらの人々を対象とした研究は，フィールドを中心として行なわれています。

援助行動やソーシャル・サポートの研究は，社会心理学の応用的側面をよりいっそう強調するようになってきたと言えるでしょう。その結果，私たちはいままで以上に，より幅広く研究の対象をとらえることが求められています。これからのいくつかの章では，青年や学生（1章，3章）はもとより，高齢者（2章），家庭の主婦（4章），大規模災害の被災者（5章），さらにはボランティア（7章）などを対象とした，さまざまな研究が紹介されます。

3　研究される援助状況の広がり

研究のなかで取り上げられる援助者と被援助者との関係性の点から人を支える行動を考えれば，多くの実験的研究では，それが野外で行なわれるものであっても実験室内で行なわれるものであっても，一過的な関係のなかで生じる援助を研究してきました。しかし現実の生活のなかでは，初対面やそれほど親しくない人に対して行なわれる援助よりも，友人，知人どうしのあいだで行なわれる援助のほうがはるかに多いことが明らかにされています（4章参照）。そこで最近では，関係が一時的でない，ある程度継続された関係のなかでやりとりされる援助やサポートに関心が向けられています。関係が維持されている人々のあいだには，困ったときに助け合ったり励まし合ったりしてきた歴史があります。これまでいくつかのフィールド研究は，人間関係の親密さが援助やサポートを促進することを明らかにしてきました。このことについてウィルス（Wills, 1992）は，苦境に立つ人が，親密なあいだがらの相手に対しては自分のかかえている問題をもち出しやすいと思いがちであり，その結果相手にも援助を求めている人の問題がなにであるのかが伝わりやすいと考えています。また親密な人々のあいだでは，自己開示を盛んに行なう傾向があるため，困窮者がしてほしいと思っていることがらに気づきやすく，そのために適切な援助がタイミングよく提供されやすいと考えられています。さらに，親密な人どうしのあいだでやりとりされる道具的援助やアドバイスは相手への強い関心とケアをしてあげたいという気

持ちによって動機づけられると認知されることが多いために，支えられた人にとって援助はより強いインパクトをもつようです（Wills, 1992）。このように，人を支える行動の研究は，援助者と被援助者のあいだの一過的関係性が前提とされる対人状況のみならず，持続的関係性が想定される対人状況をも視野に入れて進められるようになってきました。

人を支える行動について研究が進められる社会的状況も広がりをみせています。現代社会はストレッサーに満ちあふれています。私たちはさまざまなストレスを経験しながら毎日の生活を送っています。その典型的なストレス状況は職場です。職場はモノを生み出す場であり，高い生産性が要求されます。このことは働く人にとって強いストレスの源となります。他方で，職場における人間の問題も深刻であり，職場仲間との人間関係の良否，職場配置の適切さ，賃金や昇進についての満足感などは，職業人のストレスと深くかかわっています。人がストレス状況におかれたままにいると，逃避的な行動をとるようになったり，さまざまな心身の疾病が発生したりすることもあります。このようなストレスに対する緩衝効果をソーシャル・サポートはもつと考えられています。浦（1992）は，ソーシャル・サポート研究のなかで職場での対人関係を対象とした研究はあまり多くないと述べたうえで，従来数多く行なわれてきた，組織内の対人関係が人々に与える影響に関する研究を，ソーシャル・サポートの視点から整理し直し，紹介しています。

職場でのストレスは，バーンアウトを生み出します。バーンアウトとは「過度で持続的なストレスに対処できずに，張りつめていた緊張が緩み，意欲や野心が急速に衰えたり，乏しくなったときに表出される心身の症状である」と考えられています（久保と田尾，1991）。久保らは，バーンアウトの程度を規定する環境要因の1つにソーシャル・サポートをあげています。そしてソーシャル・サポートはバーンアウトを抑制する効果をもつと考えられているのです。つまりストレスにさらされて苦境に立っている人にとって，その原因を直接的に取り除いてくれるような援助や，苦しい心情に共感的理解を示してくれる人の存在は，ストレスを緩衝する効果をもち，バーンアウトを未然に防ぐことに寄与すると考えられるのです。さらに，田尾（1987）は，ソーシャル・サポートを得られる可能性とバーンアウトの傾向との関係を調べたところ，仕事と仕事以外のことがらの両方で，配偶者が相談相手になり得ると判断した人たちが，相談相手になり得ないと判断した人たちにくらべて，バーンアウト傾向が弱いことが明らかになりました。職場の上司や同僚が相談相手になるか否かはバーンアウトとは有意に関係していませんでした。この結果は，仕事上のストレスや問題を上司や同僚に相談し，解決をめざすことが，まだまだむずかしい現状を示唆しているのではないでしょうか。

最近研究が進められ始めた援助提供状況のひとつとして，近隣社会における日常的場面があげられるでしょう。ふだん友人や家族とのあいだで行なわれる援助やサポートは，町のなかで見知らぬ人とのあいだで交わされるそれよりも多いと思われます。したがって日常生活で交わされる援助の研究では，一般的に援助者と被援助者とのあいだに何らかの関係性を想定する場合がほとんどです。アマト（Amato, 1990）が大学生や社会人に対して行なった調査の結果では，日常生活において，友人や近隣に住む人々といった，何らかの関係をもつ個人に対して行なわれた援助がきわめて高い割合を占めていることが明らかになりました（詳細は4章を参照）。たしかに，私たちのふだんの生活では，見知らぬ人よりも，たびたび顔を合わす機会をもつ友人や知人を助けたり，それらの人から助けられることのほうがはるかに多いでしょう。

そして人々の日常生活が展開される中心的な場として，近隣社会は重要な意味をもちます。アマト（Amato, 1990）は，日常生活で交わされる援助の特徴には，一般的に援助者と被援助者とのあいだに何らかの関係性を想定する場合が多く，また，日常生活で行なわれる援助の多くが，あらかじめ計画されて行なわれることをあげています。ところが，近隣社会のなかで生活を営む人々のあいだで日常的に交わされる援助行動を社会心理学的にとらえた研究はあまり多くありません。これから私たちは超高齢化社会を迎えます。近い将来，わが国において，高齢者への社会的，経済的援助が重要かつ深刻な問題になると考えられます。高齢者にとって，日常的援助を提供してくれる近親者，友人・知人，あるいは近所の人たちの存在は，彼らの情緒的不安定や生活上の不安を解消する意味で，ますます重要になってくると思われます。また，これまで日本社会においては，家族こそがその一員である高齢者の介護や援助を担うものであると考えられてきました。しかし高齢化が進むにつれて，家族だけで高齢者を支えることには限界があることが顕現化してくるでしょう。これからは，広く近隣社会のなかで，高齢者への援助を考える必要があります。この意味でも近隣社会のなかで互いが互いを支え合う行動の促進が求められるようになると思われます。

このほかにも，1995年1月の阪神・淡路大震災以降本格的に始められた，大規模災害時における被災者への援助やサポートのあり方を考える研究（たとえば，松井ら，1998），さらにはボランティア活動の継続性を規定する要因を分析する研究（たとえば，高木と玉木，1996），などが少しずつ見受けられるようになってきました（5章および7章，参照）。また，学校を舞台にして行なわれる援助やサポートの研究もその重要性を増してきています（3章）。これからもさらに多様な状況において，人を支える行動の研究が推進されると思われます。

4 おわりに

この章では，比較的最近の，人を支える行動の研究動向について，その一部を紹介しました。1960年代に始まった援助行動研究は，従来にも増して，現代社会の深刻で複雑な問題の解決に立ち向かおうとしています。そしてこの分野の研究は，これまで以上に応用社会心理学的色彩を強めているように思えます。この動向はまた，人を支える行動の研究に対する社会的期待の大きさを反映していると考えられます。それだけに，私たちは社会問題の解決に有用な行動パラダイムを提案するという責務を負っているといえるでしょう。

引用文献

相川 充 1987 被援助者の行動と援助 中村陽吉・高木修（編） 他者を助ける行動の心理学 光生館 p.136-145.

Amato, P. 1990 Personality and social network involvement as predictors of helping behavior in everyday life. *Social Psychology Quarterly*, 53, 31-43.

久保真人・田尾雅夫 1991 バーンアウト ―概念と症状，因果関係について― 心理学評論，34，412-431.

松井 豊・浦 光博 1998 援助とソーシャル・サポートの研究概観 松井 豊・浦 光博（編） 人を支える心の科学 誠信書房 p.1-17.

Nadler, A. & Fisher, J. D. 1986 The role of threat to self esteem and perceived control in recipient reactions to aid : Theory development and validation. In Berkowitz, L. (Ed.), *Advances in experimental social psychology* (Vol. 19). New York : Academic Press.

松井 豊・水田恵三・西川正之 1998 あのとき避難所は ―阪神・淡路大震災のリーダーたち― ブレーン出版

西川正之 1998 援助研究の広がり 松井 豊・浦 光博（編） 人を支える心の科学 誠信書房 p.115-148.

Spacapan, S. & Oskamp, S. 1992 An introduction to naturalistic studies of helping. In S. Spacapan & S. Oskamp (Eds.) *Helping and being helped*. Newbury Park, Calif : Sage. 1-15.

高木 修 1998 人を助ける心 ―援助行動の社会心理学（セレクション社会心理学7）― サイエンス社

高木 修・玉木和歌子 1996 阪神・淡路大震災におけるボランティア ―災害ボランティアの活動とその経験の影響 関西大学社会学部紀要，28，1-62.

田尾雅夫 1987 ヒューマン・サービスにおけるバーンアウトの理論と測定 京都府立大学学術報告人文，39，99-112.

浦 光博 1992 支えあう人と人 ―ソーシャル・サポートの社会心理学（セレクション社会心理学8）― サイエンス社

浦 光博 1998 ソーシャル・サポートの理論的モデル 松井 豊・浦 光博（編） 人を支える心の科学 誠信書房 p.151-175.

Wills, T. A. 1992 The helping process in the context of personal relationships. In S. Spacapan & S. Oskamp (Eds.) *Helping and being helped*. Newbury Park, Calif : Sage. 17-47.

第1部

だれを助けるのか

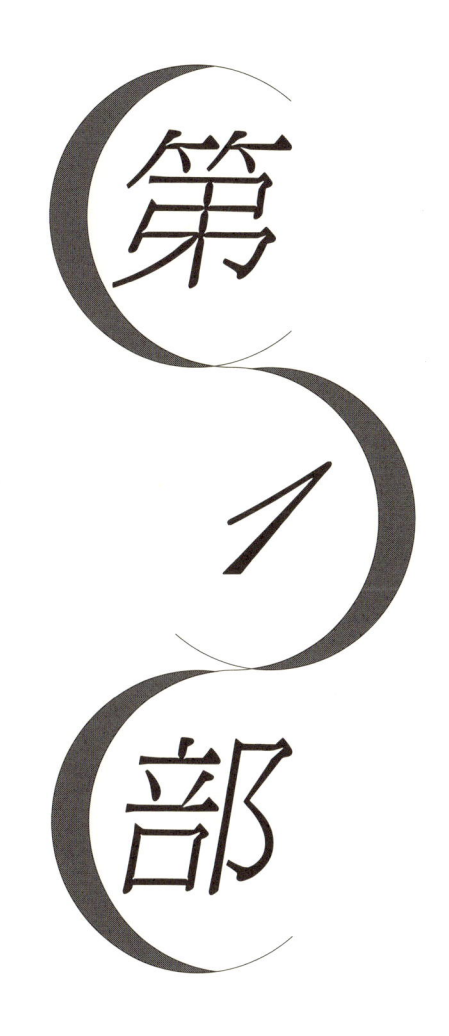

　援助にしろサポートにしろ，本書が問題とする「人を支える行動」は，それらの対象となる被支援者と，それらの担い手となる支援者とが，何らかの文脈のなかで，直接的に，あるいは間接的に，ある場面で遭遇しなければ成り立ちません。

　第1部では，支援行動の受け手として，とくに，青年と高齢者に焦点をあて，彼らが現在おかれている状況の特徴と，それゆえにどのような支援をだれから受けているのか，その効果はどうであるのかを，最近の研究知見に基づいて，考えてみることにしましょう。

1章

　A子は最近ちょっと疲れぎみです。大学入学を機に一人暮らしを始めて3か月，だいたい生活のリズムはつかめるようになったのですが，料理を作ったり掃除をしたりは楽ではありません。また，授業ではそろそろレポートの課題が出はじめました。高校までの暗記勉強と違い，図書館でいろいろ調べて書かなくてはいけません。でも一番嫌なのは，サークルの先輩に自分勝手な人がいることです。後輩だからってぺこぺこするのは高校までで卒業のつもり。うんざりしてしまいます。

　でも大丈夫。サークルでは仲のよい友だちもいます。先輩のことも，友だちにひとしきりグチを聞いてもらうと，けっこう気分が晴れます。レポートのこと，一人暮らしのことなんかも相談にのってもらい，なんとかうまくいきそうです。

　そういえば，このあいだお母さんから電話がかかってきました。「なにか困ったことない？　からだに気をつけてね」──実は，入学直後に風邪をひいたとき，わざわざようすを見に来てくれました。心配かけないように，A子はがんばろうと思っています。

青年の援助とサポート

1 はじめに

　この章では、中学生、高校生、大学生といった、いわゆる青年期の人たちにとっての援助とサポートの問題を取り上げます。具体的には、周囲の人からの支えとしてのソーシャル・サポートに関する、青年を対象とした諸研究をおもに紹介していきます。周囲の人との関係から、青年がどのように支えられつつ成長していくのか、また周囲の人から支えられることによって、さまざまなストレスを経験しつつ、いかにこころの健康を維持・回復していくことができるのか、といった問題がそこでは扱われています。

　なお「青年期」の範囲についてはさまざまな意見がありますが、本章ではおおよそ中学校入学から大学卒業程度までの期間をさすものとします。

　以下、青年期のソーシャル・サポートに関する研究を紹介していきますが、その理解を助けることを目的として、まず人間の発達過程のなかでの「青年期」の位置、そして青年にとって人間関係が一般にどのような役割を果たすとされているのか、をみていくことにしましょう。

2 発達過程のなかでの青年期

（1）青年期の特徴

　青年心理学の創始者として知られるホールは、青年期を緊張と葛藤に満ちた"疾風怒濤の時代"であるとしました（久世, 1996）。実際にはすべての人が緊張や葛藤に満ちた時期を経験するわけではありませんが（たとえば東京都生活文化局, 1985；総務庁青少年対策本部, 1986）、第二次性徴の発現による身体的外観の変化や思考能力の発達ともあいまって、青年期にはほとんどの人がいままでと違う自分に気づき、自分自身や自分と周囲とのさまざまな関係について考えるようになります。そして、進学や就職などを通してみずからの進路を決定し、経済的にも自立して、法的にも成人（大人）として扱われるようになります。いわばそれ以前とは異なる社会的役割への移行を経験し、それに適応していかなくてはなりません。なお、こうした役割の移行は当然ながら親や友人やその他さまざまな人たちとの関係の文脈のなかで起こってきますから、それへの適応は、それ以前からの周囲の人との関係性が大きく影響することになります。

（2）青年期の発達課題

　青年期には、どのようなことがらを身につけ、乗り越えていくことが課題とされるのでしょうか。

　ハヴィガースト（Havighurst, 1953）は、青年期の発達課題として表1-1の10個をあげています。青年は種々の社会的・個人的条件に応じつつこれらの課題達成をめざさなくてはならないわけですが、なかでも①同年代の男女との新たな関係の形成、④両親その他の大人からの情緒的な独立など、周囲とのあいだにより成熟した対人関係を結ぶことにかかわる課題は、社会的な適応をもたらし、その他の課題達成をもうながすという点で、とりわけ重要なものとされています。

　またエリクソン（Erikson, 1959）は、発達の各段階における心理・社会的危機と重要な対人関係について、表1-2のような理論図式を示しています。エリクソンによれば、青年期には自我同一性

≫ 表1-1　ハヴィガーストによる青年期の発達課題
（Havighurst, 1953）

①同年齢の男女との新しい、より高まった交際をすること
②男性として、あるいは女性としての社会的役割を学ぶこと
③自分の身体の構造を理解・納得し、身体を有効に使うこと
④両親やその他の大人から情緒的に独立すること
⑤経済的な独立について自信をもつこと
⑥職業を選択し、そのための準備をすること
⑦結婚と家庭生活の準備をすること
⑧市民として必要な知識と態度を発達させること
⑨社会的に責任のある行動を求め、成し遂げること
⑩行動の指針としての価値・倫理の体系を学ぶこと

» 表1-2　エリクソンの心理・社会的発達図式
（Erikson, 1959より）

段階	心理社会的危機	重要な対人関係	活力と病理
I（乳児期）	信頼 vs. 不信	母親的な人	希望 vs. 引きこもり
II（幼児期）	自律性 vs. 恥，疑惑	親的な人	意志 vs. 強迫
III（遊戯期）	自主性 vs. 罪悪感	基本的家族	目的 vs. 抑制
IV（学童期）	勤勉性 vs. 劣等感	近隣，学校	有能さ vs. 怠惰
V（青年期）	同一性 vs. 同一性拡散	仲間集団と外集団リーダーシップのモデル	忠誠 vs. 放棄
VI（若成人期）	親密性 vs. 孤立	友情・性愛・競争・協力のパートナー	愛情 vs. 排他性
VII（成人期）	世代性 vs. 停滞	労働の分担と家庭の共有	配慮，世話 vs. 拒否
VIII（老年期）	統合性 vs. 絶望	人類，自分らしさ	叡智 vs. 侮蔑

の達成，すなわち「自分とはなにか」という問いに対する肯定的な答えをみつけ，以前の自分との斉一性や連続性を保ちながら，社会の基準や期待に沿った形での適切な自己概念を形成していくことが課題となります。この過程では，周囲の友人や先輩など同世代の仲間やモデルとなる人物などが重要な役割を果たすとされています。

3　青年の人間関係

青年期には人間関係の問題がとくに重要なものとなりますが，それには一般にどのような特徴があるのでしょうか。ここでは代表的な人間関係として親子関係と友人関係をとりあげ，両者の一般的特徴，および悩みの相談相手という観点からみた援助的役割について概説します。

(1)　青年と人間関係
a．青年期の親子関係

青年期の親子関係の課題は，親と子どもとのあいだで，従来からの結びつきをふまえつつ，その独立性とのバランスをどのようにとるか，ということであるといわれています（二宮，1996）。

ハヴィガーストは青年期の発達課題の1つとして「親からの情緒的な独立」をあげ，またブロス（Blos, 1965）は，生後4か月から3歳の時期に乳幼児が自分と親を独立した存在であると認識するのになぞらえて，青年期を親から心理的に独立する「第2の分離個体化期」と名づけています。ただし，これは必ずしも親との心理的なつながりが「切れて」しまうことを意味してはいません。たとえば，東京都生活文化局（1985）の調査で中高生の半数ないしそれ以上が「尊敬できる人」「気楽に話せる人」「好きだと思う人」に父母をあげていることからもわかるように，青年にとって親子関係は，情緒的に切り離された，あるいは切り離されつつあるものというよりは，親しみのもてる良好な関係としてとらえられているようです（NHK世論調査部，1984；安達ら，1987；青木，1993なども参照）。青年と親との望ましい関係とは，情緒的な結びつきをなくすのではなく，親密さを維持しながら一方的な依存ではなく相互依存的・相互調整的な関係へと移行していくものであると考えることができます（久世ら，1995）。

b．青年期の友人関係

青年期において友人関係はきわめて重要な意義をもつとされています。松井（1990, 1996）は諸研究の結果を整理し，友人関係には「安定化」「社会的スキルの学習」「モデル」の3つの機能ないし発達的意義があると指摘しています。青年にとって友人とは，精神的な健康を維持し，自我を支え，対人的スキルを学習させ，生き方の指針を与えてくれるモデルである，というわけです。

青年期を通じた友人関係の発達的変化については，たとえば楠見と狩野（1986）が表1-3のような中・高・大学生における「もっとも親しい友人」の概念を見いだしています。青年が友人に対して援助や思いやりを求めつつ，徐々に互恵的なものが重視されるようになっていく過程が読みとれます。

» 表1-3　友人概念の発達的変化（楠見と狩野，1986より）

中学生	高校生	大学生
①援助と信頼	①思いやりと寛大さ	①相互的応答性
②道徳性	②社会的望ましさ	②社会的望ましさ
③社会的望ましさ	③明朗性	③外向性
④類似性	④親しみやすさ	④敬意
⑤明朗性	⑤援助性	⑤気軽さ
		⑥心の暖かさ
		⑦類似性

» 表1-4 相談内容別にみた青年の相談相手（％）
（総務庁青少年対策本部，1986より）

相談内容	父親	母親	友人	配偶者	相談しない
進路について迷ったとき	24.4	26.4	12.5	2.1	21.9
身近な人間関係で嫌なことがあったとき	2.5	12.8	55.1	2.5	14.8
自信をなくして落ち込んだとき	1.7	5.8	51.0	2.3	18.1
好きな人と結婚するかどうか迷ったとき	5.9	21.1	35.1	0.2	22.9

また，落合と佐藤（1996）も友人とのつきあい方の発達的変化を検討し，中学生では本音を出さない防衛的なつきあい方や周囲に合わせていこうとする同調的なつきあい方が相対的に強いのに対して，高校生さらに大学生になると，こうした傾向は弱まり，自己を開示し積極的に相互理解しようとするつきあい方が強まっていくことを明らかにしています。

（2） 青年の悩みとその相談相手

青年が悩みをかかえたとき，親や友人はどの程度相談相手になり得るのでしょうか。

総務庁青少年対策本部（1986）は，身近な人間関係の問題に直面したり，自信をなくして落ち込んだりしたときにはおもに友人が相談相手として頼りとされ，一方「進路」に関しては父母が重要な相談相手であることを明らかにしています（表1-4）。

また佐藤ら（1991）によれば，高校生にとっては「自分の性格」「異性の友人」については友人からの援助や助言が役立つ一方「将来の方向」については友人よりも親やきょうだい，先生からの助言が解決に役立つようであり，坂口（1997）も大学生を対象に「自分の能力・特技」や「勉強・学習内容」等では友人がおもな相談相手であるが，「就職・進路・将来」や「健康」「社会問題」などでは父母が友人と同等ないしそれ以上に相談相手とされていることを報告しています。同じく青木（1993）も，大学生の場合進路のほか金銭に関する話題でも，同性の友人だけでなく父母が話し相手に選ばれることを報告しています。

これらの結果からは，青年は全般に友人を悩みや関心事の相談相手とする一方で，進路や金銭など特定の話題では親を重要な相談相手としていることが読みとれます。松井（1996）はこうした結果をふまえ，とくに親子関係について「情緒的つながりの維持」と「規範的影響力の分化」の2つの視点を指摘していますが，これらは青年にとって親子関係と友人関係の両方がそれぞれに重要性をもつことを改めて浮き彫りにするものといえます。

4 青年のソーシャル・サポート

以上のような青年期の一般的特徴をふまえつつ，わが国での青年についてのソーシャル・サポート研究を概説していくことにします。

最初に「ソーシャル・サポート」に関して具体的なイメージをつかんでもらう助けとするため，わが国での青年期を対象としたソーシャル・サポート研究でよく用いられているいくつかの尺度と

» 表1-5　SESS項目内容（久田ら，1989a）

・あなたが落ち込んでいると，元気づけてくれる
・あなたが失恋したと知ったら，こころから同情してくれる
・あなたになにか，うれしいことが起きたとき，それをわが事のように喜んでくれる
・あなたがどうにもならない状況に陥っても，なんとかしてくれる
・あなたがする話にはいつもたいてい興味をもって耳を傾けてくれる
・あなたがたいせつな試験に失敗したと知ったら，一生懸命慰めてくれる
・あなたに元気がないと，すぐ気遣ってくれる
・あなたが不満をぶちまけたいときは，はけ口になってくれる
・あなたがミスをしても，そっとカバーしてくれる
・あなたがなにかを成し遂げたとき，こころからおめでとうと言ってくれる
・一人では終わらせられない仕事があったときは，快く手伝ってくれる
・日ごろからあなたの実力を評価し，認めてくれる
・ふだんからあなたの気持ちをよく理解してくれる
・あなたが学校での人間関係で悩んでいると知ったら，いろいろと解決法をアドバイスしてくれる
・あなたがなにか悩んでいると知ったら，どうしたらよいか教えてくれる
・よいところもわるいところもすべて含めて，あなたの存在を認めてくれる
・あなたをこころから愛している

» 表1-6 ソーシャル・サポート尺度の項目（嶋, 1991）

因子1：心理的サポート
・プライベートなことについて話し合う
・お互いの気持ちや感情をわかり合える
・個人的な悩みごとについて話し合える
因子2：娯楽関連的サポート
・おしゃべりなどをして楽しい時を過ごす
・いっしょに遊びに出かけたりする
・共通の趣味や関心をもっている
因子3：道具的・手段的サポート
・忙しいときには手伝ってもらったり相手が忙しいときには手伝ってあげたりする
・必要なときに，お金や物の貸し借りをする
・プレゼントをあげたり，もらったりしあう
因子4：問題解決志向的サポート
・いろいろな情報のやりとりをする
・困ったときに助言してもらったり相手が困っているときには助言してあげたりする
・わからないことを聞いたり，教えたりしあう

その項目内容を紹介することにします。

(1) ソーシャル・サポートの測度例

a. 久田ら(1989a)の尺度（the scale of expectancy for social support: SESS）

久田ら（1989a）は，コッブ（Cobb, 1976）の定義を踏襲してソーシャル・サポートを「ふだんから自分を取り巻く重要な他者に愛され大切にされており，もしなにか問題が起こっても援助してもらえる，という期待の強さ」ととらえた尺度を作成しています（表1-5）。久田ら（1989a）は，大学生を対象に5つのサポート源（父親，母親，きょうだい，いま通っている学校の先生，友だち）について，それぞれ4段階（きっとそうだ，たぶんそうだ，たぶん違う，絶対違う）で評定させています。なお項目の選定過程では，当初の52項目からどのサポート源でも共通して項目－全体相関が0.60以上のものが選ばれています。

SESSは本来大学生用として作成されたものですが，その一部を改変して小学生用（嶋田，1993）や中学生用（岡安ら，1993）が作成されるなど，他の研究で参照されることのもっとも多い尺度といえます。箕口ら（1989）やその他の研究によって他尺度との関連性なども検討されています。ただしサポート源別に合計点のみが算出され，たとえばボー（Vaux, 1988）が諸研究の結果をまとめて示しているような「情緒的」「道具的」といったサポート内容の区別はありません。

b. 嶋（1991）の尺度

嶋（1991）は，ソーシャル・サポートの概念をより広いものとして，すなわち"直接援助を意図した行動ばかりでなく，直接には援助を意図していないものの，結果として援助をもたらすような，興味や関心を共有する，娯楽活動を共にするなどの行為も含むもの"としてとらえた尺度を作成しています（表1-6）。嶋（1991）は「父親」「もっとも親しい同性の友人・親友」など計12の対人関係をサポート源として設定し，それぞれ「まったくない」から「非常によくある」までの5段階で評定を求めています。嶋（1991）はこの測定内容を"利用可能であると知覚される主観的サポート"であると述べています。

なお，嶋（1991）のようなサポート概念の広いとらえ方には異論もあり，たとえばルック（Rook, 1987）は，社会的交友（娯楽や興味・関心の共有などを含む）は本来援助を意図したものではなく健康など他変数との関係を生じさせる際には異な

» 表1-7 ソーシャル・サポート測定項目（福岡と橋本, 1997）

情緒的サポート
・私がやっかいな問題に頭を悩ませているとき，冗談を言ったりいっしょになにかやったりして私の気をまぎれさせる（EM）
・私が精神的なショックで動揺しているとき，慰める（EM）
・私が勉強や仕事のことで問題をかかえているとき，アドバイスする（AD）
・私が学校や職場，地域，家庭などでの人間関係について悩んでいるとき，相談にのる（AD）
・私が落ち込んでいるときに元気づける（EM）
・私が自分にとって重要なこと（たとえば進学や就職・転職，長期ローンを組むべきかなど）を決めなくてはならないとき，アドバイスする（AD）
手段的サポート
・私が緊急にかなり多額のお金を必要とするようになったとき（家賃や学費の支払い，事故の弁償など），その分のお金を出す（MF）
・私が忙しくしているとき，ちょっとした用事（家事や簡単な仕事など）の手助けをする（BE）
・私が病気で数日間寝ていなくてはならないとき，看病や世話をする（BE）
・私に引っ越しなど大がかりな用事があるとき，その手伝いをする（BE）
・私になにか事情があれば，しばらくのあいだ泊まる場所を提供する（MF）
・私が財布をなくしたり物をこわした弁償などで急に数千円必要になったとき，その分のお金を貸す（MF）

末尾（　）内は福岡と橋本（1993）のクラスターを示す（AD：アドバイス・指導，EM：なぐさめ・はげまし，MF：物質的・金銭的援助，BE：具体的行動による援助）

表1-8 中学生におけるサポート源別のサポート期待得点 (岡安ら, 1993)

サポート源	1年生 男子	1年生 女子	2年生 男子	2年生 女子	3年生 男子	3年生 女子
父親	46.5 (11.9)	47.0 (10.7)	41.4 (13.1)	43.5 (13.1)	42.8 (12.8)	42.5 (11.2)
母親	50.9 (11.2)	52.9 (9.6)	45.3 (12.9)	50.4 (11.7)	45.9 (12.5)	49.5 (11.3)
年上きょうだい	41.1 (12.9)	42.2 (11.7)	36.0 (13.2)	39.7 (13.2)	36.5 (12.1)	40.5 (11.7)
年下きょうだい	33.0 (12.5)	39.9 (11.3)	29.2 (10.9)	35.2 (12.0)	33.2 (13.5)	35.5 (11.1)
先生	41.0 (11.4)	41.7 (9.1)	36.9 (12.2)	37.0 (11.5)	39.9 (12.5)	39.2 (10.6)
友だち	41.0 (10.4)	50.0 (9.7)	40.5 (12.4)	49.5 (10.4)	44.7 (11.3)	50.3 (9.7)

( )内は標準偏差

るメカニズムがはたらいており，サポートの概念に含めるべきではない，と主張しています。

c. 福岡と橋本 (1993, 1997) の尺度

福岡と橋本 (1993) は，従来のソーシャル・サポート研究でたびたび指摘されてきた適応状態や自尊心などの性格特徴との概念的混同やサポート内容の区別に関する定義と測度の不一致といった問題（Scott, 1989 を参照）をふまえ，また社会的交友とサポートを区別すべきだというルック (Rook, 1987) の主張もとり入れて「支持的・援助的な行動」として作成した項目をクラスター分析によって分類しました。福岡と橋本 (1997) は，その結果を整理した形で表1-7に示す項目を情緒的および手段的サポートを表わすものとして抜粋しています。福岡と橋本 (1997) での評定方法は，家族や友人がそれぞれの行動をどの程度すると思うかを「まったくしないと思う」から「たいへんよくすると思う」で評定させるもので，狭義の「入手可能性 (availability)」を測定するものとなっています。

福岡と橋本 (1993, 1997) の尺度は，行動レベルでの表現やその内容の分類の試みにユニークな視点がありますが，久田ら (1989a) のように他のサポート測度との関連性が検討されておらず，項目の表現もややこなれていないといった問題点が指摘できます。なお横田と小杉 (1998) は，確証的因子分析を適用して，福岡と橋本 (1993) のクラスター構造が妥当であることを確認しています。

(2) わが国での実証研究の知見

続いて，青年のソーシャル・サポートに関するわが国での実証的研究の概要を，ソーシャル・サポートの量的特徴，および心理的健康状態との関連性の両者に注目して記述していきます。

a. ソーシャル・サポートの量的特徴
①中学生を対象とした研究

中学生や高校生を対象としたソーシャル・サポート研究は，大学生を対象としたものにくらべるとあまり多くないのが現状です。

岡安ら (1993) は，久田ら (1989a) の SESS を一部修正した尺度により，表1-8に示す各サポート源別の平均値を見いだしています。全体としてその得点は「母親＞友だち＞父親＞年上きょうだい，先生＞年下きょうだい」の順に高く，また性差では概して女子のほうが高得点でした。この結果は，母親へのサポート期待の高さとそれに続く友人や父親の重要性，また女子におけるサポート期待の高さを示しているといえます。

②高校生を対象とした研究

嶋 (1994) は，嶋 (1991) を一部修正した尺度を用い，計8つのサポート源についての主観的サポートを測定しています（表1-9）。因子得点の平均値をみると，情緒的・情報的・評価的な側面を含む「心理的サポート」では親友をはじめとする同性および異性の友人が高得点を示し，父親，

表1-9 高校生における主観的サポート（因子得点）の平均値（嶋, 1994）

サポート源	サポート内容（因子） 心理的	物理的
A. 父親	−.623	.145
B. 母親	−.294	.573
C. きょうだい	−.487	−.213
D. もっとも親しい同性の友人・親友	.838	.280
E. D以外の同性の友人	.518	.052
F. もっとも親しい異性の友人・恋人	.325	−.048
G. 自分にとってもっとも重要な先生	−.460	−1.087
H. その他自分にとって重要な他者	.219	−.160

表1-10 SESSによる大学生のサポート期待
（久田ら，1989a；1989bより）

サポート源	全体 平均	SD	男子 平均	SD	女子 平均	SD
父　親	47.16	9.28	47.10	9.00	47.24	9.76
母　親	50.89	8.25	49.80	8.02	52.65	8.35
きょうだい	46.41	8.95	45.41	8.70	48.02	9.14
先　生	34.77	8.76	34.47	9.07	35.27	8.24
友だち	49.43	7.58	47.31	7.51	52.88	6.35

母親，きょうだいといった家族の得点は低くなっていました。一方，道具的な内容からなる「物理的サポート」では，母親の得点がもっとも高く，次いで「もっとも親しい同性の友人・親友」「父親」の順でした。この結果は，サポート内容によって家族と友人の相対的な重要性が異なることを示すものといえます。

③大学生を対象とした研究

大学生を対象とした研究は，中・高生を対象とした研究よりもずっと数多く行なわれています。

久田ら（1989a）は，SESS作成の研究において，表1-10左端に示すようなサポート期待の平均値を報告しています。サポート源間の統計的な比較は行なわれていませんが，母親や友人の得点がとくに高く，父親やきょうだいもそれに近い得点を示しています。なお久田ら（1989b）によれば表1-10に示すように全体に男子よりも女子のほうが得点が高く，母親，きょうだい，友だちサポートで有意差を見いだしています。

嶋（1991）は，計12種類のサポート源についてそれぞれ主観的サポートを測定し，因子得点の平均値を表1-11のように示しています。概して高い得点を示しているのはもっとも親しい同性および異性の友人であり，父親はすべて負の値でサポート源としては重視されていないという結果でした。母親やきょうだいも，親しい友人にくらべると概して低得点でした。ただし「道具的・手段的サポート」に関しては状況がやや異なり，母親の得点がもっとも高く，父親やきょうだいも低得点ながら友人との差異は他の因子にくらべると小さくなっていました。

福岡と橋本（1997）は，家族と友人についてのサポートの入手可能性を「情緒的」「手段的」の2側面から測定しています。その結果，男女差の

t検定では一貫して女性のほうが高得点でした。また男女別の分散分析ではともにサポート源×サポート内容の交互作用が顕著にみられ，いずれも家族では手段的，友人では情緒的サポートのほうが優勢であること，情緒的サポートでは家族と友人で差がないのに対し手段的サポートでは家族のほうが友人より高得点であることが明らかにされました。

なお，和田（1992）も「両親」と「友人」についての主観的なサポートを，前者は「情緒的」「道具的」，後者は「情緒的」「気楽さ」「道具的」に分けて測定しています。それぞれの項目内容・数が異なるため両親と友人あるいはサポート内容による比較はできませんが，男女差をみると友人の道具的サポートを除き，いずれも女子のほうが有意に高得点であるという結果を得ています。

これらの研究結果は，まず男女差に関してはほぼ一貫して女子のほうが多くのサポートが得られると知覚していること，そしてサポート源やサポート内容による違いに関しては，概して情緒的な側面では親しい友人関係が頼りにされており，手段的な側面では母親をはじめとする家族との関係

表1-11 大学生における主観的サポート（因子得点）の平均値（嶋，1991）

サポート源	F1	F2	F3	F4
A．父　親	−765	−649	−125	−468
B．母　親	017	107	542	194
C．年上のきょうだい	−425	−306	105	−014
D．年下のきょうだい	−097	−004	215	081
E．もっとも親しい同性の友人・親友	768	762	401	536
F．E以外の大学内の同性の友人	245	400	106	303
G．E以外の大学外の同性の友人	363	188	−137	−111
H．もっとも親しい異性の友人・恋人	594	720	527	349
I．H以外の大学内の異性の友人	−381	−338	−390	−189
J．H以外の大学外の異性の友人	−366	−334	−498	−411
K．自分にとってもっとも重要な先生	−577	−998	−939	−490
L．その他自分にとって重要な他者	121	−053	−049	034

F1：心理的サポート、F2：娯楽関連的サポート、F3：道具的・手段的サポート、F4：問題解決志向的サポート
（小数点省略）

» 表1-12 高校生と大学生におけるサポート諸指標の平均値
（福岡ら，1997）

指　標	高校男子		高校女子		大学男子		大学女子	
	平均	SD	平均	SD	平均	SD	平均	SD
人数：家族・親戚	8.41	5.04	9.76	3.91	7.96	3.71	9.79	4.14
人数：友人その他	5.89	4.94	8.43	5.23	9.86	6.45	11.39	5.40
入手可能性	2.99	0.81	3.24	0.66	3.36	0.49	3.47	0.50
満足度	4.84	1.15	5.25	1.08	5.26	1.00	5.60	0.98

が友人関係とともに重要であることが示唆されます。

④複数の年齢層を対象とした研究

中学生から大学生にかけての複数の年齢層を対象とした研究としては，たとえば福岡ら（1997），嶋田（1996）などの研究があります。

たとえば福岡ら（1997）は，高校生と大学生におけるサポート源の人数，満足度，サポートの入手可能性，そしてこれらの指標間の関連性を検討しています。まず各指標の平均値（表1-12）については，サポート源の人数の場合，高校生では「家族・親戚」が「友人その他」を上回っているのに対して，大学生では逆に「友人その他」のほうが人数が多くなっていましたが，これは「家族・親戚」の人数の減少によるものではなく「友人その他」の人数が増えたことによるものでした。また，入手可能性とサポート源への満足度については高校よりも大学生のほうが高得点であるという結果が得られました。なお，高校・大学生いずれの指標についても男子より女子のほうがより高い数値を示しました。

また，指標間の関連性については，図1-1のようなパス解析の結果が示されました。サポートの入手可能性が高いほど満足度も高いという関係は一貫していますが，これらは高校生では主として「家族・親戚」の人数によって規定されているのに対して，大学生では「友人その他」の影響力も強まり，とくに男子では「家族・親戚」をしのぐものになっていました。女子ではなお「家族・親戚」の影響力も強く「友人その他」との相対的な力関係が逆転するにはいたっていませんでした。

これらの結果は，高校生から大学生にかけて，ソーシャル・サポートネットワークが量的にも質的にも豊かになること，また家族や親戚を中心としたものから，そのつながりを維持しつつも友人などとの関係が広がり，その内容が徐々に移行・変容していくことを示唆しています。ただ，若干の男女差もあり，ソーシャル・サポートネットワークの重点が家族・親戚から友人その他に移行する傾向は，男子のほうが女子よりも比較的明瞭に認められるといえそうです。

なお，嶋田（1996）は中・高・大学生を対象に，

» 図1-1　高校生と大学生におけるサポート源の人数，満足度，入手可能性の関係（パス解析の結果）（福岡ら，1997）

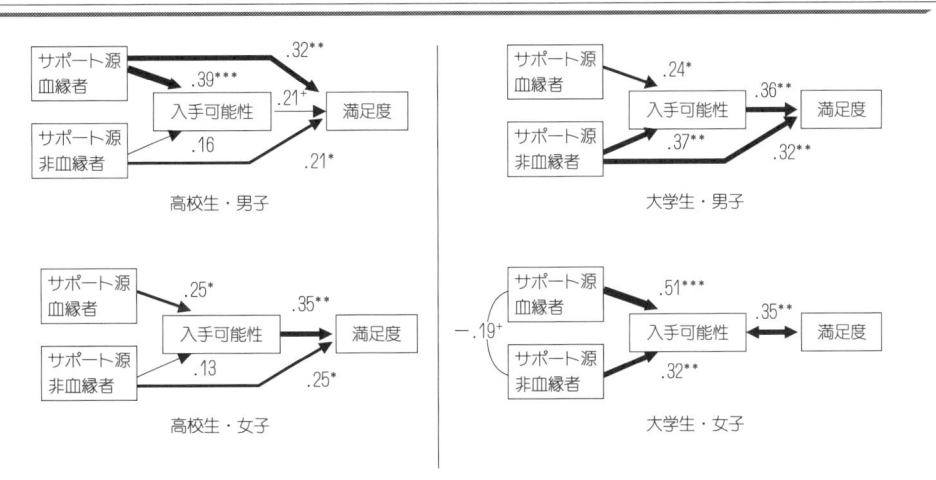

高校生・男子：サポート源血縁者 →.32** 満足度，→.39*** 入手可能性 →.21+ 満足度，サポート源非血縁者 →.16 入手可能性，→.21* 満足度

大学生・男子：サポート源血縁者 →.24* 入手可能性，→.36** 満足度，サポート源非血縁者 →.37** 入手可能性，→.32** 満足度

高校生・女子：サポート源血縁者 →.25* 入手可能性，→.35** 満足度，サポート源非血縁者 →.13 入手可能性，→.25* 満足度

大学生・女子：サポート源血縁者 →.51*** 入手可能性，↔.35** 満足度，サポート源非血縁者 →.32** 入手可能性，相関 −.19+

***$p<.001$　**$p<.01$　*$p<.05$　+$p<.10$

サポート源	サポート内容（因子）		
	心理的	物理的	全体
A．父 親	−.244**	−.093	−.227**
B．母 親	−.142	−.146	−.162*
C．きょうだい	−.217**	−.175*	−.224**
D．もっとも親しい同性の友人・親友	−.152	−.105	−.152
E．D以外の同性の友人	−.108	−.004	−.086
F．もっとも親しい異性の友人・恋人	−.055	−.086	−.066
G．自分にとってもっとも重要な先生	−.161	−.061	−.132
H．その他自分にとって重要な他者	−.270**	−.254*	−.288**

**p<.01　*p<.05

» 表1-13　高校生における主観的サポートと抑うつとの相関
（嶋，1994）

久田ら（1989a）のSESSを参考に作成された5項目を用いて，5つのサポート源（父親，母親，同性の友人，異性の友人，先生）についてのサポート期待を測定しています。嶋田（1996）は各サポート源からのサポート期待が中学，高校，大学にかけてどのような変化を示すのかについては統計的な検討を行なっていませんが，両親のサポートはあまり変化せず，友人とくに異性友人サポートの得点が上昇するようです。また全被験者を通じて女子のほうが全般に高い値を報告しています。

b．ソーシャル・サポートと心理的健康状態

①中学生を対象とした研究

岡安ら（1993）は，前述の6つのサポート源に対するサポート期待が，学校ストレッサー経験の悪影響を緩和してストレス反応を軽減する効果をもつかどうかを検討しています。分析方法としては，サポート得点とストレッサー得点の平均値でそれぞれ高低に2分し，ストレス反応得点を従属変数とする共分散分析（共変量は学年）が行なわれました。彼らは学校ストレッサー4下位尺度，ストレス反応各4下位尺度，サポート源6種類の組み合わせにより男女それぞれ計96通りの組み合わせで分析し，うち男子では16通り，女子では46通りでストレス反応軽減効果を見いだしています。岡安ら（1993）はこの結果をまとめて，男子では母親，女子では父親サポートがおもに有効であり，友人サポートの効果は弱いことなどを指摘しています。

②高校生を対象とした研究

嶋（1994）は，前述の計8つのサポート源についての主観的サポートと抑うつとの関連性を検討しています（表1-13）。概して相関は強くありませんが，そのなかでは父親の心理的サポートやきょうだいの心理的および物理的サポートなどが負の相関を示しています。嶋（1994，1996）はこの結果について，友人サポートの得点が天井効果を呈している可能性に言及しながらも，家族サポートの重要性を示唆するものであると考察しています。

③大学生を対象とした研究

大学生に関しては，中学生・高校生にくらべて数多くの，また多様な観点からの研究が行なわれています。

嶋（1992）は「家族」「同性の友人」「異性の友人」についての主観的サポート（嶋，1991の項目により合計点を使用）が心理的健康状態に及ぼす影響を検討しています。健康状態を従属変数，下位尺度別のストレス経験，主観的サポート，および両者の交互作用項を独立変数とする階層的重回帰分析（男女別に各12通り：サポート3×ストレス経験4）が行なわれた結果，表1-14に示すように，同性友人サポートは男女ともすべての分析で心理的健康状態の維持に寄与する主効果を示しました。家族サポートは，女子ではすべて主効果がありましたが，男子では実存的ストレスに対する緩衝効果のみでした。異性友人サポートの効果は，女子で2つ，男子で1つ認められたのみでした。

» 表1-14　大学生における主観的サポートの心理的健康状態に対する効果（階層的重回帰分析の結果）（嶋，1992より）

サポート源	男子：ストレッサー				女子：ストレッサー			
	実存	対人	学業	物理	実存	対人	学業	物理
家族	×	×	×	×	主	主	主	主交
同性友人	主	主交	主	主	主	主	主	主
異性友人	交	×	×	×	主	×	主	主

主：サポートの主効果が有意
交：ストレス経験とサポートの交互作用が有意
×：サポートの主効果，交互作用ともになし

サポート源	男子：サポート内容		女子：サポート内容	
	情緒的	手段的	情緒的	手段的
家　族	×	×	主	主交
友　人	主	主交	主	主

主：サポートの主効果が有意または有意傾向
交：ストレス経験とサポートの交互作用が有意
×：サポートの主効果、交互作用ともになし

» 表1-15　大学生における情緒的、手段的サポートの抑うつ軽減効果（階層的重回帰分析の結果）（福岡と橋本，1997より）

嶋（1992）はこの結果について，心理的健康状態に対するサポートの効果は女子のほうに大きな意味をもつこと，同性友人サポートが男女とも同じように重要であるが，家族サポートに関しては女子のほうが重要性が高く，むしろ寄与の大きさとしては友人サポートを上回る傾向さえあることなどを指摘しています。

福岡と橋本（1997）は，前述のようにサポート内容を「情緒的」「手段的」の2つに分け，家族および友人についてのサポートの入手可能性がうつ状態を軽減する効果について検討しています。嶋（1992）と同様の重回帰分析の結果，男子では友人サポートのみに抑うつを軽減する効果（直接効果と緩衝効果の両方）が認められ，一方家族サポートの寄与は有意ではありませんでした。これに対して女子では，サポートの直接効果は家族，友人ともに有意であり，また家族の手段的サポートにおいてストレス緩衝効果が認められました。嶋（1992）と同じくここでも男子ではおもに友人サポートが，女子では友人サポートと家族サポート両方の有効性が示されたわけです。またとくに家族については，手段的サポートがより重要であることが示唆されたといえます（表1-15）。

上記2つの研究は家族サポートと友人サポートをそれぞれ独立に扱ってその影響をみたものですが，福岡と橋本（1995）は両サポートが相互に関連して心理的健康状態に影響する可能性を指摘しています。福岡と橋本（1993）の尺度で家族と友人のサポートを測定して階層的重回帰分析をおこなったところ，男子のみですが両サポートの交互作用項の寄与が有意傾向を示しました。これは図1-2に示すように，友人サポートの得点が高い人は家族から多くサポートが得られると思うほど心理的に健康なのですが，友人サポートが乏しい人は，家族からのサポートの入手可能性が高いほど逆に不健康である，ということを意味するものでした。福岡と橋本（1995）は，大学生の男子にとっては，友人とのサポート関係が不十分であるがゆえに（それを補償するように）家族との結びつきが強まっている場合には心理的に不健康にならざるを得ないのではないか，と考察しています。

④複数の年齢層を対象とした研究

福岡ら（1997）や嶋田（1996）の研究はともに，直前に紹介した福岡と橋本（1995）の見いだしたような家族と友人の交互作用的な影響のあり方が，高校生から大学生にかけて発達的に変化していくことを示唆する結果を報告しています。

たとえば福岡ら（1997）は，サポート源としての「家族・親戚」「友人その他」の人数，および入手可能性とサポート源への満足度の4指標の標準得点を用い，高校生と大学生の男女別に，クラスター分析で被験者を類型化しました。その結果とくに男子では，図1-3に示すように「家族・親戚」「友人その他」の両方が少ないと入手可能性や満足度が低いのは高校生と大学生で共通していましたが，高校生では「友人その他」が多く「家族・

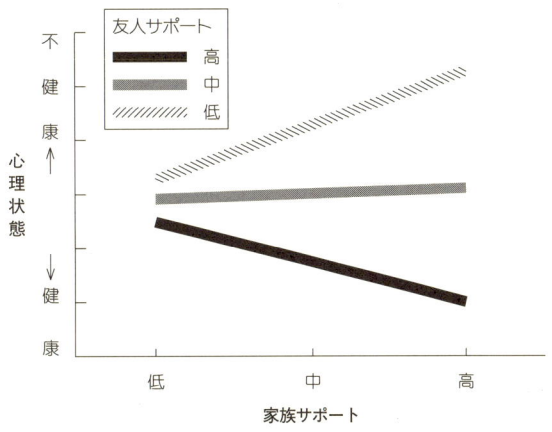

» 図1-2　大学生における友人サポートと家族サポートの交互作用効果（福岡と橋本，1995）

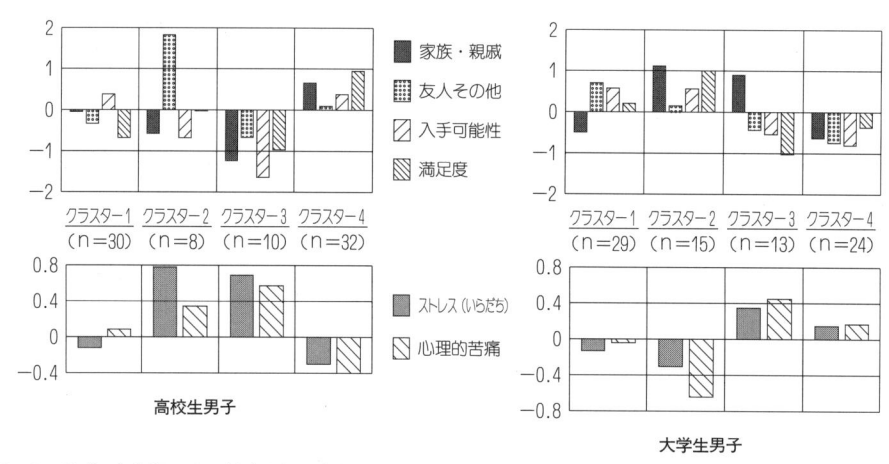

▶ 図1-3 サポート指標により抽出された各クラスターの特徴（高校生男子，大学生男子の場合）（福岡ら，1997）

親戚」の少ない場合には入手可能性が低くなり（クラスター2），「家族・親戚」のみ多い（「友人その他」は平均的）場合には入手可能性や満足度が高くなる（クラスター4）というクラスター構成であったのに対し，大学生では「友人その他」が多く「家族・親戚」が少ない場合にはむしろ入手可能性が高く（クラスター1），「家族・親戚」が多く「友人その他」が少ない場合には入手可能性や満足度が低くなる（クラスター3）というクラスター構成になっていました。またこれらのクラスターにおける心理的健康状態を調べたところ，高校生では「友人その他」が多く「家族・親戚」の少ないクラスター2がとくに不健康であり，一方大学生では「家族・親戚」が多く「友人その他」が少ないクラスター3が不健康な状態にある，ということが示されました。

なお嶋田（1996）も，5つのサポート源（父親，母親，同性の友人，異性の友人，先生）についてのサポート期待の標準得点により実験参加者をクラスター分析で類型化し，各群でのストレス反応得点を比較しています。そして，中学生と高校生では両親のサポート得点が高い群のほうが友人のサポート得点が高い群よりもストレス反応が低いのに対して，大学生では逆に，友人のサポート得点が高い群のほうが家族のサポート得点が高い群よりも得点が低かった，と報告しています。

これらの結果は，高校生までは家族との関係が不良で友人のみとサポート関係をもっている場合には心理的に不健康であり，大学生では逆に友人との関係が不良で家族のみとサポート関係をもっている場合に心理的に不健康になることを示しています。福岡と橋本（1995）が指摘しているような補償的なサポート関係の可能性と，さらには高校生から大学生にかけて家族と友人の位置づけが逆転していくことが示唆されます。

5 まとめと今後の課題

(1) 研究知見の整理

前節では，ソーシャル・サポートの量的特徴および心理的健康状態との関連性について，中学生，高校生，大学生を対象にしたわが国におけるソーシャル・サポート研究のいくつかを概観してきました。これらの研究の結果を，青年のソーシャル・サポートに関して，現状ではどのように整理することができるでしょうか。

サポート得点の量的な特徴からみると，中学生においては，全般に母親をはじめとする家族のサポートが豊富であり，それに友人が続く傾向にあるようです。先生などその他の関係はあまり重要ではありません。高校生から大学生にかけては，心理的あるいは情緒的な側面を中心として，徐々

に友人の重要性が高まっていきます。しかし，とりわけ手段的，物理的な側面では家族の重要性は高く，全般に結びつきが弱まるとはいえません。家族とのつながりを維持しながら，友人その他とのサポート関係を拡大・強化していくといえます。なお，男女差に関してはどの年齢層でも女子のほうが男子を上回っており，周囲のサポートをより強く認識していることがわかります。

　心理的健康状態に対するサポートの効果からみると，中学生においては，概して友人の重要性は低く，母親や父親など家族のほうが，ストレス反応や抑うつを軽減する効果をもっているようです。高校生についても同様の傾向がみられます。しかし大学生になると，むしろ友人のほうが家族よりも強い影響力をもつようです。用いられる測度によって若干ばらつきはありますが，概して心理的健康状態との関連性は，家族サポートよりも友人サポートのほうが上回ります。ただし，男女で比較するとやや異なる傾向がみられ，男子では家族サポートの有効性があまり示されませんが，女子では友人サポートと同等な効果を見いだしている研究もあり，男子では家族サポートの重要性が低下して友人サポートとの相対的な重要性がほぼ逆転するのに対して，女子では友人サポートの重要性が家族サポートと肩をならべてそれを若干しのぐようになる，といった違いが見受けられます。

　なお，これらの結果は，青年期の人間関係についての一般的な知見とよく符合する部分と，一見すると必ずしもそうでないように思われる部分とがあります。たとえば，中学生から大学生を通じて家族サポートの得点がそれほど低下しないことは，東京都生活文化局（1985）その他の研究で示されている親との良好な関係，久世ら（1995）が述べているような，親との親密さを維持しながらより相互的な関係に移行していく青年の姿に符合するものです。手段的なサポートにおける父母ないし家族の得点の高さやストレス緩衝効果は，松井（1996）が諸研究の知見をふまえて指摘している「規範的影響力の分化」とも矛盾しません。

　一方，友人サポートが中学生や高校生では心理的健康状態にあまり影響しないという結果は，一見すると常識に反しているようにも思えます。中高生の友人関係は心理的には重要ではないのか，との誤解を生む恐れさえあります。たとえば松井（1990，1996）が指摘している友人関係の「安定化」機能は，けっして大学生など青年期の後期にのみあてはまるとされているわけではありません。

　この後者の現象は，少なくとも部分的には，福岡と橋本（1995），福岡ら（1997）などの結果から示唆されるような，ある対人関係の強まりが他の関係が不良であるがゆえに生じる可能性がある，という観点から解釈できるかもしれません。友人から多くサポートが得られる場合でも，もしかしたら親との関係がよくないため，友人ばかりとつきあっているせいかもしれません。そのようなとき心理的に健康な状態にないことは容易に想像できるでしょう。そして，たとえば抑うつのような生活全般にかかわるような心理的健康状態の悪化を防ぐのは，家族の支えにかかっているといえるのかもしれません。上述の諸研究に従うならば，ちょうど高校から大学にかけての年代で，サポートに関しては友人と家族との役割の逆転現象が（とくに男子の場合には）起こる可能性が示唆されます。

（2）　課題とこれから

　最後に「青年のソーシャル・サポート」に関する研究の課題をあげておきたいと思います。

　1つには，中学生や高校生など，大学生以外を対象にした研究が，全般的にまだ少ないことです。もちろん本章で紹介した以外にも数多くの研究が（とくに学会発表レベルでは）行なわれてきているのですが，まだまとまった知見を提供するまでにはいたっていないように思われます。とくに高校生を対象とした研究はわずかです。しかし「青

年にとっての」サポートの問題を通覧するような知見を導くためには、とくに中学生や高校生を対象とした研究が必要であると思われます。なお、可能ならば複数の年代を比較したり、あるいは長期的な縦断研究が望まれることは言うまでもありません。

　また、青年を対象としたソーシャル・サポート研究が、青年心理学や発達心理学の青年期に関する知見や概念をあまり参照していないように見受けられることも、1つの問題点としてあげられるでしょう。大学生を対象としながらソーシャル・サポートに関するより一般的な知見を得ることを志向した研究が多いことはさきに述べました。それ自体はけっして悪いことではないのですが、より発達的な視点を取り入れた研究も有意義であり、それによって「青年にとっての」サポートの問題をより浮き彫りにできるはずです。たとえば自我同一性の達成や心理的離乳の過程に関する従来の知見などを援用し、問題の設定や仮説のなかに積極的に取り入れていく研究も必要だと思います。

　また、これらの問題と関連して、青年を対象としたソーシャル・サポート研究が、現代の青年がかかえるさまざまな問題を積極的に取り込み、その解決に寄与する知見を志向していくべきことも、課題としてあげておきたいと思います。もちろん現在でも、たとえば前述のように学校ストレスなどを扱った研究があるわけですが、こうした研究を今後さらに発展させていくことが大いに有意義であることは言うまでもありません。

　最後に、青年を対象とした研究に限った問題というよりもソーシャル・サポート研究全般に共通する問題なのですが、用いられる測度の違いから、時として矛盾した結論が導かれてしまう可能性があることを指摘しておかねばなりません。たとえば、家族と友人のサポートにおける全体的な得点の高低に関して、嶋（1992）では（同性）友人サポートのほうが高得点であるのに、福岡と橋本（1995）は逆に家族サポートのほうが高得点であるという結果を報告しています。これはおそらく、前者で用いられた嶋（1991）による主観的サポートの項目は楽しみを含む日常的な交流、しかも最初から相互的でさえある内容が多く含まれているのに対し、後者で用いられた福岡と橋本（1993）ではそうした項目はなく、援助に重点がおかれていることによるものと思われます。ちなみに久田ら（1989a）のSESSではすでに述べたように友人と父、母の評定には大差がありませんが、これは尺度の作成過程でどのサポート源でもよく該当する項目が選択された結果とも考えられます。けっして容易ではないでしょうが、よりコンセンサスの得られる標準的な測度を作る試みにも着手していく必要があると思われます。

6　おわりに

　本章では、青年期にある中学、高校、大学生を対象にしたソーシャル・サポート研究の現状を紹介することで、青年にとっての援助とサポートの問題を考えてきました。言うまでもなく青年は、さまざまな困難をかかえつつも、周囲の人々に支えられながら成長していきます。種々の心理学的研究が、この青年の成長に影響する要因を明らかにし、成長をより促進させていくことができれば、これほどすばらしいことはありません。もちろんそのためには、適切な問題設定、洗練された測度、精緻なデザインによる研究が不可欠であり、現在および将来の研究者に課せられた課題は大きいものといえます。

　なお、本章ではスペースの都合もあり、たとえば在日留学生に焦点をあてた研究（周、1993；田中、1998を参照）や、青年におけるサポート関係の互恵性に関する研究（周と深田、1996；谷口と浦、1996；福岡、1997など）、サポート源の区別は行なっていないもののサポートの縦断的効果を検

討している和田（1995，1998）など，多くの研究の紹介を割愛せざるを得ませんでした。青年にとってのソーシャル・サポートの問題に興味をもたれる方には，他の多くの研究にも目を通していただければ幸いです。

▶引用文献◀

安達喜美子・菊池龍三郎・木村清一 1987 大学生の生活に影響を及ぼす他者の意味―「意味ある他者」研究への新しい手がかりを求めて― 茨城大学教育学部紀要，36，173-187.

青木多寿子 1993 青年における身近な他者への役割期待と性差 心理学研究，64，140-146.

Blos, P. 1965 The initial stage of male adolescence. *The Psychological Study of Child*, 20, 145-164.

Cobb, S. 1976 Social support as a moderator of life stress. *Psychosomatic Medicine*, 38, 300-314.

Erikson, E. H. 1959 *Identity and the life cycle*. International Universities Press. 小此木啓吾（訳編） 1973 自我同一性―アイデンティティとライフサイクル 誠信書房

福岡欣治 1997 友人関係におけるソーシャル・サポートの入手と提供―認知レベルと実行レベルの両面からみた互恵性とその男女差について― 対人行動学研究，15，1-12.

福岡欣治・橋本 宰 1993 クラスター分析によるサポート内容の分類とその効果 日本心理学会第57回大会発表論文集，157.

福岡欣治・橋本 宰 1995 大学生における家族および友人についての知覚されたサポートと精神的健康の関係 教育心理学研究，43，185-193.

福岡欣治・橋本 宰 1997 大学生と成人における家族と友人の知覚されたソーシャル・サポートとそのストレス緩和効果 心理学研究，68，403-409.

福岡欣治・中島秀徳・橋本 宰 1997 高校生と大学生のソーシャル・サポート・ネットワーク―その発達的変化に関する横断的研究― 関西心理学会第109回大会発表論文集，35.

Havighurst, R. J. 1953 *Human development and education*. Longmans, Green & Co. 荘司雅子（訳） 1958 人間の発達課題と教育―幼年期から老年期まで 牧書店

久田 満・千田茂博・箕口雅博 1989a 学生用ソーシャル・サポート尺度作成の試み(1) 日本社会心理学会第30回大会発表論文集，143-144.

久田 満・箕口雅博・千田茂博 1989b 大学生におけるソーシャル・サポートに関する研究(1) 日本心理学会第53回大会発表論文集，314.

久世敏雄 1996 青年期の成立と青年心理学 久世敏雄（編著） 青年心理学―その変容と多様な発達の軌跡 放送大学教育振興会 p.11-18.

久世敏雄・大野 久・平石賢二・長峰伸治 1995 青年理論の矛盾と解決のためのミニ・モデルの提案―アイデンティティ形成と親子関係の視点から― マツダ財団研究報告書，8，37-45.

楠見幸子・狩野素朗 1986 青年期における友人概念発達の因子分析的研究 九州大学教育学部紀要（教育心理学部門），31，97-104.

松井 豊 1990 友人関係の機能 斉藤耕二・菊池章夫（編） ハンドブック社会化の心理学 川島書店 p.283-296.

松井 豊 1996 親離れから異性との親密な関係の成立まで 斎藤誠一（編） 青年期の人間関係（人間関係の発達心理学4） 培風館 p.19-54.

箕口雅博・千田茂博・久田 満 1989 学生用ソーシャル・サポート尺度作成の試み(2) 日本社会心理学会第30回大会発表論文集，145-146.

NHK世論調査部（編） 1984 中学生・高校生の意識 日本放送出版協会

二宮克美 1996 家族関係と青年 久世敏雄（編著） 青年心理学―その変容と多様な発達の軌跡 放送大学教育振興会 p.60-73.

落合良行・佐藤有耕 1996 青年期における友達とのつきあい方の発達的変化 教育心理学研究，44，55-65.

岡安孝弘・嶋田洋徳・坂野雄二 1993 中学生におけるソーシャル・サポートの学校ストレス軽減効果 教育心理学研究，41，302-312.

Rook, K. S. 1987 Social support versus companionship: Effects on life stress, loneliness, and evaluation by others. *Journal of Personality and Social Psychology*, 52, 1132-1147.

坂口りつ子 1997 学生の人間関係についての一考察―悩み・関心事とその相談相手― 西南学院大学児童教育学論集，23(2)，43-55.

佐藤有耕・山本誠一・加藤隆勝 1991 高校生の悩みと求める援助の性質 筑波大学心理学研究，13，141-154.

Scott, P. M 宮城 薫（訳） 1989 ソーシャル・サポート 中川米造・宗像恒次（編） 応用心理学講座13 医療・健康心理学 福村出版 p.200-231.

嶋 信宏 1991 大学生のソーシャルサポートネットワークの測定に関する一研究 教育心理学研究，39，440-447.

嶋 信宏 1992 大学生におけるソーシャルサポートの日常生活ストレスに対する効果 社会心理学研究，7，45-53.

嶋 信宏 1994 高校生のソーシャル・サポート・ネットワークの測定に関する一研究 健康心理学研究，7(1)，14-25.

嶋 信宏 1996 ソーシャル・サポート 日本児童研究所

（編）児童心理学の進歩1996年版　金子書房　p.193-218.

嶋田洋徳　1993　児童の心理的ストレスとそのコーピング過程：知覚されたソーシャルサポートとストレス反応の関連　ヒューマンサイエンスリサーチ，2，27-44.

嶋田洋徳　1996　知覚されたソーシャルサポート利用可能性の発達的変化に関する基礎的研究　広島大学総合科学部紀要IV理系編，22，115-128.

周　玉慧　1993　在日中国系留学生用ソーシャル・サポート尺度作成の試み　社会心理学研究，8，235-245.

周　玉慧・深田博巳　1996　ソーシャル・サポートの互恵性が青年の心身の健康に及ぼす影響　心理学研究，67，33-41.

総務庁青少年対策本部（編）　1986　現代青年の生活と価値観　大蔵省印刷局

田中共子　1998　在日留学生の異文化適応：ソーシャル・サポート・ネットワーク研究の視点から　教育心理学年報，37，143-152.

谷口弘一・浦　光博　1996　サポートの授受と精神的健康の関連に関する発達的研究　日本グループ・ダイナミックス学会第44回大会発表論文集，32-35.

東京都生活文化局（編）　1985　大都市青少年の人間関係に関する調査—対人関係の希薄化の問題との関連からみた分析　東京都生活文化局

Vaux, A. 1988 *Social support: Theory, research, and intervention.* New York: Praeger.

和田　実　1992　大学新入生の心理的要因に及ぼすソーシャルサポートの影響　教育心理学研究，40，386-393.

和田　実　1995　ストレスとソーシャルサポートが疾病徴候，孤独感，および学校満足度に及ぼす影響：看護学生についての縦断研究　健康心理学研究，8(1)，31-40.

和田　実　1998　大学生のストレスへの対処，およびストレス，ソーシャルサポートと精神的健康の関係—性差の検討—　実験社会心理学研究，38，193-201.

横田　環・小杉正太郎　1998　ソーシャル・サポートの機能的分類とその効果に関する検討　日本心理学会第62回大会発表論文集，76.

2章

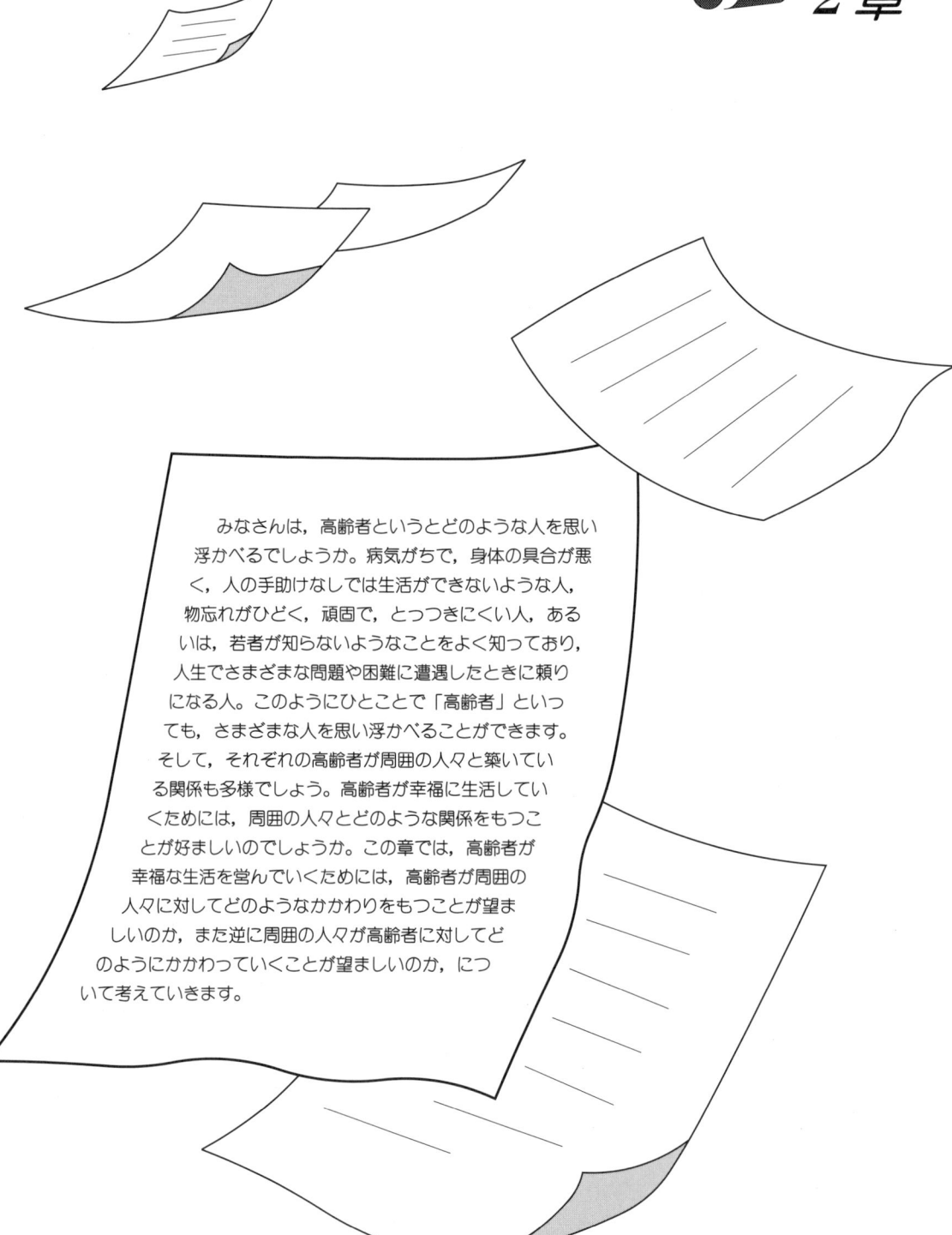

　みなさんは，高齢者というとどのような人を思い浮かべるでしょうか。病気がちで，身体の具合が悪く，人の手助けなしでは生活ができないような人，物忘れがひどく，頑固で，とっつきにくい人，あるいは，若者が知らないようなことをよく知っており，人生でさまざまな問題や困難に遭遇したときに頼りになる人。このようにひとことで「高齢者」といっても，さまざまな人を思い浮かべることができます。そして，それぞれの高齢者が周囲の人々と築いている関係も多様でしょう。高齢者が幸福に生活していくためには，周囲の人々とどのような関係をもつことが好ましいのでしょうか。この章では，高齢者が幸福な生活を営んでいくためには，高齢者が周囲の人々に対してどのようなかかわりをもつことが望ましいのか，また逆に周囲の人々が高齢者に対してどのようにかかわっていくことが望ましいのか，について考えていきます。

高齢者の援助とサポート

1 高齢者のサポート研究の背景

(1) 高齢者におけるサポート研究の流れ

　現代の先進国においては，出生率の減少と平均寿命の延長，いわゆる少産少死によって人口に占める高齢者の比率が増加してきています。わが国において全人口に占める65歳以上の高齢者人口の割合は，1970年に7%，1994年に14%に達し，2015年には25%になると予測されており，先進諸国のなかでも類をみない速さで高齢化が進んでいます（石川, 1999）。その結果，高齢者に対する研究への関心は高まり，その数は近年非常に増加してきています。高齢者におけるサポート研究は，当初は疫学研究の流れから行なわれることが多かったようです。疫学とは，流行病の原因を探し，それを防ぐための学問です。つまり，年をとること，「老化」をある意味において「病気」としてとらえ，その進行を防ぐためにはどうしたらよいかという視点からの研究です。ここでいう「老化」は，具体的には，心臓病や脳血管疾患などの身体的疾病，うつ病や痴呆などの精神的疾病の発生，あるいは疾病までいかないとしても身体的・精神的機能の低下，生活自立度の低下によって示されます。疫学研究の主たる目的は，このような状態，すなわち「老化」を促進する危険因子の発見とその除去であり，実践的な立場にたって多くの研究が行なわれてきました。

　また，高齢者人口の増大にともない，今後，要介護高齢者の数の増大が予想されます。介護は高齢者に対するサポートの究極の形態であると考えられます。そして，そこでは，高齢者に対してだけではなく，その介護者に対するサポートという観点も必要となってきます。介護者に焦点をあてた場合，その主題となるのは，介護者が身体的・精神的に疲弊することなく介護を続けるためにはどのようなサポートが必要なのかということです。このような高齢者介護の問題は，おもに社会福祉の分野で研究されており，そこではホームヘルパーなどの公的な福祉サービスの領域もサポート概念のなかで論じられています。

　日本ではまだ広く知られていませんが，高齢者についての研究は，学際的な性質をもつ老年学（gerontology）という学問領域として成り立っています。もちろん，上述の研究も，老年学に含まれます。老年学の研究は，社会における高齢者の問題を解決しようとする実践的・応用的な志向性が強いものですが，その反面，モデルや理論の構築が不十分であるという傾向があります。学際研究は，いろいろな学問が協力してひとつの現象にアプローチしていくものですが，そういう領域であるからこそ，それぞれの学問が果たすべき役割，学問的アイデンティティの自覚が重要になってきます。そうであるとすると，高齢者におけるサポート研究のなかで，心理学はどのような役割を果たすべきなのでしょうか。ひとつには実践的な問題解決を志向した健康心理学（health psychology）という立場でかかわることです。ただし，実践的な必要性に追われるだけでなく，心理学においては，ある現象の発生に関するメカニズムを，対象の主観的な心のはたらきまで視野に入れて検討することが求められます。また，高齢者を，一概に虚弱者としてとらえるのではなく，生涯発達心理学（life-span developmental psychology）の視点から，高齢者の多くは有能な存在であり，その潜在的な能力を生かすことが高齢者自身のためにも社会のためにも役に立つというような視点を加えて考えることが望ましいと思われます。

(2) 社会関係のなかでのサポート概念の位置づけ

　いままでの研究でソーシャル・サポート（social support）は高齢者の身体的・精神的機能の低下を防ぐ重要な要因のひとつとして考えられてきました（ソーシャル・サポートは，社会的支援と訳されます。この章では以下，社会的支援に統一しま

» 図2-1　社会関係の関連概念

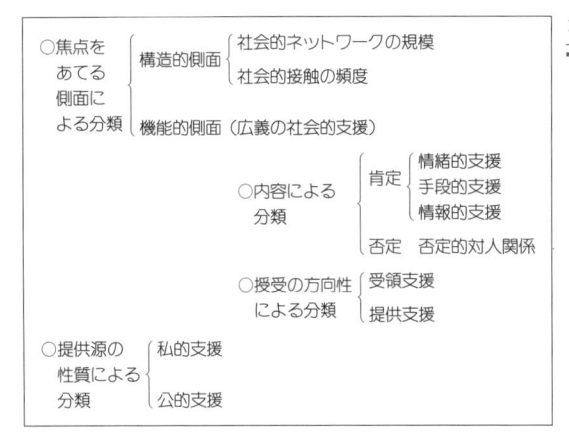

```
○焦点を   ┬ 構造的側面 ┬ 社会的ネットワークの規模
  あてる   │            └ 社会的接触の頻度
  側面に   └ 機能的側面（広義の社会的支援）
  よる分類

○内容による ┬ 肯定 ┬ 情緒的支援
  分類       │      ├ 手段的支援
             │      └ 情報的支援
             └ 否定 ─ 否定的対人関係

○授受の方向性 ┬ 受領支援
  による分類   └ 提供支援

○提供源の   ┬ 私的支援
  性質による └ 公的支援
  分類
```

す）。この社会的支援が関連概念のなかにどのように位置づけられるのかを図2-1に示しました。まず、その上位概念として、社会関係（social relation）があります。これは、その人を取り囲む人間関係のすべてのことであり、構造的側面と機能的側面に分けることができます。構造的側面には、高齢者にとって重要な他者（配偶者、家族、親戚、友人など）の有無や人数（友人や親戚の場合）を示す社会的ネットワーク（social network）や、訪問、電話、手紙のやりとりなど、人との交流の頻度を示す社会的接触（social contact）という概念があります。社会的支援は、広義には社会関係の機能的側面であり、ある人と接することによって質的にどのような内容の交流ができているかを示す概念と考えてよいでしょう。社会的支援は、その内容によって、情緒的支援（emotional support：思いやりや愛情を示すこと）、手段的支援（instrumental support：買い物の手伝いや病気のときのケアなど）、情報的支援（informational support：必要な情報を与えること）などに分類されます。社会関係の機能的側面には、肯定的な関係のみではなく、否定的対人関係（negative relation）も含まれます。また、支援の授受の方向性を考えた場合、支援は受領されるだけのものではなく、提供する支援（providing support）という概念も成り立ちます。これらの概念に関しては、野口（1991）によってよくまとめられています。また、支援の提供主体が、家族や親類、友人などの私的な関係からのものなのか、あるいは医療や福祉サービスなどの公的な関係からのものなのかによって、私的支援（informal support）、公的支援（formal support）と分類することもあります。サポートに関する概念はこのように多様であるため、それを扱う場合には社会関係のどの側面のことなのかについて注意する必要があります。

2　サポートに関する実証研究

それでは、実際に社会関係と高齢者の健康がどのような関係をもっているのかについて、筆者とその共同研究者による研究からみていきたいと思います。

（1）社会的支援と精神的健康

最初に紹介しますのは、日本の高齢者における社会的支援と精神的健康の関係に関する研究です（岡林と杉澤、1999）。東京都老人総合研究所とミシガン大学が共同して、1987年に、層化二段抽出法によって、60歳以上の高齢者3,288人を全国代表標本として抽出し、この標本に対して訪問面接調査を実施したところ、2200人が調査に回答しました。

この研究の特徴は、①社会関係の機能的側面を肯定的側面と否定的側面の双方からとらえたこと、②提供主体別に社会関係の精神的健康への影響を評価したこと、③精神的健康を多面的に測定したこと、の3点です。

第一の点ですが、社会関係の機能的側面の効果を包括的に評価するためには、肯定的側面だけでなく、否定的側面をもあわせて評価する必要があります。いままでの研究からも、否定的対人関係は肯定的対人関係よりも、精神的健康に対して大きな効果をもつことが示されています（Rook, 1990）。そこで、本研究では、肯定的な支援として、「傾聴」（あなたのまわりの人たちは、あなた

が心配ごとや困りごとがあるとき，どのくらいあなたの言うことに耳を傾けてくれますか）と「愛情」（あなたのまわりの人たちは，あなたにどのくらいいたわりや思いやりを示してくれますか），「病気のときの世話のあて」（病気のとき，あなたのまわりの親しい方たちのお世話をどの程度あてにできますか）という3項目それぞれに対して5件法で回答を求めました。否定的対人関係としては，「過剰要求」（あなたは，身近な人たちからの頼まれごとが多すぎると思いますか），「小言」（あなたのまわりの人たちは，あなたのすることに小言を言ったり，文句をつけたりしますか），「過保護」（あなたは身近な親しい人たちが，あなたの世話をやきすぎると思いますか）という3項目それぞれに対して5件法で回答を求めました。

　第二の点ですが，同程度の支援を受けたとしても，重要な人からの支援は，そうでない人からの支援よりも，影響が大きいと考えられます。文化によって周囲の人との関係のもち方は規定されると思われますが，日本における高齢者の精神的健康にはどの続柄の人からの影響が大きいのかを検討することは興味深い課題だと思われます。このため，ここでは，配偶者，子ども，親戚・その他（友人・知人など），という提供主体別に社会的支援の精神的健康に対する効果を評価することにしました。

　第三の点ですが，精神的健康は多次元からなる概念であるので，扱っている次元によって社会関係の効果が異なる可能性があります。老年期における精神的健康という概念は，少なくとも，老年学領域でよく用いられる概念である「主観的幸福感（subjective well-being）」が高い状態であるということと，痴呆（認知障害）がないということ，という2側面を含める必要があります。そこで，ここでは，抑うつ症状（center for epidemiologic study depression scale：CES-D）と人生満足度（life satisfaction index-A：LSI—A）の2側面

から測定した主観的幸福感に，認知障害（short portable mental status questionnaire：SPMSQ）を加えて，精神的健康を多面的にとらえることを試みました。

　以上のような目的にしたがい，共分散構造分析のモデルを構築し，分析を行ないました（図2-2と図2-3）。これは，観測変数の背後にいくつかの理念的な潜在変数を仮定し，複数の潜在変数のあいだに仮定された因果関係を分析する方法で，最近，心理学のみならず，社会科学の領域でとみに用いられるようになってきました〔共分散構造分析に関する詳しい説明は，豊田（1998）を参照してください〕。図の楕円は潜在変数，矢線は有意な効果を示します〔簡略化のために，統制変数（性別，年齢，教育年数，身体的健康），観測変数，観測変数と潜在変数の誤差項および誤差相関は図より省略しました〕。図2-2は，配偶者と子どもがいる群（1,349人）のモデルですが，社会的ネットワークの違いによって社会関係の効果が異なる可能性が考えられるため，子どもはいるが配偶者が

» 図2-2　社会関係と精神的健康（配偶者，子ども，親戚・その他のネットワーク）
（岡林と杉澤，1999より）

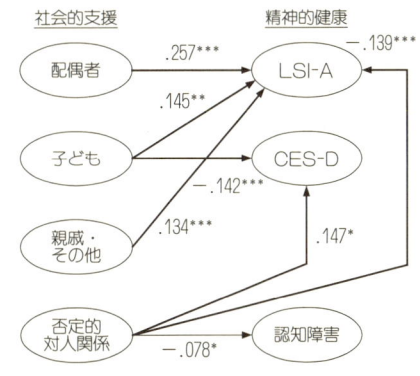

数値は標準偏回帰係数
*p<.05, **p<.01, ***p<.001
GFI=.953, AGFI=.927, NFI=.919, NNFI=.911

» 図2-3 社会関係と精神的健康（子ども，親戚・その他のネットワーク）（岡林と杉澤，1999より）

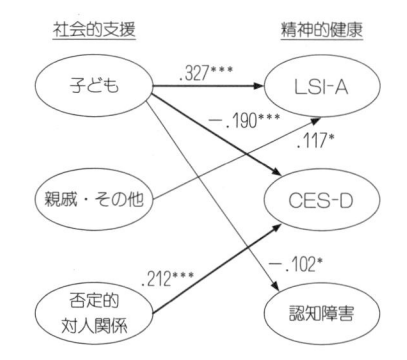

いない群（742人）は，図2-3のようなモデルによって分析しました。本研究のモデルは，提供主体別にみた社会的支援が，人生満足度と抑うつ症状および認知障害から構成される精神的健康にどのような影響を与えているかを分析するためのものです。なお，否定的対人関係に関しては多重共線性の問題が生じたため，提供主体別に分析をすることができず，提供主体をひとつにまとめました。

図2-2から，配偶者と子どものいる高齢者にとっては，いずれの提供主体からの社会的支援も人生満足度の肯定的側面を有意に高めましたが，とくに配偶者からの社会的支援（配偶者：$\beta=.257$，$p<.001$）は子どもや親戚・その他からの社会的支援（子ども：$\beta=.145$，$p<.01$；親戚・その他：$\beta=.134$，$p<.001$）よりも大きな効果をもっていました。子どもからの社会的支援は，人生満足度を高め（$\beta=.145$，$p<.01$），抑うつ症状（$\beta=-.142$，$p<.001$）を低めるというように主観的幸福感の肯定的・否定的側面の双方に影響を及ぼしていました。そして，いずれの提供主体からの社会的支援も認知障害の程度には影響を及ぼしていませんでした。重要な他者との否定的対人関係は，人生満足度を低め（$\beta=-.139$，$p<.001$），抑うつ症状を増加させました（$\beta=.147$，$p<.001$）。否定的対人関係が認知障害を減少させるという奇妙な関連がみられましたが（$\beta=-.078$，$p<.05$），これはこのデータが横断的なものであるため生じた見せかけの結果かもしれません。

配偶者のいない高齢者の場合（図2-3），子どもからの社会的支援が多い高齢者は，人生満足度が高く（$\beta=.327$，$p<.001$），抑うつ症状が低く（$\beta=-.190$，$p<.001$），認知障害が少ない（$\beta=-.102$，$p<.05$），すなわち，精神的健康のすべての側面において良好であることが示されました。親戚・その他からの社会的支援は，子どもからの社会的支援ほどではありませんが，人生満足度の向上に有意な影響を示していました（$\beta=.117$，$p<.05$）。否定的対人関係は抑うつ症状の悪化に有意な影響を示していました（$\beta=.212$，$p<.001$）。

この研究の結果からのみでは確定的なことは言えませんが，高齢者にとって配偶者からの社会的支援の影響が非常に大きいこと，配偶者がいない場合は子どもからの社会的支援の影響が大きく，それは認知障害の悪化も防ぐこと，否定的対人関係は精神的健康に対して悪影響を及ぼすこと，などが示されたと言えるでしょう。今後，社会的支援の精神的健康に対する効果の続柄による違いはどうして生じるのか，社会的支援はどのようにして認知障害に影響を及ぼすのか，などのメカニズムについて検討していく必要があります。また，本研究の知見は横断データに基づいたものなので因果関係の方向性については確定できないという限界があり，これについては縦断データの分析によって明らかにしていく必要があります。

（2） 縦断研究による知見

前述の研究で，社会関係と精神的健康との包括的な関係をみてきましたが，分析に用いたデータが横断的なものであったので，その因果関係の方向性を特定することができませんでした。つまり，社会関係が豊かな高齢者の健康状態はよいという結果が得られたとしても，社会関係が豊かだから高齢者が健康なのか，それとも高齢者が健康だから社会関係が豊かであるのか，因果の方向性はは

っきりしないということです。2つの変数XとYのあいだに因果関係が存在するというためには，①XとYのあいだに共変動が存在すること，②XとYのあいだに時間的順序を特定できること，③X，Yの双方に影響を与える変数の影響を取り除いても，XとYの共変動は0とはならないこと，という3つの条件が必要とされています（石塚，1989）。横断データでは，分析する変数のあいだに時間的な前後関係がないため，強い相関関係が見いだされても，原因から結果への方向性は仮定にとどまらざるを得ません。原因となる変数と結果となる変数のあいだに，時間的な前後関係のあるデータ（縦断データ）を用いることによって初めて因果関係を統計的に分析することが可能になるのです。ここでは，このような縦断データによって，高齢者の社会関係と健康との関連を検討した研究を紹介します（岡林ら，1998）。本研究の目的は，60歳以上の高齢者を対象とした3年間の縦断データを用いて，社会関係が生活の自立度に影響を及ぼすのか，生活の自立度が社会関係に影響を及ぼしているのか，あるいは両方が影響しあっているのかについて，検討することです。ここで，生活自立度を健康の指標として用いたのは，高齢期において疾病がまったくない状態を想定することはむずかしく，高齢者の研究においては慢性的な疾病を1つや2つは抱えながらも生活において自立していることを「健康」と考えることが多いからです。

ここで用いるデータは前述の60歳以上の高齢者の全国代表標本におけるデータベースです。1987年の調査完了者2,200人に3年後の1990年に追跡調査を実施して1,671人の調査完了者を得ることができました。分析対象者は，分析項目に欠損値を含まない1,453人です。本研究では，社会関係の構造的側面のひとつである社会的接触の頻度と，高齢者の生活自立度との関係を検討することにいたしました。分析に用いた測度について以下説明します。生活自立度の測度として，日常生活動作能力（activities of daily living：以下ADL）と手段的日常生活動作能力（instrumental activities of daily living：以下IADL）を用いました。ADLは「お風呂に入る」「200～300メートルくらい歩く」「階段を2，3段昇る」，IADLは「身のまわりの物や薬などの買い物に出かける」「電話をかける」「バスや電車に乗ってひとりで出かける」という項目から構成されています。それぞれの項目に5件法の選択肢を設け，ADLとIADLそれぞれの合計得点を分析に用いました。社会関係の測度として，社会的接触の頻度を示す3項目，「友だちや親戚などに一か月のうちに会ったり，いっしょに出かけたり，お互いの家を訪ねたりする回数」「友だちや親戚などに一週間のうちに電話で話す回数」「町内会，自治会，老人クラブ，商工会，宗教のグループといったような会に一か月のうちに出かける回数」を用いました。各項目とも社会的接触の頻度について尋ねた6件法の選択肢を設けました。

縦断データを用いて，因果関係を分析する主な方法として，クロス・ラッグド・イフェクツ・モデル（cross-lagged effects model）とシンクロナウス・イフェクツ・モデル（synchronous effects model）があります（Finkel, 1995）。クロス・ラッグド・イフェクツ・モデルは，初回調査時点の2変数の値が初回調査から追跡調査のあいだにおける両変数の変化に影響を及ぼすか否かを検討するモデルです。しかし，初回調査と追跡調査の期間が本来の因果関係が見いだされるはずの時間よりも長すぎるとその影響が見いだされない可能性があります。このような場合には同時期における2要因の双方向の効果を検討するモデルとしてシンクロナウス・イフェクツ・モデルがあります。このモデルでは，同一時点における両変数の関係を検討することになりますが，縦断データから得られる情報によって2要因の双方向の効果を同時

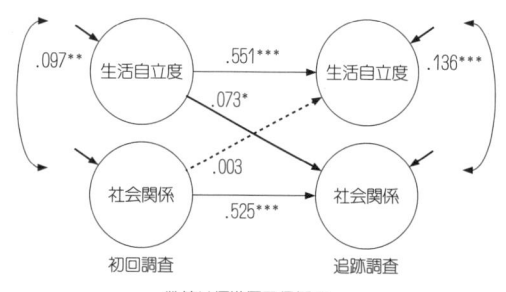

▶ 図2-4 社会関係と生活自立度のクロス・ラッグド・イフェクツ・モデル
（岡林ら，1998より）

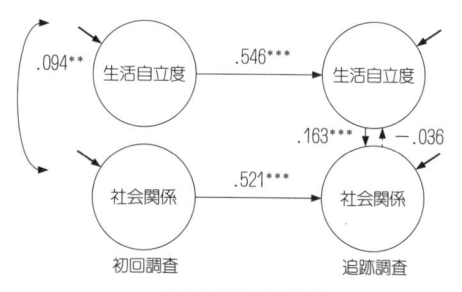

数値は標準偏回帰係数
*p＜.05，**p＜.01，***p＜.001
X²(43)＝189.64，GFI＝.981，AGFI＝.959

▶ 図2-5 社会関係と生活自立度のシンクロナウス・イフェクツ・モデル
（岡林ら，1998より）

数値は標準偏回帰係数
*p＜.05，**p＜.01，***p＜.001
X²(44)＝190.42，GFI＝.981，AGFI＝.960

に推定できるのです。

図2-4と図2-5にクロス・ラッグド・イフェクツ・モデルとシンクロナウス・イフェクツ・モデルそれぞれを共分散構造分析によって分析した結果を示しました〔簡略化のために，統制変数（性別，年齢，教育年数），観測変数とその誤差項および残差相関は図より省略しました〕。図2-4と図2-5より，生活自立度は社会的接触の頻度に影響を及ぼしていますが（クロス・ラッグド・イフェクツ・モデル：$\beta=.073$，$p<.05$；シンクロナウス・イフェクツ・モデル：$\beta=.163$，$p<.001$），社会的接触の頻度は生活自立度に影響を及ぼしていないことがわかります。つまり，高齢者の生活自立度は社会関係の豊かさを規定するが，豊富な社会関係が高齢者自身の生活自立度を良好にするわけではないということです。このように，本研究では縦断データを用いた分析によって，横断データでは明らかにすることができなかった因果関係の方向性を明らかにすることができました。本研究では残念ながら社会関係の有効性を示すことができませんでしたが，ここでは社会関係のなかで社会的接触という一側面のみの効果を分析したものなので，社会関係の他の側面（たとえば，機能的側面）を分析すれば，その効果が見いだされる可能性は十分にあると思われます。また，社会的接触と生活自立度のあいだに媒介変数が存在する可能性もあります。本研究は，このようなさまざまな可能性を検討するためのひとつの踏み台と考えていただけるとよいでしょう。

（3）社会的支援のストレス緩衝効果

ここまで，社会関係と高齢者の健康との直接的な関係（直接効果）の研究をみてきました。しかし，社会関係と健康に関する研究においては直接効果ばかりではなく，ストレスフルな経験を社会的支援がいかに和らげるかについて検討するストレス緩衝効果の研究があります。ストレスフルな生活できごとのことをライフイベントといいますが，ライフイベントの古典的な研究（Holmes & Rahe, 1967）において最大のストレスフルな体験であるとされているのが配偶者との死別です。ここでは，配偶者との死別というライフイベントが高齢者の健康に及ぼす否定的な効果を社会的支援がいかに緩衝するかについての研究を紹介したいと思います（岡林ら，1997）。

この研究も，データベースは前述の研究と同じもので，1987年に初回調査，1990年に追跡調査を行ない，1,671人の調査完了者を得ています。追跡調査の完了者中，初回調査時点で配偶者のいる1,087人のなかから，分析項目のなかに欠損値をもつ116人と，追跡調査時点において別居していた1人および離婚していた1人を除いた969人を本研究の分析対象者としました。初回調査と追跡調査のあいだの3年間に配偶者と死別した高齢者は68人おり，そのうち，死別して1年未満しか経っ

図2-6 死別経験と社会的支援の精神的健康に対する影響（岡林ら，1997より）

ていない高齢者が21人，1年以上（3年未満）の期間が経っている高齢者は47人，追跡調査時点でも配偶者がいる高齢者は901人でした。ここで，まず，死別経験のない群を対照群として，死別後1年未満群と死別後1年以上群において配偶者との死別が高齢者の精神的・身体的健康にどのような影響を及ぼしたかを検討しました。次に，配偶者との死別が高齢者の健康に及ぼした悪影響を配偶者以外の人からの社会的支援がどれだけ和らげたかを検討しました。

本分析で用いた主要な測度について説明します。社会的支援としては，配偶者以外の提供主体（「子ども・嫁・孫」および「親戚・その他」）から前出の「傾聴」と「愛情」という情緒的支援をそれぞれ5件法で測定しました。そして，各項目とも，2つの提供主体の得点を比較し，得点の高いほうをこの項目の得点として代表させ，両質問項目の得点を加算して社会的支援の得点としました。健康状態としては，身体的健康として，高齢者の健康状態の主観的評価を5件法で尋ねた健康度自己評価を，精神的健康として，CES—Dによる抑うつ症状を測定しました。

分析は，階層的重回帰分析を行ない，死別経験と社会的支援の交互作用項を投入することによって社会的支援の緩衝効果の検討をしましたが，これについての詳しい説明は割愛します。結果としては，まず，高齢者の精神的・身体的健康は，配偶者との死別というライフイベントの衝撃によって悪化しますが，1年以上の期間が経つとそれは回復に向かうことが明らかになりました。また，死別後1年以内の精神的健康の悪化は死別後の社会的支援によって和らげられることがわかりました（図2-6）。図2-6では，死別なし，死別後1年以上，死別後1年以内と順にストレスの程度が高くなると考えられ，社会的支援の少ない群ではそれにともない，抑うつ症状の得点は高まってきています。しかし，社会的支援の程度が高い群においては，ストレスの程度が高まっても，抑うつ症状の得点は高まりませんでした。すなわち，社会的支援が死別の衝撃を和らげ，抑うつ症状の悪化を防いだのです。このことを社会的支援のストレス緩衝効果といいます。このように高齢者が経験するさまざまなライフイベントに対する適応過程と，それに対する有効な援助のあり方について今後さらに検討していく必要があるでしょう。

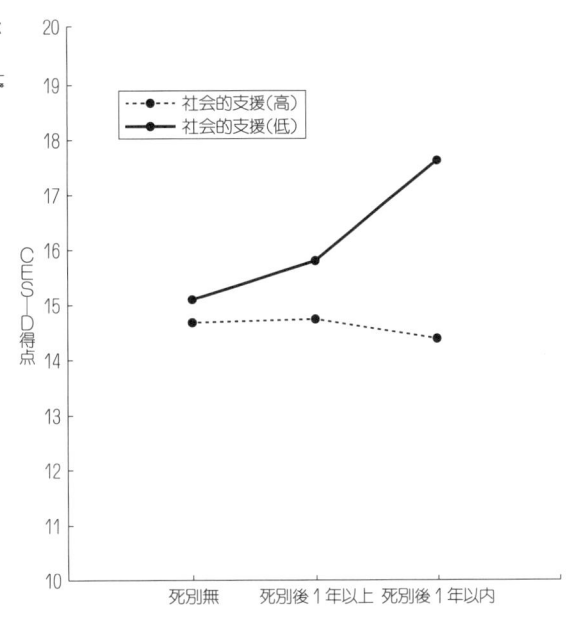

（4） 高齢者の介護

最後に，高齢者の介護の問題について考えていきたいと思います。わが国では，要援護高齢者（要介護高齢者と虚弱高齢者）が1993年に200万人，2000年には280万人，2025年には520万人に達すると予測され，社会の高齢化にともない，今後，寝たきりや痴呆の高齢者が急速に増加する一方で，核家族化の進展によって家族の介護力が低下し，高齢者の介護問題は高齢者にとってもその家族にとっても大きな不安要因となっています（厚生統計協会，1998；厚生省老人保健福祉局，1999）。それに対応するために，1989年に「高齢者保健福祉推進10か年計画」（ゴールドプラン）が策定され，ホームヘルパー，ショートステイ，デイサービス，在宅介護支援センターという在宅介護を援助する

福祉サービスの拡充が試みられています（1995年には新ゴールドプランによってそれぞれのサービスに対する量的な拡充が図られました）。そして，2000年からは，介護保険制度の導入によって，その経済基盤を整えようとしております。現在このような高齢者福祉に関する整備が進められてきていますが，サービスの絶対量が依然として不足しているとか，サービスの質の維持をどうするかなど，今後さまざまな問題が生じてくることが予想されます。しかしながら，制度が充実するまで現在生じている介護の問題は待ってくれません。現行制度のなかで，高齢者とその介護者の方々は，それぞれの介護を乗り切っていかなくてはならないのです。

介護は社会関係の関連概念のなかでどのように位置づけられるでしょうか。介護は，第一義的には高齢者の日常生活の手助けという意味における手段的支援ですが，それのみではなく（とくに家族介護の場合），高齢者との心の交流という情緒的支援の側面を無視することはできません。また，高齢者に対する在宅介護は，核家族化が進み私的ネットワークが縮小してきている現代においては，家族による介護という私的支援だけではなく，医療・福祉サービスなどの公的支援を積極的に導入することによって初めて成り立っていくことになると思われます。

介護は，毎日続き，義務的な拘束感が強く，見返りの少ない，身体的・精神的に負担の大きい事態です。このようななかで，介護者が高齢者の介護に拘束され，身体的にも精神的にも疲弊してしまうことを防ぐにはどうしたらよいのでしょうか。ここでは，高齢者の介護者が，介護を行なうなかでどのようにすれば，燃えつきないでいられるのかについて考えていきたいと思います（岡林ら，1999）。

本研究では，地域に住む要介護高齢者の家族介護者に対する全数調査を行ないました。まず，1996年2月〜3月に東京都三鷹市における65歳以上の高齢者全数21,567人から要介護高齢者をスクリーニングするために，高齢者と同居している家族に対して，日常生活動作能力の障害（以下ADL障害）と認知障害の有無に関する郵送調査を実施しました。そこで1,379人の障害高齢者が抽出されました。1,379人の障害高齢者の介護者全数に対して1996年4月〜5月にかけて，訪問面接調査を行ない，943人に調査を完了しました。分析対象者は，分析項目中に欠損値を含まない834人です。

さて，介護という状況を心理学的にとらえると，それは一種の慢性ストレス事態ということになります。つまり，それは，日常的に毎日引き続くストレスであり，解決すること（高齢者の障害がなくなること）は容易ではありません。このように考えることによって，ストレス・コーピングの考え方で介護の問題を整理することができます。まず，ストレッサーというストレス反応を引き起こす原因と考えられるものがあります。ここでは高齢者の身体的・精神的障害の程度ということになります。これらの一次的なストレッサーは，介護における拘束度のような二次的なストレッサーを引き起こすと考えられます。介護者がこれらのストレッサーにさらされることによって，ストレス反応，ここでは介護者の燃えつき症状，が引き起こされることになるわけです。

しかしながら，これらのストレッサーにさらされているすべての介護者が一概に燃えつき症状を起こすわけではありません。ストレッサーに対してある種の構えをもって対処している介護者はストレス反応を軽減できる可能性があります。この構えのことを対処方略（coping strategy）といいます。対処方略の研究で古典的なのが，ラザラスとフォルクマン（Lazarus & Folkman, 1984）による研究であり，そこで彼らはストレスフルな環境そのものを直接的に変革していこうとする問題解決型対処方略と，ストレッサーによってもたら

された情動を統制，軽減しようとする情動焦点型対処方略という2つのタイプの対処方略を提案しました。本研究では，介護における対処行動に関する自由記述を整理し，先行研究の項目を参考にするなかで介護ストレスに対する対処方略の尺度を作成し，その構造を因子分析によって検討しました。そこでは，①介護役割の積極的受容（意思の疎通を図りお年寄りの気持ちを尊重する，など4項目），②介護におけるペース配分（できる範囲で無理をしないようにお世話をする，など3項目），③気分転換（友人と会ったり自分の好きなことをして気分転換をする，など2項目），④私的支援追求（お世話している人どうしで励まし合う，など3項目），⑤公的支援追求（役所や医師・看護婦などの専門家に相談する，など4項目）の5因子が求められました。さらにこれらの5因子は，①接近型（介護役割の積極的受容），②回避型（介護におけるペース配分と気分転換），③支援追求型（私的支援追求と公的支援追求）という3つの二次因子にまとめられることがわかりました。平易なことばで言えば，容易に解決ができない慢性的なストレス事態にぶつかったとき，人間には，そこから逃げるか（回避型），助けを求めるか（支援追求型），その状況が脅威的ではないと状況に対する見方を変えてその事態に没入していくか（接近型），という3つの対処方法があるということです。ラザラスらの分類は，ストレッサーの種類を特定することなく考えられたものであり，介護のような問題解決が困難な慢性ストレス事態に必ずしもあてはまるわけではなさそうです。

これらの関係についての共分散構造分析による分析結果を図2-7に示しました〔簡略化のために，統制変数（高齢者との続柄，年齢，教育経験，経済満足度），観測変数，観測変数と潜在変数の誤差項および誤差相関は図より省略しました〕。対処方略と燃えつき症状との関係ですが，まず，支援追求型の対処方略はどうでしょうか。「公的支援追求」と燃えつき症状には有意な関連はみられませんでしたが，「私的支援追求」は燃えつき症状と正の関係がみられました（$\beta = .292$, $p < .01$）。私的な支援を受けている介護者ほど燃えつき症状が高いという関係です。この結果については，おそら

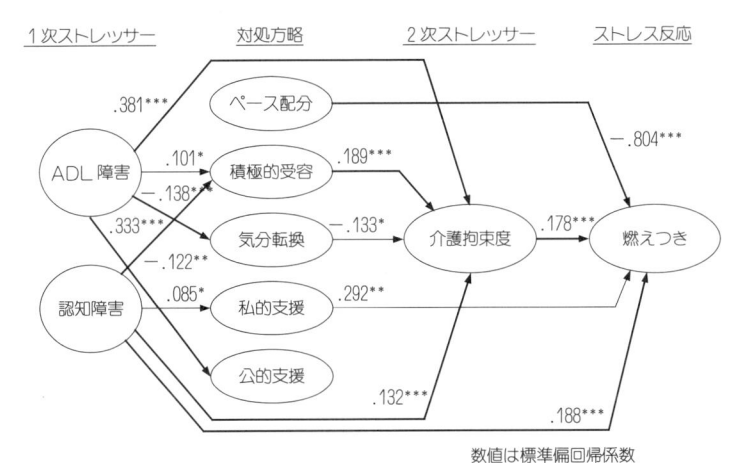

数値は標準偏回帰係数
*$p<.05$, **$p<.01$, ***$p<.001$
GFI=.942, AGFI=.900

» 図2-7　介護におけるストレッサーと対処方略および燃えつき（岡林ら，1999より）

く，燃えつき症状が高い人は介護がたいへんなので私的な支援を多く受けるようになったと解釈したほうがよさそうです。このように，本研究では残念ながら支援追求型の対処方略が介護者の燃えつき症状の軽減に有効であることを示すことはできませんでした。

その他の対処方略はどうでしょうか。接近型の対処方略である「介護役割の積極的受容」は，介護拘束度を介して燃えつきを増加させる影響を示していました（積極的受容から介護拘束度：$\beta=.189$，$p<.001$；介護拘束度から燃えつき：$\beta=.178$，$p<.001$）。介護者が，高齢者の介護に熱心になるあまりに介護に縛られすぎて，最終的には燃えつき症状が高まってしまうという関係がみえてきます。最後に，回避型の対処方略ですが，「介護におけるペース配分」は直接的に燃えつき症状を軽減する効果が（$\beta=-.804$，$p<.001$），「気分転換」は介護拘束度を介して（$\beta=-.133$，$p<.05$），燃えつき症状を軽減する効果が示されました。このことから，燃えつきを防ぐためには，気分転換をして介護拘束度を減らすことが有効ですが，介護に拘束される時間を減らすことができない場合にはペース配分を行なうことが重要であることが明らかになりました。接近型の対処方略が介護拘束度を介して介護者の精神的健康をかえって悪化させることからも，介護という長期間続く見返りの少ないストレス事態は主介護者が精神的にがんばるだけでは乗り切れず，主介護者が介護から適度に距離をとり，自分自身の自由になる時間を確保することが，介護に拘束されて精神的に消耗することを防ぐひとつの重要な手段であることが示されました。

本研究では，支援追求型の対処方略は有効な効果を示していませんでした。このことは，支援をしてもしかたがないということではなく，私的な支援，公的な支援のいずれにせよ，それを単に提供するだけでは介護者の精神的健康に対して効果がないということを意味しているのです。介護者の精神的健康の維持に効果をあげるためには，支援が提供されることによって介護者がこころから安心して介護から解放されることが必要なのだと思われます。たとえば，高齢者をショートステイなどにあずけると症状が悪化するのであずけられないとか，周囲の目があって他人に介護を任せられない，という介護者の声を聞くことがあります。このような状態でお年寄りをショートステイにあずけたとしても，介護者の方が精神的に休まることはないでしょう。このようなことのないように，社会福祉サービスを量的・質的に充実させ，介護者が，安心して介護から離れ，自分自身の時間や生活をもつことを許容するような支援環境を整備していくことが重要な課題となると思われます。

3 高齢者におけるサポート研究の課題

いままで，筆者とその共同研究者の研究を中心に，高齢者におけるサポートの実証研究に関してみてきました。最後に，心理学におけるサポート研究の今後の課題を，理論的課題，方法論的課題，実践的課題の3つに分けて述べてみたいと思います。

(1) 理論的課題

研究者によってサポート概念のとらえ方が異なると得られた知見の整理が困難になるので，まずは研究者が用いる概念を整備していくことが必要でしょう。たとえば図2-1にあげた概念のどの側面を問題にしているのかを自覚しつつ研究を進めていくことが必要です。高齢者のサポート研究は，今後，社会的支援の肯定的側面の研究から肯定的側面と否定的側面の双方の研究へ，受領支援のみの研究から受領支援と提供支援の互酬性（reciprocity）についての研究へと進んでいくと思われます。そして，分析枠組みとしては支援の直接効果についてだけではなく，媒介効果や緩衝効果も

含めた研究がますます注目されてくるでしょう。そのようななかで，心理学者にとって重要なのは，社会関係が高齢者の幸福感や健康に及ぼす影響のみに関心を奪われるのではなく，そのあいだにどのような心理過程が介在しているのかを考えていくことであると思います。たとえば，高齢者の精神的健康への影響が支援を提供する人の続柄によって異なった場合，あるいは公的・私的支援の双方ともに介護者の精神的健康に有効な効果がみられなかった場合，単に関連がなかったということで研究を終わらせるのではなくて，支援と健康のあいだに介在するメカニズムについてより深く考えていくことが必要でしょう。

(2) 方法論的課題

社会調査において標本の代表性が確保されていなければ，その知見の一般化が制限されます。また，因果関係の推定のためには縦断データが必要です。代表標本による縦断データを維持していくためには，研究者が協力して，助成金を募り，安定した組織が長期にわたり継続して研究を続けていく必要があります。疫学や社会福祉の領域では，地域の代表標本を対象にした研究を数多くみることができますが，これらの学問は，その実践的・応用的性質から社会への有用性を訴えることにより，多額の助成金を得て，調査を行なっています。心理学も，象牙の塔にこもるのではなく，社会の問題（ここでは高齢者の問題ですが）を実践的に解決していく学問として，その有用性を積極的にアピールしていくことが今後ますます必要となってくると思われます。この章で紹介した研究が高齢者の代表標本に基づいていたのは，筆者の属していた研究組織が，疫学や社会福祉という実践志向の研究者との共同研究であったからだと思います。そして，公的な助成金によって収集されたデータは，何年か後には，その研究組織以外の研究者にも開放し，データを死蔵させないシステムを作っていくことが必要です。真の学問の発展はそのような土壌がなくてはなかなか進まないでしょう。

とりあえず，現時点において，個々の研究者が現実的にできるのは，標本抽出に関する限界について十分考慮し，その標本の代表性が十分に示せない場合でも用いた標本と母集団（あるいはその代表標本）との基本属性における偏りの程度をきちんと示す必要があるでしょう。この章では論じることができませんでしたが，質的な事例研究によって，調査研究で得られた知見の解釈を深めたり，モデルの修正を試みることも重要なことです。

(3) 実践的課題

今回紹介しました社会調査による実証研究は，高齢者の現実の生活から，社会関係と，高齢者や介護者の健康との関係を探り出そうとした観察型の研究です。観察型の研究によってそのメカニズムがある程度明らかになってきたら，実際に高齢者に支援を与えその効果を検証するという介入型の研究を行なうことが必要になってきます。観察型の研究で得られた法則を実際に生活場面で活用してその有効性を確かめるための研究です。この介入型の研究で，あるタイプの支援が高齢者や介護者の健康を高める効果があるということが証明されたら，そのような試みに対して国や市町村からの資金的な援助を求めることも可能になってくるでしょう。このように，観察型研究で見いだされた知見を介入型研究によって確定し，実際の社会に役立てるという循環を作っていくことが，学問が社会に貢献するために重要なことになっています。しかしながら，そのためにも，社会的支援が健康に影響を及ぼすメカニズムについてより詳細な理論的検討を行なうことが必要になってきます。理論と実践は車の両輪であることを忘れてはならないのです。

引用文献

Finkel, S. E. 1995 *Causal analysis with panel data*. California : Sage Publications.

Holmes, T. H. & Rahe. R. H. 1967 The social readjustment rating scale. *Journal of Psychosomatic Research*, 11, 213-218.

石川　晃　1999　人口　三浦文夫（編）　図説高齢者白書　全国社会福祉協議会　p. 36-47.

石塚智一　1989　因果分析　芝　祐順・渡部　洋・石塚智一（編）　統計用語辞典　新曜社　p. 9-10.

厚生省老人保健福祉局老人保健課　1999　保健・医療　三浦文夫（編）　図説高齢者白書　全国社会福祉協議会　p. 112-133.

厚生統計協会　1998　国民の福祉の動向・厚生の指標　臨時増刊　（財）厚生統計協会

Lazarus, R. S. & Folkman, S.　1984　*Stress, appraisal and coping*. New York : Springer.

野口裕二　1991　高齢者のソーシャルサポート：その概念と測定　社会老年学, 34, 37-48.

岡林秀樹・杉澤秀博　1999　日本の高齢者における社会関係と精神的健康　東京都老人総合研究所（編）　短期プロジェクト研究報告書　高齢者の生活と健康に関する縦断的・比較文化的研究　東京都老人総合研究所, p. 163-180.

岡林秀樹・杉澤秀博・岸野洋久　1998　お年寄りの健康と人とのふれあい―縦断研究の意味するもの―　豊田秀樹（編）　共分散構造分析・事例編―構造方程式モデリング―　北大路書房　p. 83-90.

岡林秀樹・杉澤秀博・高梨　薫・中谷陽明・柴田　博　1999　在宅障害高齢者の主介護者における対処方略の構造と燃えつきへの効果　心理学研究, 69, 486-493.

岡林秀樹・杉澤秀博・矢冨直美・中谷陽明・高梨　薫・深谷太郎・柴田　博　1997　配偶者との死別が高齢者の健康に及ぼす影響と社会的支援の緩衝効果　心理学研究, 68, 147-154.

Rook, K. S.　1990　Stressful aspects of older adults' social relationships : current theory and research. In M. A. P. Stephans, J. H. Crowther, S. E. Hobfoll, & D. L. Tennenbaum (Eds.) *Stress and coping in later-life families*. Hemisphere Publishing Corporation. p. 173-192.

豊田秀樹　1998　共分散構造分析（入門編）―構造方程式モデリング―　朝倉書店

第2部

● どんなとき助けるのか ●

　援助やサポートは，どんなときに，つまりどんな場所や状況において提供されているのでしょうか。一般に，それは，日常生活においてだれでもが経験し得る非緊急場面と，経験することがまれで，予測がつかずに突然やってくる緊急場面とに分かれます。

　第2部では，「人を支える行動」が生起する前者の場面として，大学生が通常多くの時間を費やすキャンパスと一般社会人や高齢者が平時の生活を送る近隣社会とを，一方後者の場面として，大規模災害時の地域社会に焦点をあてて，考えてみることにしましょう。

3章

　某大学でのことです。オフィス街のレストランと同じように，その大学の学生食堂は，2限目の終了直前はガラ空きでも，授業終了後5分もすると，座席を確保するのがむずかしくなるほど混み合います。しかし，ランチタイムの前には空いている席であってもうかつに座ってはいけません。なぜなら，そこはサークルが確保している席かもしれないからです。なにも知らずに適当な場所で食事をしながらふと気がつくと，わが物顔で声高にしゃべるサークル学生に囲まれることになりかねません。4月の新入生勧誘の時期や学園祭の前であったりすると，まわりはみな，おそろいのトレーナーやスタジアムジャンパーだったりして驚きます。もちろん，食堂内はサークル学生の集団ばかりであるとは限りません。その他の学生はどうしているのでしょうか。よく見わたすと，自然に「サークル席」スペースと「一般席」スペースに分かれていたのです。食堂で席取りをしている多くはテニスサークルなどの団体です。学校公認ではないので部室といったものはありません。しかし，体育会系の部活と違って，練習もそんなにきつくないし，拘束される時間も比較的少ないので初心者でも気軽に参加できます。男子も女子もみんな仲がよさそうです。でも，よく見ると座席の確保などはおもに男子がやっていて，女子は接待を受ける「お客様」って感じです。勧誘活動・合宿やコンパなどのイベント企画など，サークルの運営維持はおもに男子が行ないます。部長もほとんど男子です。女子の参加メンバーはほとんどが1年生。学年が進むにつれてどんどん参加者は少なくなり，ほとんどが幽霊メンバーになっていくようです。実際のところ，同じメンバーであっても男子と女子とではサークルへの帰属意識はまるっきり異なっています。昼休みの食堂ではしゃいでいた，あのサークル学生の団体も，メンバーの一人ひとりがそのサークルをサポートネットワークとしているかどうかは他人からはわからないものです。

　私たちが社会生活を営むうえで築いている人間関係全体をソーシャル・ネットワークといいます。そのなかでもとくにその人と人とを支え合っている人間関係をサポートネットワークといいます。このサポートネットワークのあり方には，それが成り立っているコミュニティ独自のものがあります。ここでは日常の学校，とくに大学での生活を支えているサポートネットワークについて考えていきたいと思います。

学校における援助とサポート

1　インフォーマルな社会資源—友人サポート

　実際に学生が日常のキャンパスライフでもっとも重視しているネットワーク，それは友人関係ではないでしょうか。学生生活において行なわれる友人間のサポートのやりとりには，たとえば「ノートの貸し借りをする」「代返を頼む・引き受ける」「試験の情報を教える・教えてもらう」などといった道具的サポートから「個人的な悩みの相談をする・相談にのる」などの情緒的サポートまで，幅広いものがあります。一言で「友人」といってもその関係性はさまざまであり，多くの場合，まずは面識をもつこと，そして会話を交わすことから始まるものです。

　このように友人というものは，キャンパス内ではもっとも身近な人間関係ですが，意識して作るのはむずかしいものです。まずは，学生相談室の例を2つ紹介します。

【例1】
　大学1年生のA子さんが学生相談室を訪れたのは梅雨に入ったばかりの6月上旬でした。いつもいっしょにいる友だちグループといるのが苦痛だというのです。いっしょにいるのが嫌だったら別々に行動したらいいではないかと考えるのですがそういうわけにもいかないようです。グループができたのは入学式の会場です。座席がたまたま近くだったので話しかけたのがつきあいの始まりでした。それ以来，オリエンテーションを受けるとき，昼食時や休み時間，トイレに行くときまで常にグループで行動します。そして授業開始のころにはクラス全体に少数グループができあがり，他のグループのメンバーと行動をともにすることはほとんどなくなっていました。1年次は必修科目が多く，クラス全体で受ける授業がほとんどです。もし，いまのグループと行動を別にしても，他は他でしっかりとグループができています。他の人たちのグループに自分の入る隙間はなさそうです。だからといってひとりで行動する勇気もないと涙ながらに話します。

　クラス内に固定した集団を作り，その集団が閉鎖的で排他的なものになってしまう現象は，中学生や高校生の女子生徒のあいだでよくみられますが，女子大生についても同じです。とくに，カリキュラム選択の幅が少なく，成員が均質（年齢が同じ・女性が多い）といった短期大学などはとくにそうした現象が起きやすいようです。

　キャンパス内では，四六時中いっしょにいる仲間というのはとても重要な存在です。学生生活がいごこちのよいものになるか否かは，そういった仲間に恵まれるかどうかにかかっているようです。だから，入学式やその前後にあるオリエンテーションの期間中に，みんな一生懸命，自分の居場所になるような仲間を探すのです。

　毎年，新入生の退学でもっとも多いのは不本意入学による進路変更です。少なくとも仲間づくりの失敗が理由としてあげられることは滅多にありません。しかし，面接をしてみると，退学を希望する裏には仲間づくりの失敗がきっかけになっているケースは意外に多いものです。志望校に入れなかったのは不本意ではあったものの，入学を決めた時点では，この学校でがんばっていこうと決心をしたはずです。でも，この学校になじめなかった。気の合う友人が作れなかった。そこで，再度，もとの志望校にチャレンジしようと退学する，というようなケースです。学校生活に関する調査等を行なっても，学校生活への満足度と友人の満足度のあいだには高い相関関係があります。

　相手の人間性や，自分との相性をみることなしにいっしょになった仲間であっても，その関係を解消し，あらたな仲間を求めることはかなり勇気がいるようです。

【例2】
　B子さんは短大の児童科の1年生。高校のときから保育士にあこがれて希望の学科に入学しました。卒業後の進路も迷うことなく保育園就職を考えています。2年間という短い期間で保育士の資格や幼稚園教諭の免許をとるため，授業科目が多いうえに教育実習が年に数回も入っています。また，毎週ピアノなどの課題が出され，自宅でもほぼ毎日練習を積まなければなりません。でも，いまやらなければいけないすべての勉強は，保育士になるためのステップであると思えば苦痛を感じたことはありませんでした。しかし，こうした学校生活のなかでどうしても許せないことがあるのです。それは，同じ保育士を志しながらも大切な授業中に雑談をしたり，内職をしたりするクラスメートたちです。寝ている人もいます。いっしょのグループで行動をともにしているメンバーにもそういう人たちがいて，その子たちがノートを貸して欲しいと頼むのです。初めのうちは断り切れずに貸しました。しかし，そういう子たちはどんどん図に乗ってきます。なんだか利用されているようでいっしょにいるのが嫌になってきました。でも，その子たちとのグループから離れ，他のグループをさまよう"ジプシー"になる勇気はありません。カウンセリングのなかで，「グループから離れられないのは自分に自信がないから」「人は人，と割り切ることができない」などと言う一方で，周囲に対して「不まじめな人がどうしても許せない」とも話しました。「先生方は『子どもをひとつの物差しで評価してはいけない』と言ってるくせに，学生に対しては授業態度をまったく考慮せず，定期試験のみで評価をつけるのはおかしい」と不平を感じている自分自身も，ひとつの側面でしか人を評価していないということに気づきました。頭では，こうした気持ちは保育者としての幅をせばめることになるのではないかと思うのですが，腹立たしさを抑えることはできません。結局，「気の合わない仲間に無理してつきあうことはないんだ」とふっきれていままでのグループから離れました。幸運にも自分と同じようにまじめに授業を受けているグループに受け入れられ，新しい居場所ができてきました。
　その後ももとのグループの子たちと顔を合わすことはありますが，気まずい空気が流れてお互いほとんど口をきかないそうです。

　こうした話を聞くたびに，彼女たちの学校生活において，クラス内の友人グループというネットワークの緊密さ・柔軟性のなさ，そして個人個人がグループを維持することに対してとても気を使っていることに驚きます。次に，対照的とも思われる柔軟なサポートネットワークを紹介しましょう。

【例3】
　大学生のCさんはもともと社交的ではなく，入学してからとくにサークルにも属してはいません。まだ専門課程に進んでいないのでゼミのつきあいもなく，授業が終わるとすぐに帰るという毎日をくり返していました。ただ，Cさんには学内で教室以外，もう1か所立ち寄るところがあります。それは，喫煙場所です。Cさんはかなりのヘビースモーカー。授業終了後は一服しないと落ち着きません。最近はどこでも分煙が浸透し，喫煙場所が限定されています。キャンパス内にも次つぎと禁煙地帯が広がり，スモーカーは，その生息地をせばめられてきました。そのせいか喫煙場所に集うスモーカーのあいだでは，そのうちなんとなく顔なじみの仲間ができました。授業のあいまのタバコ1本すうあいだのほんの短いひととき，数人で灰皿を囲みます。毎日，こうしたひとときをくり返すう

ちに自然とお互いのことを知るようになりました。時には火をかしたり、タバコをやりとりすることもあります。同じ曜日の同じ時間にこの場所でしか会えない人たちです。こうしたつきあいをくり返していくうちに、いつの間にか絆ともいうような信頼感が生じ、お互いに情緒的な支えとなっているような関係になっていきました。いま、喫煙場所に行くのは、タバコを吸うだけではない楽しみがあります。スモーカー仲間はCさんのキャンパスライフには欠かせない大事なサポートネットワークとなっていったのです。

2　学内のフォーマルなサポートシステム

　大学という組織は学生が人間としての成長をめざし学業を修めるところです。学内に存在するフォーマルなサポートシステムは、そうした学業を支えるために学校側が提供しています。

　ゼミや授業を担当する教員、図書館、教務に関する事務などを担当する教務課等の職員といった人たちがそれぞれの立場から学生の修学を支援しています。

　また、学生の生活を支えるために、奨学金や授業料の減免、アルバイトの斡旋などの経済的支援の制度があります。生活の場を提供するための支援策として下宿の斡旋や学生寮などの設置があげられます。また、心身両面の健康管理を支援する保健センター、学生相談室などが置かれており、専門の相談員がいます。さらに、就職相談のための窓口や教職課程課などを置き、卒業後の進路決定をも支援します。

　学校によって多少の違いはあるものの、これらの窓口はほとんどの大学に存在する社会資源です。どの社会資源が充実しているか否かはそれぞれの大学の特徴です。たとえば、ある大学では、図書館の充実に非常に力を入れて、蔵書数・検索サービスともに充実させています。また、ある大学の学生食堂はメニューが豊富で味もなかなかおいしいものです。ラウンジのスペースも広く座席数は十分ありホテルのロビーなみにきれいです。クラス担任を例にとっても、まったく専門とは関係ない教員が事務的にあてがわれ、ほとんどの学生が顔を知ることはないような学校もあるし、学生と担任の教員とがつきあいを深めている学校もあります。これは担任教員と学生個人の相性や担任教員の学生指導に対する熱心さだけでなく、学校組織としてもそういう機会をつくるような体制があるかどうかにもよります。

　学生個人がキャンパスライフを送るうえで、これだけのサポートシステムが存在するわけです。しかし、こうしたサポートシステムも、必要としている個人に受け入れられ、その人自身のサポートネットワークのなかに組み込まれなければどんなに立派なものであっても意味がありません。

　身のまわりに存在するサポートシステムを自分のサポートネットワークとして上手に活用し、現状をよりよくしていくことは大事なことです。

3　サポートネットワークを作るための援助活動－学生相談について

　学生相談室とは文字どおり学生相談を行なうところです。学校によっては「カウンセリングルーム」「学生相談センター」などの名称で置かれています。現在では大学や短大に相談室を設置する義務はありませんので、その運営に関しては学校によってさまざまです。一般的に臨床心理士や精神科医などがカウンセラーとして、学生へのカウンセリングや教職員へのコンサルテーションなどの心理臨床を行なっています。

　学生相談室の個別相談の仕事を大きく分けると①精神的に健康な人が、自分自身をみつめなおし、自己実現をめざすことを支援する側面と、②神経症的な悩みなどの解消をめざす治療的側面、③よ

り豊かなソーシャル・ネットワークづくりを支援する側面があげられます。この3番目の側面でかかわった例をあげてみます。

【例4】
　3年生のDさんが学生相談室を訪れたのは後期に入ってまもなくでした。この時期，Dさんの所属する学科ではゼミを決めなくてはなりません。その時期に決められたゼミは4年になってからは変更できず，そのまま卒論作成につながる大事な決定です。Dさんは歴史小説の愛好家で学外の歴史サークルにも入っています。当然，大学でも史学のゼミに入るつもりでした。しかし史学のゼミの希望者は多く，抽選の結果，残念ながらはずれてしまいました。Dさんはなんだかすっかり学習意欲を失ってしまい，その後ずるずると続けて学校をさぼってしまいました。提出物を届けに登校した時，通りがかりにふと学生相談室に立ち寄ってみたとのことでした。カウンセラーはとりあえず話を聞き，問題を確認したうえで決定したゼミの先生に話を聞いてもらうことを提案しました。幸い，その日のうちにゼミの先生に会うことができ，本人の希望でカウンセラーも同席して話をしました。そのなかで，ただ単に趣味で楽しんでいるものを学術的に理論構成した卒業論文に昇華させるために必要なことなど，有意義な話を聞くことができました。そして，希望のゼミでなくても自分の好きな領域の勉強ができるということの確信が得られ，再び意欲も湧いてきました。

　ここでカウンセラーが果たした役割というのはDさんのコミュニケーションを手助けしたに過ぎません。ごく単純なことなのですが，この手の相談は意外に多いものです。本人は，ゼミの先生に直接話をしてみることは思いもつかなかったと言っています。それに大学の先生という，いままでに接したことのなかった大人と話をするのは抵抗があったようで，アポイントメントのつけ方などカウンセラーの助言が必要でした。

　長年にわたって大学教育に携わっている方々から「大学生の質が低下してきた」「昔にくらべ，いまの学生は幼くなった」と嘆く声を聞くことがあります。いまや学生に一般的なマナーを含めたコミュニケーション技術を教えることは必要不可欠なことです。

　カウンセラーは常々，主訴として取り上げられることがらの背後に，もっと根深い問題が存在する可能性があることを念頭に，注意深く耳を傾けます。しかし，時として，心理療法レベルのカウンセリング以前に，大人の常識を教えることで問題解決の糸口につながることはよくあります。

　学生相談室の活動のなかには個人を中心としたカウンセリングだけでなく，「たまり場」的なフリースペースを開放して仲間づくりのための場を設定したり，エンカウンターグループやアサーショントレーニングといったコミュニケーション技術の向上を目的とした体験学習を実施しているところもあります。このような活動は，学生がよりよいサポートネットワークを獲得する支援として行なわれていることです。

　1人の学生が学校生活に支障をきたすほどの問題をかかえた時，ひとつのネットワークで本人を支えるには限界があります。とくに修学が絡んでくるような問題になると，学内のさまざまな機関が全体で支えるようなサポートシステムが必要となってきます。次にあげるのはそのような一例です。

【例5】
　Eさんは大学在学中に精神疾患を発症しました。現在は医療にかかり服薬しながらなんとか大学に通っています。

性格は非常にまじめでひたむきです。勉学への意欲もあります。ただ，突き詰めて考え込んでしまうところがあり，要領はよくありません。定期試験が近づくと，精神的なストレスで不眠になり，病状が不安定になって調子を崩してしまいます。そのために大事な試験を失敗してしまうということが何度かありました。

入院や自宅療養で留年を重ねているのでクラスに友人はいません。しかし，学生相談室に出入りをするようになり，学校生活のこと，病状のこと，将来のことについてカウンセラーに話をしてきました。

今年こそはなんとか卒業したいとがんばっています。主治医，学生相談室のカウンセラー，指導教員が連携を組んで，定期試験に向けてEさんの努力が報われるように応援しています。

このケースでは最初に学生が足を運んだのが学生相談室だったので，カウンセラーが医療機関と学校の調整役になり両者の連携を図りました。「連携」とひと口に言ってもカウンセラー・大学教職員・医師といった，立場の異なるものどうしが共通の見解をもち，協力しあうことは実際のところなかなかむずかしいものです。それぞれの機関とも，学生の成長のために援助する専門家であるにもかかわらず，いつもうまくいくとは限りません。

まず，①本人に学業への意欲があり，本人なりの努力をしていること，②そのことをネットワークとなっている機関の両者（ここでは医療機関と学校）が認識していること，この2つが，サポートネットワーク間の連携をスムーズにする必要条件であるように思います。

4　よりよいサポートネットワークを確立するための個人要因について

サポートネットワークの有無は，時として，社会生活に適応できるか否かにかかわる場合もあります。その一例として生活の場におけるサポートネットワークを獲得することで復学（社会復帰）を果たした例を紹介します。

【例6】

Fさんは親元を離れ，一人暮らしをしながら東京の大学に通っていました。新しい生活にもようやく慣れてきたあるとき，不眠など体の不調で，学生相談室を訪れました。カウンセラーに勧められて精神科を受診したところ，精神分裂病と診断されました。その後，服薬しながらなんとかがんばったのですが，単身生活をしながらの通院・通学はむずかしく，とうとう休学し，親元で休養することになりました。幸い，地元に帰ってからの経過はとても順調で，主治医にも「これなら復学してもよいでしょう」とのお墨つきをもらうほどに安定してきました。ところが，問題は一人暮らしをすることです。再び，単身生活をするというのは，周囲はもちろん，自分自身でも不安です。でも，早く大学に戻りたい一心で，Fさんはなんとか方法を考え，いろいろなところから情報を集めました。そのなかで出合ったのが「グループホーム」です。病状は安定しているが単身で生活するには不安が残るという人たちが少人数で生活する福祉施設です。夕食は共有のダイニングで食べるようになっています。もちろん各自個室を持ち，プライバシーは保たれています。専任のスタッフもいて，いざという時には力になってくれます。メンバーやスタッフは最年少のFさんを暖かく迎えてくれました。夕食を囲みながら学校でのこと，体調の変化などといった，日々のなにげない雑談をしながら，Fさんは，ここではひとりぼっちではないということを実感しました。また，みんなに支えられているという安心感は，しだいに復学への自信と勇気につながっていきました。

» 表3-1　社会的スキル100項目（菊池と堀毛，1994）

〔A〕基本となるスキル	(1)聞く　(2)会話を始める　(3)会話を続ける　(4)質問する　(5)自己紹介をする　(6)お礼をいう　(7)敬意を表わす　(8)あやまる　(9)納得させる　(10)終わりのサインを送る
〔B〕感情処理のスキル	(11)自分の感情を知る　(12)感情の表現をコントロールする　(13)他人の感情を理解する　(14)他人の怒りに対応する　(15)他人の悲しみに対応する　(16)愛情と好意を表現する　(17)喜びを表現する　(18)思いやりの心をもつ　(19)おちこみ・意欲の喪失に耐える　(20)恐れや不安に対処する
〔C〕攻撃に代わるスキル	(21)分け合う　(22)グチをこぼす　(23)ユーモアにする　(24)ファイトを保つ　(25)和解する　(26)他人とのトラブルを避ける　(27)自己主張する　(28)自己統制する　(29)いじめを処理する　(30)許可を求める
〔D〕ストレスを処理するスキル	(31)ストレスに気づく　(32)不平を言う　(33)苦情などを処理する　(34)失敗を処理する　(35)無視されたことを処理する　(36)危機を処理する　(37)気分転換する　(38)自分の価値を高める　(39)矛盾した情報を処理する　(40)集団圧力に対応する
〔E〕計画のスキル	(41)何をするか決める　(42)問題がどこにあるか決める　(43)目標を設定する　(44)自分の能力を知る　(45)情報を集める　(46)情報をまとめる　(47)問題を重要な順に並べる　(48)決定を下す　(49)仕事に着手する　(50)計画を立てる
〔F〕援助のスキル	(51)相手の変化に気づく　(52)相手の要求を知る　(53)相手の立場に立つ　(54)まわりをみる　(55)同じ気持ちになる　(56)援助の失敗に対処する　(57)自分のできることを知る　(58)気軽にやってみる　(59)相手によろこんでもらう　(60)自分の立場を知る
〔G〕異性とつきあうスキル	(61)デートの相手を選ぶ　(62)自分の情熱を相手に伝える　(63)相手の気持ちを理解する　(64)デートを上手にこなす　(65)相手との親しさを増す　(66)愛することを決意する　(67)ケンカを上手にこなす　(68)恋愛関係を維持する　(69)悪化のサインを読みとる　(70)性別や人による恋愛の違いを知る
〔H〕年上・年下とつきあうスキル	(71)話を合わせる　(72)相手を立てる　(73)上手にほめる　(74)相手を気づかう　(75)相手の都合に合わせる　(76)相手のレベルに合わせる　(77)だらだら話につきあう　(78)バカにされてもつきあう　(79)「わかった」といわない　(80)上手に叱る
〔I〕集団行動のスキル	(81)参加する　(82)集団の意義を見いだす　(83)仕事に集中する　(84)誰に知らせるか　(85)規範に従わせる　(86)指示に従う　(87)決定する　(88)会議をする　(89)グループシンクを防ぐ　(90)グループ内の葛藤を処理する
〔J〕異文化接触のスキル	(91)キー・パーソンを見つける　(92)メタ-メタ・レベルで調整する　(93)「同じ」と「違う」を同時に受け入れる　(94)異文化を取り込む　(95)文化的拘束に気づく　(96)意向を伝える・意向がわかる　(97)判断を保留し先にすすむ　(98)相手文化での役割行動をとる　(99)自分の持ち味を広げる　(100)関係を調整する

　グループホームを利用することで、無事に復学を果たし、再出発を踏み出すことができました。

　Fさんが社会復帰することに成功した一因は、彼女がいくつかのソーシャルスキルを身につけていたことによると思われます。ソーシャルスキルとは一般にあまりなじみのないことばですが「社会的技能」と訳される用語です。社会心理学の領域では対人関係を円滑にはこぶための技能と考えるのが一般的ですが、ここではもう少しソーシャル（social）を広い意味でとらえ「社会生活を円滑にはこぶための技能」と考えています。

　Fさんが身につけていたソーシャルスキルはどんなものであったのでしょうか。菊池と堀毛（1994）では、100項目の社会的スキルをリストアップしていますが（表3-1）、このなかの「計画のスキル」に関する次の下位項目に相当すると考えられます。

(41)何をするか決める　Fさんは休学した時点で東京の下宿を引き払っています。帰省し、病状が安定してきたとき、このまま地元に戻る、進路変更するなどいくつかの選択肢を考えましたが、そのなかで、Fさんは復学することを決心しました。

(42)**問題がどこにあるか決める**　復学するためには，Ｆさんの場合，家族と離れて再び東京で単身生活をしていかなくてはなりません。

(43)**目標を設定する**　東京で生活していくためにはいままでどおり一人暮らしをする，学生寮に入る，親戚に世話になる，といったことが考えられます。しかし，学生寮も親戚もちょっと現実的ではありません。とにかく一人暮らしをしていくことを考えました。

(44)**自分の能力を知る**　一人暮らしは休学前に経験しています。しかし，病気をわずらった現在，いままでとは違います。まず，通院して服薬することが必要となります。どんなに調子がよくても無理は禁物です。具合が悪くなったときのことを考えなくてはいけません。

(45)**情報を集める**　以上のことをふまえて，情報収集が始まりました。実際にはまず，主治医の先生に相談しました。そして保健所に電話し，保健婦さんにグループホームの存在を教えてもらいました。

(46)**情報をまとめる**　全国のグループホームのリストを入手し，そのなかから東京にある，通学可能な場所をピックアップしました。そして，電話で直接ようすを聞き，入居できそうなところを見つけました。

　以上がリストに基づいて考えたＦさんのソーシャルスキルです。さらに，彼女は自分で調べて見つけたグループホームへの入居を，家族や主治医に納得させるだけの説明をしました。Ｆさんの病気を心配し，再発を恐れる家族に，これだけ納得させるのは容易なことではなかったと思います。復学してから再び学生相談室に来たときのＦさんはとても晴れやかでした。

　学生相談をしていると，学生や周囲の教職員のなかには「学生相談室に来る学生というのは弱い人」といった漠然としたイメージをもっている人が意外に多いことに気づかされます。このイメージは，ほんとうに援助が必要な状況に陥った学生本人がもっとも強くもっています。そして来室を妨げているのです。実際に，学生相談室を自主的に訪れるのは，そういったイメージとはまったく異なる，ある意味でとても適応性のある人たちです。次の例のＧさんはそういった学生の１人です。

【例７】
　新入生のＧさんが学生相談室を訪れたのは入学式の直後です。カウンセラーが式から戻るとすでに相談室の前で立っていたのです。一刻も早く話を聞いてもらいたいような，せっぱ詰まった印象を受けました。Ｇさんは地方の出身で大学進学で上京し，一人暮らしを始めました。希望していた新しい生活が始まろうとしているのに，不安で不安でたまらないというのです。ときおり泣いたり，話がまとまらなかったりでかなり混乱しています。住み慣れた土地を離れて東京に来たこと，家族との生活から一人暮らしに変わったこと，そして大学で勉強をしていくこと，どれをとっても大きな変化です。そうした変化が一度に訪れたわけですからＧさんの混乱もそれなりに納得できます。ましてや，せまいワンルームの自宅から一歩でも外へ出ると大都会の東京です。女の子の一人暮らしですから，少々心配しすぎても，用心するに越したことはありません。あふれんばかりの不安を次から次へと訴えていきました。帰りがけに，新しい生活に慣れるまでにはそれなりに時間が必要だろうから話したいときにいつでも来るように話すと，それから連日のようにやってきました。Ｇさんは一度普通高校を退学し，通信制高校に編入しました。通信制高校ではほとんどの生徒が就職するなか，がんばって勉強して希望の大学への入学を果たしました。そうした高校生活を支えてくれたのが高校のカウンセラーだった

そうです。1か月もするとなんとか生活も軌道にのり、来室の回数も減ってきました。その後は定期試験や就職活動期間中などの節目節目にやってきて、目の前に立ちはだかる問題に対して不安を訴え、対処を話し合っています。

Gさんが入学式直後に学生相談室を訪れたのは、大学生活を支えるサポートネットワークをいち早く確保したかったからでしょう。そうしたネットワークを利用しながら、学生生活の節目節目に生じる困難に立ち向かってきました。

なにか困難が生じたとき、現状を的確に判断し、必要に応じて周囲の人間に援助を求め、上手に助けられ、キャンパス生活を含めて自分自身をよりよくさせていくことは大切なことです。こうして考えるとソーシャル・ネットワークを確立するということはひとつのソーシャルスキルと言えるのではないでしょうか。

学生相談室にくる学生のほとんどは困難の最中にあり、自尊心も傷ついている状態のなかで助けを求めています。しかし、こうした学生には「何とかしなければ」という問題意識があり、サポートネットワークをみずからの手で確立するというスキルを身につけている人が多いものです。

サポートネットワークを確立するスキルとは社会心理学的に言うと、対人行動のひとつである援助要請行動といわれるものです。困窮状態に陥ったとき、状況によっては他者の手を借りなければその状況を打破できない場合があります。そのようなときに他者に援助を依頼すること、これを援助要請行動といいます。他者とは見ず知らずの通りがかりの人である場合もあるだろうし、すでに存在するサポートシステムやサポートネットワークにはたらきかける場合もあります。

社会心理学的アプローチによって明らかになったこの行動の基礎的メカニズムの研究概要を紹介したいと思います。

5 サポートネットワークを確立するためのスキル —援助要請を決める手がかり

困難な状況に直面したとき、他者に援助を求めるか否かを決める際にはいくつかの判断をしているものです。高木（1989）は援助要請の生起過程を概念図（図3-1）で示し、以下のように説明しています。

①**問題の存在に気づく**　まず、自分の問題に気づ

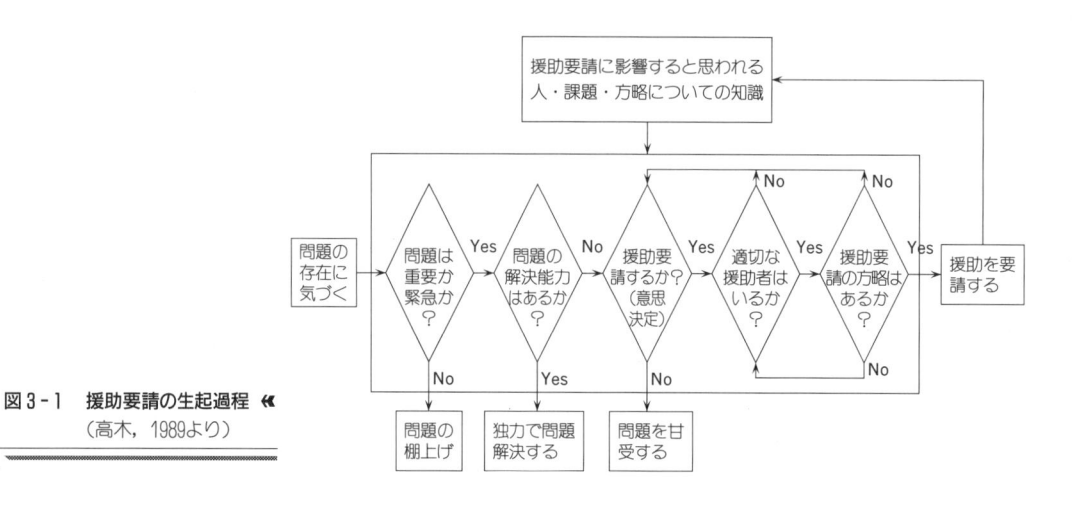

図3-1　援助要請の生起過程
（高木，1989より）

表3-2 援助要請の意思決定に抑制的な影響を及ぼす状況認知要因（島田と高木，1994）

援助要請者の特性・状態
(1) 要請者は，プライドが高かったので
(2) 要請者は，内気で，助けを求めることに恥ずかしさを感じたので
(3) 要請者は，そのときなんとなく気が進まず面倒くさかったので

自己の問題解決能力の認知
(4) 要請者は，自力で何とかなると思ったので

問題の重要性
(5) 要請者は，助けを求める必要性を感じず，別の方法で解決できると思ったから

問題の緊急性
(6) いま現在，援助を求めるほどせっぱ詰まってはいなかったので

援助要請に関わるコストと利益の査定
(7) 過去に起こった好ましくない経験（たとえば，助けを求めて断られたなど）を思い出したので
(8) たとえ，助けを求めたとしてもかえって悪い結果（たとえば，断られたり，変な目でみられるなど）を招くような気がしたので
(9) 相手にかかる負担が重そうだったので

潜在的援助者の特性・状態
(10) 相手が助けてくれそうにない感じしたから
(11) 相手に助ける能力がなさそうだったから
(12) 相手が見ず知らずの人だったから
(13) 相手が忙しそうだったから

要請行動の状況適合性
(14) 助けを求めるタイミングを逃してしまったので
(15) まわりの雰囲気から助けを求めがたかったので

くことがすべての始まりであり，援助要請をするには問題への認識能力をもつことが前提になっている。

②問題は重要か，緊急か？　直面している問題が，援助を求めるほどに重要なものであるのか，緊急なものであるのかということが査定される。もし，そうでなければ気づいた問題は棚上げされる。

③問題の解決能力はあるか？　重要で緊急なものと判断された問題を解決する能力が自分にあるかどうかを判断する。

④援助を要請するか？　援助を要請したとき，しなかったときにそれぞれ予想される出費と利益を査定して判断する。

⑤適切な援助者はいるか？　直面している問題の解決にとって適切な援助者が自分のまわりにいるかどうかを判断する。

⑥援助要請の方略はあるか？　選定された援助者に対してどのように援助を要請するのかを判断する。たとえば，直接的に要請するのか，第三者を介するのか，など，相手に応諾してもらいやすい頼み方等が検討される。

　以上の認知過程を経て援助要請は実行されると考えました。

　しかし，この過程モデルでは援助状況が限定されていません。すなわち，援助状況に左右されない普遍的な概念ということで作られています。しかしながら，ひと口に援助状況といっても，そばにいる人にちょっと道を尋ねるといったレベルのものから，生命にかかわるものまでさまざまです。隣の人にタバコの火を借りるのに，私たちはこのモデルのように考えて決めているものでしょうか。状況によって重視される要因と重視されない要因とがあるはずです。そこで，まず，考えられる状況認知要因を設定しました（表3-2）。状況認知要因とは，援助が必要になった際，置かれた状況のどういった側面に着目するのかといったことです。7つの援助要請状況を示し，延べ514人より1494件の援助要請をしなかった理由を自由記述方式で収集し，KJ法によって分類したものです（島田と高木，1994）。

　状況認知要因には，援助状況や個人の特性によって重視する要因，重視しない要因があります。また，カウンセリングの初期のころに，これらの要因について，本人がどう考えているかを押さえておくことで問題の理解に有用な情報を得ることができます。

　さらに，シミュレーションで状況認知要因を選択することによって時間的な順序性を検討してみました（島田と高木，1995）。すると，第1段階で，困窮状態に対して援助要請が必要かどうかを検討する「問題の査定」を行ない，第2段階では「適切な援助者はいるのか」といったことが検討されていました。これは場面が異なっていても同じ順序で検討されるようです。

　学生相談室への来室を例にとっても，まず，自分の問題を解決するために，他者へ相談すること

は適しているのか否かを認識したあとに，適当な援助者がいるのか否かを判断します。その判断のなかで学生相談室，つまり，相談室のカウンセラーを適当な相手だと認識しているものが相談にくるわけです。学生相談室のオリエンテーションには相談室のあり方や利用方法以上にカウンセラー個人を知ってもらうことが，来室の意思決定に影響を与えるということを実証しているといえるでしょう。

6 おわりに

　長年にわたって大学教育に携わっている高名な先生がおっしゃっていました。その先生は毎年学期末試験の時期が近づくと授業のなかで学生たちに，この授業の単位がとれるかどうか心配な者は相談にくるようにおっしゃるそうです。でも，相談にくるのは問題ない人ばかり。ほんとうに単位を落としそうな人で相談にくる人はめったにいないとのこと。この傾向は学生相談室への来室に通じるものがあるような気がしました。明らかに不適応状態で学生相談室に自主来談する学生はあまりいません。

　私たちが社会生活を送るうえで，それぞれが独自のソーシャル・ネットワークを形成しています。また，社会にはさまざまなサポートシステムが存在します。これらのサポートシステムから，必要に応じてサポートを受け，自分自身のサポートネットワークを確立していくことは，社会生活のなかで適応していくにはとても大事なことです。

　この章では学校におけるソーシャル・サポートを概観してきましたが，ここで論じていることは当然のことながら一般社会にも通じることです。

　大都会のなかでの孤独死や幼児虐待などがニュースになると，どうして近隣のネットワークが機能しなかったのか，サポートシステムとしての福祉行政のあり方が問題になります。システムのあり方にも十分な議論が必要ですが，社会心理学的な立場からも，やはりサポートネットワークを確立できない心理的要因やその背景，ソーシャル・ネットワークに対して援助要請を抑制してしまう心理的メカニズムの解明が必要となるでしょう。

引用文献

菊池章夫・堀毛一也 1994 社会的スキルの心理学 川島書店

島田 泉・高木 修 1994 援助要請を抑制する要因の研究Ⅰ―状況認知要因と個人特性の効果について― 社会心理学研究, 10, 35-43.

島田 泉・高木 修 1995 援助要請行動の意思決定過程の分析 心理学研究, 66, 269-276.

高木 修 1989 地域社会内対人行動としての援助の心理 安藤延男（編） 現代のエスプリ コミュニティの再生 至文堂 p.36-54.

4章

　買い物に出かけたさきで急に雨が降ってきました。梅雨空のあいまを縫って顔を出した青空を頼りに洗濯をしてきたのに，この雨ではせっかく乾きかけた洗濯物も台無しになってしまいます。このようなときあなたは，隣家の人や近所の友だちに電話をし，庭に干した洗濯物を取り入れてほしいと頼むでしょう。あるいは雨に気づいた友人が，すでにあなたの洗濯物を軒先へと取り入れてくれているかもしれません。ふだん，近隣社会のなかで日々の暮らしを送っている人々は，お互いに助け合い，支え合いながら毎日を過ごしているのです。ただし，人はだれかれかまわずに救いを求めるわけではありません。親しい友人にはさまざまな頼みごとをすることがあるとしても，単なる知人程度の人に，"病気のとき家のなかのことを見てもらう"などのプライバシーにかかわるような援助や，たいへんな労力を要する援助を求めることはほとんどないでしょう。また，若い世代では隣人や同じ地域に住む人々に比較的積極的に援助を求めることがあるようですが，熟年世代ではあまり他人に援助を求めようとはしないようです。このように，近隣社会で行なわれる援助行動にはさまざまな特徴があります。

近隣社会における援助とサポート

1 はじめに

これまで援助行動やサポートの研究者たちの多くは大学生を研究の対象にし，彼らが行なったり考えたりする援助やサポートを取り上げてきました。しかし，大学生がもつ生活経験や彼らが行なう援助やサポートの体験は，一般の社会生活を営む成人とくらべれば，かなり限られていると考えられます。ふだんの生活のなかで日常的に行なわれている援助やサポートを理解しようとするならば，やはり実際に近隣社会のなかで暮らしている人々から話を聞く必要があるのではないでしょうか。この章では，近隣社会のなかで，日常的にやりとりされる援助やサポートに焦点をあてることによって，人を支える行動の意味を理解したいと考えています。

2 日常生活における援助とサポート

アマト（Amato, 1990）によれば，日常生活における援助の研究は，実験室のなかで研究されてきた援助とくらべて，次の2点で異なっています。

第一の相違点は，日常的援助の多くが，それまで何らかの関係をもっている相手とのあいだで行なわれるということです。実験室実験や野外実験では，お互いのあいだの親密さなどが援助行動に影響しないように，見知らぬ人どうしを援助者と被援助者にする場合がほとんどです。しかし私たちのふだんの生活では，見知らぬ人よりも友人や知人を助けたり，それらの人から助けられることの方がはるかに多いでしょう。たとえば私たちは日ごろ家族や友人から多くの援助を受けています。家族の成員どうしが助け合うことは，家族の役割として規定された行動であるといえます。家族の一員であるならば，家族のだれかが助けを必要としているとき，他の成員はすすんで手を貸すことを期待されます。また友人関係においても，私たちは仲間が困っていることを知って，助けを提供することがたびたびあります。ふだん友人や家族とのあいだで行なわれる援助やサポートは，町のなかで見知らぬ人とのあいだで交わされるそれよりも多いと思われます。したがって日常生活で交わされる援助の研究では，一般的に援助者と被援助者とのあいだに何らかの関係性を想定する場合がほとんどです。

第二の点は，日常生活で行なわれる援助の多くが，あらかじめ計画されて行なわれる，ということです。アマト（Amato, 1985）は，未知の人に提供される援助が，多くの場合，その場で自然に行なわれる，状況誘発的で非計画的（spontaneous）なタイプであるのに対して，家族や友人などよく知り合っている人たちのあいだで交わされる援助の多くが計画的（planned）なタイプであると述べました。私たちの日々の暮らしのなかで，援助を求めている見知らぬ人と出会うことは，ほとんど予期できないものです。街角を歩いていると目の前でお年寄りが倒れる，あるいはたまたま座った電車の席で目の前に足をけがした人が立つ，といったような事態を前もって予測することはできないと言ってもよいでしょう。また，私たちはこのような見知らぬ人への援助を行なうかどうかをその場で決定しなければなりません。つまり相手が未知の人であるときには，援助への意思決定に十分時間をかけることができない場合がほとんどです。他方で，知り合いどうしで行なわれる援助の多くでは，援助が必要とされる事態を予測できたり，援助を提供するか否かの意思決定に，ある程度時間を費やすことができます。そして家族，近所の人，あるいは友人など知り合いとのつきあいのなかで行なわれる援助には，後者のタイプが多いのです。つまり，日常生活における援助行動の特徴を考えるならば，未知の人よりも友人，知人，あるいは家族に対して行なわれる援助が多く，また，計画された援助が多いといえるでしょう。

実際にアマト（Amato, 1990）は，192人の大学生と142人の社会人を対象にして，前週のあいだに自分が行なった4ないしは5つの援助行動を書かせたところ，友人に対して行なわれた援助がもっとも多く（学生35.1％，社会人22.9％），ついで家族に対するものが多かったのです（学生20.2％，社会人27.4％）。他方で見知らぬ人に対して援助を提供した人の割合は，学生で10.8％，社会人で8.8％と非常に低く，これらの結果は日常生活で行なわれる援助の特徴を明らかにしました。

3 都市の規模と援助・サポート

「大都会に住む人たちは冷淡だ」と言われることがありますが，それはほんとうなのでしょうか。1964年に大都会ニューヨークのなかで起きたキティ・ジェノベーゼ嬢殺人事件は多くの社会心理学者の関心を集め，冷淡な傍観者の心理を明らかにしました（Latané & Darley, 1970）。ラタネとダーリーは，緊急事態が発生したとき，傍観者の数が多ければ多いほど，援助行動が抑制されることを実験で証明しました。この事実は，道ばたで倒れたお年寄りのそばを大勢の人が通り過ぎていても，だれも助けの手をさしのべない，という都会の冷たさを連想させます。

これまで都市の規模と援助傾向との関係についてはいく人かの研究者たちが理論的説明を試みてきました。

a．社会的非組織化理論

社会的非組織化理論（social disorganization）は，大都市に住む人たちが，小都市の人々にくらべて，一般的に，対人関係の質的側面で不十分であることを示唆します。大都会では頻繁に住人たちが移動していたり，いろいろな人たちが住んでいたり，さらには人々の相互作用が一時的でうわべだけのものになりやすいために，親密な友人関係を確立することがむずかしいと考えられます

（Amato, 1993）。そして人々は，このような都会の人間関係の希薄さから，孤独感をいだいたり，離人症に陥ったり，強い緊張にさらされる，といったことになりがちだというのです。この理論的パースペクティブに立てば，友人や家族間の援助と見知らぬ人への援助との両方が，小都市よりも大都市において生じにくいと予測されます。

b．刺激過負荷理論

ミルグラム（Milgram, 1970）が，都会に住む人々が個人の情報処理能力を超えるほどに多くの社会情報的刺激を環境から受けるために，十分に処理できない状況にあると考えたのが刺激過負荷（overloading）理論です。しかし，都会人はけっしてすべての社会的刺激を区別なく受け止めるのではありません。都会人たちは刺激に順位をつけて処理しようとしたり，その処理を他者や公の機関に任せたりしながら，過剰に刺激があふれる環境への順応を試みようとするのです。ミルグラムは，都会に住む人たちが，もっとも報酬的で，かつ個人の欲求を充足するうえでもっとも重要な対人関係のために，自分の限りのある認知的処理能力や時間を保持しようとする，と考えました。大都会のなかで出会う見知らぬ人の存在は，個人にとってそれほど報酬的ではないし，また自分の欲求充足ともあまり関係しそうでないために，刺激情報として処理される順位が低いと考えられます。他方，友人や家族とのあいだで緊密なネットワークを保つことは都会人にとっても多くの報酬をもたらすと考えられます。したがって刺激過負荷理論では，都会における情報過剰な状況が見知らぬ人への援助を抑制することを予測しますが，この状況が必ずしも家族や友人とのあいだで行なわれる援助に否定的な影響を及ぼすことを予測するわけではありません。すなわち，大都市に住む人たちの友人や家族に対する援助は，小都市の場合とほとんど違いはないことが予測されます。

C．サブカルチャー理論

　サブカルチャー理論（Fisher, 1976）に基づけば，大都会に住む人たちの異質性こそがコミュニティ全体のまとまりや規範の合意の欠如をもたらすことが予測されます。また，都会の住人たちの多様性は，犯罪率の高さとも結びついて，互いへの信頼の欠如と見知らぬ人とのあいだのあつれきを導きます。したがって，サブカルチャー理論では見知らぬ人への援助が田舎よりも都会で起こりにくいことが予測されます。また，サブカルチャー理論は親しい人との援助関係についても興味深い予測をします。田舎に住む人々がもっている社会的ネットワークは，どちらかといえば近所に住む人たちを中心としたものに限定されるでしょう。他方，大都会の住人は田舎の人にくらべてはるかに多くの人々と出会い，またその人たちと話をする機会をたくさんもつでしょう。そしてそれらの人々のなかから，とくに自分とよく似た価値観，興味，あるいはライフスタイルをもつ人を選び，親しい関係を築きあげます。したがって都会に住む人は親戚や家族よりも友人関係を中心に個人的なネットワークを形成するでしょうし，困ったときには親戚よりも友人からサポートを受ける場合が多いでしょう。そこでサブカルチャー理論では，全体的にみれば，よく知っている人からの援助の程度は大都会と田舎でそれほど違いはないと考えられますが，田舎では親戚からの援助を多く受けるのにくらべて，都会では親戚以外の親しい友人・知人からの援助を多く受けることが予測されます。

　以上，3つの理論的立場から都会と田舎の援助行動の違いを紹介しました。これらの理論ではいずれもが，見知らぬ人への援助は田舎よりも都会において少ないことを予測しています。それでは，はたしてこの予測は正しいのでしょうか。

　実際にレバイン（Levine, 1998）は，彼の仲間たちといっしょに2年間にわたって，アメリカ合衆国の36におよぶ大，中，および小都市で，6タイプの援助事態を作り出し，援助を求める，という野外実験を行ないました。それらの援助事態とは，①歩道にペンを落とす，②目の不自由な人が通りを渡ろうとしている，③足の不自由な人が雑誌の束を落としてしまい拾いあぐねている，④25セント硬貨への両替を頼む，⑤まだ投函されていない切手の貼られた手紙を見つける，⑥募金キャンペーンへの寄付を求められる，でした。ここでの援助はいずれも，見知らぬ他者への援助でした。実験の結果，ニューヨーク州には，36都市中第一位で，もっとも頻繁に援助が行なわれたロチェスター市と，最下位で，他のどの都市よりも援助が行なわれなかったニューヨーク市という対照的な町がありました（表4-1参照）。レバインによれば，36都市のなかで，この町こそがあらゆる面で援助的，あるいは非援助的だと言い切れる都市はなかったそうです。しかし全体的に見れば，大都会であればあるほど，見知らぬ人に対して親切ではなさそうです。レバインは，都会における人口密度の高さなどの環境要因が見知らぬ人への援助を抑制していると考えました。大都市よりも小都市においてとくに多く現われた援助は，ペンを落とした人，足の不自由な人，あるいは両替を求めている人への援助のように，直接顔を合わせる状況で，その場で進んで援助を申し出るといったタイプの援助でした。彼の調査は，せまい場所に密集して暮らしている人々は匿名性や社会的孤立の気持ちをいだきやすく，同時にまた彼らは罪や恥，そして社会的かかわりをもとうとする気持ちをいだきにくい傾向を示唆しているようです(Levine, 1998)。これらの結果は，先述の3つの理論それぞれが予測した，見知らぬ人への援助と都市の規模との関係を裏づけました。

　次に，すでに知り合っている人とのあいだで行なわれる援助と都市の規模との関係について考え

表4-1 アメリカの愛他的都市ベスト5とワースト5 (Levine, 1998より)

		都市	州	人口密度の高さ順位（36都市中）	環境ストレスの強さ順位（33都市中）
ベスト5	1	ロチェスター	ニューヨーク	26位	20位
	2	イーストランシング	ミシガン	29位	33位
	3	ナッシュビル	テネシー	30位	22位
	4	メンフィス	テネシー	21位	28位
	5	ヒューストン	テキサス	13位	10位
ワースト5	1	ニューヨーク	ニューヨーク	1位	4位
	2	パターソン	ニュージャージー	3位	17位
	3	ロスアンジェルス	カリフォルニア	4位	9位
	4	フレズノ	カリフォルニア	35位	5位
	5	サクラメント	カリフォルニア	28位	3位

てみましょう。先述の3つの理論では，家族や親しい友人たちとのあいだで交わされる援助についての予測が少し異なっています。いずれの予測が正しいのでしょうか。アマト（Amato, 1993）が調べた結果から，都会の人も田舎に住む人も，深刻な問題に遭遇すれば，友人よりも家族に援助を頼りがちであるということがわかりました。すなわち，住む町の人口の大きさにかかわらず，家族がサポートネットワークでの中心的役割を演じているようです。したがって，総合的に見れば，結果は刺激過負荷理論が比較的妥当であることを示唆しています。ただし，アマトによれば，高齢者だけは都会よりも田舎において，家族や友人からの援助をいっそう頻繁に受けているということでした。高齢社会を迎えている私たちにとって，高齢者への援助・サポートの提供が重要な社会的課題になるでしょう（2章参照）。

4 近隣社会における援助行動の構造

アマト（Amato, 1990）は，日常生活で人々が経験する援助行動へのかかわりを測定するための尺度を開発し，それを用いて援助行動の構造をとらえようとしました。彼は自分が収集した793の援助エピソードを参考にして，最終的に46の援助行動から構成されるリストを143人の大学生に示し，それらのなかから過去3か月以内で実際に行なった援助行動にチェックをさせました。アマトはこのようにして得た回答を多次元尺度法を用いて分析し，3タイプの援助形態があることを明らかにしました。それらは，①計画されたインフォーマルな援助（たとえば，病気の家族や友人の世話をした），②計画されたフォーマルな援助（たとえば，募金を求めている慈善団体に寄付をした），③状況誘発的な非計画的援助（たとえば，通りがかりの人が道に迷っていたので，行き順を教えてあげた）であることを確かめました。さらにアマトは，個人やその人がもつ社会的ネットワークの特徴が日常的援助行動の頻度に及ぼす影響について検討しました。その結果，状況誘発的・非計画的援助を規定する個人的特徴は見いだされませんでしたが，計画的援助については，強い社会的責任感と，自分ならば苦境に立つ人を救えるのだという強い信念をもつ人ほど，より頻繁に援助を提供することがわかりました。社会的ネットワークと援助行動との関係については，フォーマルで計画的援助が友人数の多さ，居住年数の長さ，あるいは近所に住んでるファーストネームで呼び合える友人数の多さなどと，またインフォーマルで計画的援助が近くに住む家族数の多さ，家族との相互作用頻度の多さ，近くに住む友人や知り合いの人数の多さなどと，肯定的に関連していることがわかりました。

上述したように，アマト（Amato, 1990）は，日常生活のなかで計画的に行なわれる援助のなかに，おもに家族や身近な友人，あるいは隣家の人とのあいだで交わされるインフォーマルな援助と，その多くが個人と組織・集団とのあいだで行なわれるフォーマルな援助があると述べました。しかし，アマト自身の研究結果においても，組織や集

団そのものに対するフォーマルな援助を経験した割合は，全体の援助エピソード中，学生で4.4％，社会人で11.4％と非常に低く，これに対して家族，友人，共働者，同室者，近隣住民，および知人といった，何らかの関係をもつ個人に対して行なわれた援助は，学生で全体の81.9％，社会人で71％ときわめて高い割合を占めていました。したがって，近隣社会における援助を考えるならば，知り合いどうしで頻繁に行なわれる，フォーマルでない援助行動に注目する必要があるでしょう。

西川（1997a）は，社会生活を営む人々が，長期的に対人関係を形成，維持している相手とのあいだで行なっている援助の特徴を明らかにするために，ふだんの生活のなかで行なわれる援助要請行動と，要請に応諾した結果行なわれる援助行動とに着目しました。西川は，近隣社会における援助行動を研究するにあたって，学生や成人男性ではなく主婦を調査の対象にしました。家事の多くを分担している主婦は，地域に根ざした生活者の典型です。そして主婦は，昼間家を離れることが多い成人男性や青年にくらべて，近隣社会のなかでより多い援助，被援助経験をもつと考えられます。また，彼女たちの社会的ネットワークは，子どもを介して形成されたインフォーマルな交友関係や，PTA，自治会などの公的活動を通じて形成された交友関係など，いずれもが居住地域に密着した多くの人間関係を含んでいると思われます。したがって主婦は，近隣社会における援助行動の実態をとらえるうえでもっとも適した調査対象であると考えられたのでした。次にその研究の概要を紹介しましょう。

主婦による援助行動を研究するにあたって，まず，ふだんの日常生活のなかで主婦たちが行なっている援助エピソードの収集が行なわれました。その結果，382人の主婦から1,170のエピソードがよせられました。そしてこれらのエピソードのなかから記述件数の多かった32の援助エピソードを選び出し，調査用紙を作成しました。

この研究では4つの仮説が立てられました。それらは，①主婦は援助を要請するよりも他者に援助を提供することに，よりいっそう積極的に取り組むだろう（仮説1），②主婦はより親しくつきあっている相手とのあいだでいっそう積極的に援助をやりとりするだろう（仮説2），③高年齢の主婦ほど苦境に立っても安易に他者に援助を求めないだろうが（仮説3），④逆によりいっそう積極的に援助要請に応じるだろう（仮説4），というものでした。調査対象者の半数には，近所に住む親友，知人，ないしは隣家の人のうち，いずれか1つの関係にある対象者が示され，自分が32の援助行動を必要としている事態に立ちいたれば，その相手（親友，知人，あるいは隣人のいずれか1人）に対してそれぞれの援助をどの程度積極的に頼みたいと思うか，を尋ねました。残りの半数の対象者には，32の援助それぞれについて，示された対象者（親友，知人，あるいは隣人のいずれか1人）から援助を要請されたとき，どの程度積極的にその要請を受け入れたいと思うかを尋ねました。留置き調査を実施したところ，合計659人の主婦から回答が得られました。32の援助エピソードは，因子分析の結果やアマト（Amato, 1990）の結果を参考に，4つのカテゴリーに分けられました（表4-2）。

第1カテゴリー「切迫事態でのインフォーマルな援助」は，差し迫った事態で行なわれる，個人のプライバシーに深くかかわる援助行動を含んでいます。このタイプの援助は，人が突然困難な状況に立たされた場合に，かなり心理的距離の近い人によって提供される，きわめて私的な援助です。

第2カテゴリー「切迫事態での一般的な援助」は，ふだんの近隣社会生活でたびたび経験する援助のなかでも，個人のプライバシーや深刻な個人的事情とはあまり関係のないタイプの援助ですが，即座の対応が求められる援助でもあります。この

表4-2 援助カテゴリーと援助項目
(西川, 1997a)

第1カテゴリー：切迫事態でのインフォーマルな援助
病気のとき，家のなかのことをみてもらう。
病気のとき，家族の食事のしたくをしてもらう。
入院（入学）時，保証人になってもらう。
外出時，一時子どもを預かってもらう。
留守のとき，集金人への支払いのお金を預かってもらう。
留守のとき，自宅のカギを預かってもらう。
しばらく留守にするとき，配達された手紙を預かってもらう。
留守のとき，飼い犬の世話を頼む。

第2カテゴリー：切迫事態での一般的な援助
急な来客のとき，必要なものを貸してもらう。
調味料や食料品が切れたので貸してもらう。
買い忘れたものをついでに買ってきてもらう。
客の自動車を他家の前に駐車させてもらう。
出先で雨が降ってきたので洗濯物を取り入れてもらう。
買い物のとき，重い荷物を持ってもらう。
引っ越しの手伝いをしてもらう。

第3カテゴリー：非切迫事態でのインフォーマルな援助
愚痴を聞いてもらう。
個人的な相談に乗ってもらう。
病院や医者の評判を教えてもらう。
安売りの店を教えてもらう。
近所づきあいのしかたを教えてもらう。
子どもの古着をまわしてもらう。
読みたい雑誌や本を借りる。
テレビの録画やダビングをしてもらう。
郵便局や銀行への用事をついでに頼む。

第4カテゴリー：非切迫事態での一般的な援助
地域活動としての署名をしてもらう。
自治会の当番を代わってもらう。
幼稚園の迎えをついでにいっしょにしてもらう。
留守のとき，宅配便を預かってもらう。
ゴミ置き場の掃除当番を代わってもらう。
出かけるとき，ついでに自動車に乗せてもらう。
不在時，植木の水やりをしてもらう。
緊急時の連絡先になってもらう。

ようなタイプの援助はすぐ近くに住む人とのあいだでよく行なわれます。

第3カテゴリー「非切迫事態でのインフォーマルな援助」は，日常生活のなかの差し迫っていない事態で，心理的距離の近い相手に対して，個人的に必要な情報やアドバイスを形式ばらずに求めたり，労力を提供してもらおうとするような援助です。

第4カテゴリー「非切迫事態での一般的な援助」は，個人のプライバシーにあまり深くかかわらないタイプの援助であり，困窮事態はそれほど深刻ではないので，援助を要請された人は必ずしも即座の対応を求められるわけではない，といったタイプの援助です。

被調査者は，2つの要因である援助への立場（援助を要請する立場もしくは援助を提供する立場）と関係性（相手が知人，隣人，ないしは親友）によって分けられました。

次に，4つのカテゴリーごとに援助エピソードへの反応得点が合計されました。これらのカテゴリー得点の高さは，援助要請者あるいは被要請者として各カテゴリータイプの援助にかかわろうとする意欲の程度を表わしていました。そしてこれらの得点をもとに，さきに述べた仮説が検討されました。分析の結果，仮説1は4つの援助カテゴリーすべてにおいて検証されました。主婦は近所に住む人たちに援助を要請することよりも，その人たちに援助を提供することに，よりいっそう積極的でした。主婦たちは，かなりの援助コストが予想される場合でも，近隣の人たちとの良好な関係を継続するために積極的に援助を提供しようとするようです。援助要請者と被要請者との関係性が援助要請行動や要請に応えて行なわれる援助行動に及ぼす影響もほぼ仮説2のとおり，検証されました。主婦たちは，知人よりも隣人，そして隣人よりも親友とのあいだでよりいっそう積極的に援助を要請したり提供したりするようです。

援助を要請する立場の人の年齢と要請行動に関する仮説3は，第1カテゴリーである「切迫事態でのインフォーマルな援助」以外の3つの援助カテゴリーで検証されました。この結果は，おもに50歳以上の主婦がそれ以下の年齢の人とくらべて，援助を頼むことに消極的であることから生まれた結果でした。人は年齢が高まるにつれて，数多くの経験の蓄積からさまざまな問題への解決の道を見いだせると思えるようになるのではないでしょうか。あるいは50歳以上の世代の主婦では，困ったことがあっても人に頼むのではなく自分で解決すべきである，という規範意識が強いとも考えられます。さらに，年齢が高くなるにつれ，他人に助けを求めることで自分が傷つくことも多く

なるのではないでしょうか。第1カテゴリーでは年齢差が見られなかったのですが，これは自分の家庭のプライバシーに深くかかわる援助を他人に頼むことについて，どの年齢層の人であっても消極的になってしまうということを示しているのでしょう。最後に，仮説4は第4カテゴリーである「非切迫事態での一般的援助」でのみ，わずかに証明されただけで，それ以外の援助カテゴリーでは検証されませんでした。人から援助を頼まれた場合は，特定のタイプの援助を除けば，年齢によって援助への積極性が異なるという傾向はないようです。

この節では日常生活における援助行動を構成している次元あるいは援助行動の類型と，それにかかわる個人的，社会的要因についての，比較的新しい2つの研究を紹介しました。次は，ある特定の地域に焦点を当て，その近隣社会に在住する主婦たちの行なう援助行動と，コミュニティ意識（田中ら，1978）や活動との関係について述べます。

5 近隣社会のなかでの交友関係と援助行動

西川（1997b）は，N県S市にあるニュータウンを研究のフィールドとして，質問紙調査を実施しました。この町は1968年に開発が始まり，調査時点（1996年）では1万人以上の人口を有していました。ニュータウン内には24の単位自治会からなる連合自治会があり，隣接する旧来からの自治会とは別の，独立した組織を形成しています。またニュータウン内には2つの小学校があり，その校区もニュータウン内に限定されます。これらの事情から，ニュータウン内の主婦の多くは，隣接する旧来のコミュニティとのかかわりをほとんどもっておらず，おおむねニュータウン内に居住する主婦たちとのあいだで密度の高い社会的ネットワークを形成しています。ニュータウンの中央部には商業地区と4階ないしは5階建ての中層マンションが建つ集合住宅区域があり，それらを取り巻くようにして一戸建て住宅や連棟住宅が建っています。したがって，この町では商業地と住宅地，集合住宅と一戸建て住宅，といった，多様な形態の住居が混在しています。この研究では援助行動と社会的ネットワークの大きさや近隣社会における諸活動との関連を明らかにすることが目的だったので，このニュータウンの特徴は調査フィールドとして適切であると考えられました。

調査は留め置法で実施されました。ニュータウンに住む1,900世帯のなかから無作為に150世帯を抽出し，その家の主婦に質問紙を配布しました。その結果131名の主婦から回答を得ることができました（回収率87.3％）。この調査では，人口統計学的特徴と彼女らの社会的ネットワークの大きさ，そして具体的に親友を1人想定したうえで，その人物との現在のつきあいのなかで，4節で紹介した4つの援助カテゴリーを代表する17の援助行動を依頼されたときの反応を尋ねました。被調査者は，援助要請に対して，その要請をためらいなく受け入れる，受け入れに躊躇する，あるいはそのどちらでもない，の3つの反応カテゴリーのなかから1つを選びました。さらに被調査者に，現在の親友と知り合ったばかりのころ，そして友人の1人としてはっきりと意識しはじめたころを想定しながら，そのころに17の援助行動を要請されたとすればどのように反応するかを尋ねました。

この調査では主婦の出身地を尋ね，それと援助行動との関係を検討したところ，援助する相手との関係性しだいではいくつかの地域差が見いだされました。

まず，相手が知人である場合には，「非切迫事態での一般的な援助」では，県内郡部出身者の援助意欲が，大都会を中心とする県外出身者にくらべて弱いことがわかりました。結果は，県内郡部出身者が，他人に用事を代わってもらったりする「あまり差し迫らない事態」で他者に助けを求めるこ

とにやや抵抗を感じていることを示唆しています。主婦たちの出身地の違いによるコミュニティ意識（田中ら，1978）の差異を調べてみると，関西の大都会やその近辺の出身者がいだく地域への協同志向性（居住する地域に誇りと愛着を感じ，この町に住む人々との一体感を感じようとする傾向）が，県内郡部出身者にくらべてよりいっそう高いことがわかりました（西川，1997b）。県外からこの土地に来た人は親戚や昔からの親友が近くにいる場合が少なく，それだけにより早くこの地区に適応し，愛着をもちながら多くの人々と一体感を強めたいと強く願っているのかもしれません。あるいは，関西地区の大都会出身者の方が，近隣社会における人間関係の基本的ルールとして「自分が助けられても，また，自分が助ける機会にお返しをすればよい」という互恵性をより強く意識しているのかもしれません。

次に，援助を提供する相手が友人の場合の結果をみれば，相手が知人の場合よりも援助者の出身地の違いによる差異がより大きく現われていました。すなわち友人から援助を求められた場合，県内郡部出身者の方が関西地区の大都会出身者よりも援助の提供に消極的であることがわかりました。また個々の援助カテゴリーについてみれば「非切迫事態での一般的な援助」と「切迫事態でのインフォーマルな援助」を頼まれたとき，県内郡部出身者が援助の提供に消極的でした。彼女らは，たとえ相手が友人であったとしても，個人のプライバシーに深くかかわることがらでは援助を提供することに慎重になるようです。この結果は，県内郡部出身者がふだんの生活のなかで困難に出合ったときには近所の友人に頼るよりも自力で解決をめざすべきだという規範意識が内在化されていることから生じたのかもしれません。あるいは先に述べたと同様に，県内郡部出身者の協同志向性の弱さがこの結果と深く結びついているのかもしれません。これらの結果に関しては，さらに検討を加える必要があります。

6　おわりに

近隣社会における援助行動は，人々の日常生活における人間関係の形成，維持，あるいは発展過程と無縁ではありません。アマト（Amato, 1990）は，ふだんの生活において私たちが経験する援助が，単に人格などの個人的要因（たとえば社会的責任感）や状況変数（たとえば援助コストの低さ）によって規定されるのではなく，それらに加えて援助は社会生活における役割要求と関連づけて考察される必要があることを指摘しています。

ところで，現代社会において，私たちは近隣社会を形成している一員として，困窮状態にある同じ共同体の成員を援助することを，どの程度求められているのでしょうか。あるいはいまや，家族間で行なわれる援助を運命共同体としての家族集団のなかでは当然の行為であるとみなしてもよいのでしょうか。私たちは，援助行動を通して，もう一度近隣社会や家族のなかで生きている自分たちの役割というものを見直す必要があるように思います。

高齢社会にあるわが国において，近い将来高齢者への社会的，経済的援助が重要かつ深刻な問題になると思われます。そして高齢者にとって，日常的に援助を提供してくれる近親者，友人・知人，あるいは近所に住む人たちの存在がますます重要になってくるのではないでしょうか。このような高齢社会への対応を考えるうえでも，近隣社会における援助行動を促進する要因を明らかにすることが，今後，大いに求められると考えられます。

引用文献

Amato, P. 1985 An Investigation of planned helping behavior. *Journal of Research in Personality*, 12, 36-39.

Amato, P. 1990 Personality and social network involvement as predictors of helping behavior in everyday life. *Social Psychology Quarterly*, 53, 31-43.

Amato, P. 1993 Urban-rural differences in helping friends and family members. *Social Psychology Quarterly*, 56, 249-262.

Latané, B. & Darley, J. M. 1970 *Unresponsive bystander : Why doesn't he help ?* New York : Appleton-Crofts. 竹村研一・杉崎和子（訳）1977 冷淡な傍観者―思いやりの社会心理学― ブレーン出版

Milgram, S. 1970 The experience of living in cities. *Science*, 167, 1461-1468.

Fisher, C. S. 1976 *The urban experience*. New York : Harcourt Brace Jovanovich. 松本 康・前田尚子（訳）1996 都市的体験：都市生活の社会心理学 未来社

Levine, R. V. 1998 Cities with heart. In E. J. Coats & R. S. Feldman（Eds.）*Classic and contemporary readings in social psychology*. Upper Saddle River : Prentice Hall. 159-167.

西川正之 1997a 主婦の日常生活における援助行動の研究 社会心理学研究, 13-22.

西川正之 1997b ヒューマン・ネットワーク形成過程におよぼす援助行動の影響 平成7年度～8年度科学研究費補助金（基盤研究(C)）研究成果報告書

田中國夫・藤本忠明・植村勝彦 1978 地域社会への態度の類型化について―その尺度構成と背景要因― 心理学研究, 49, 36-43.

5章

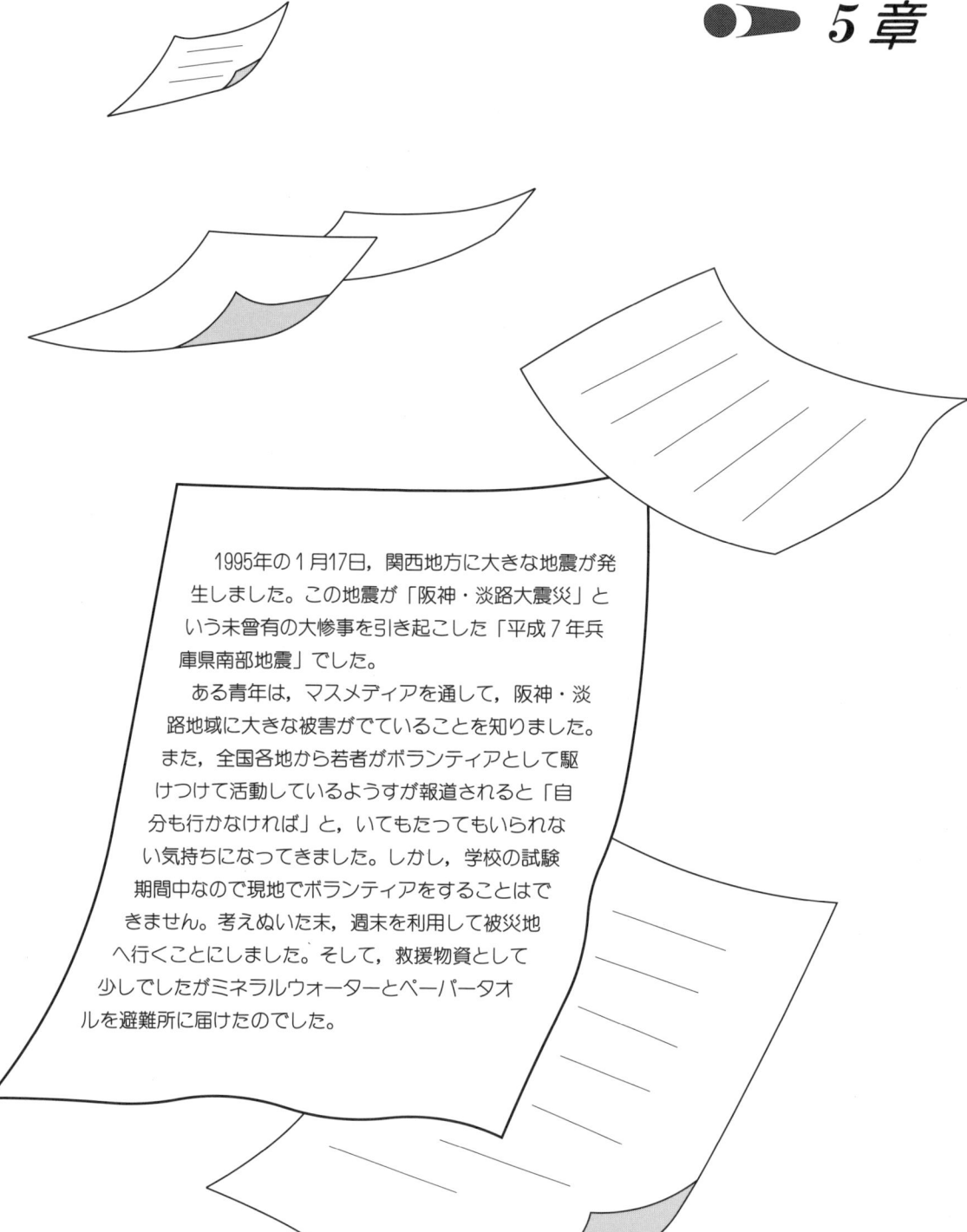

　1995年の1月17日，関西地方に大きな地震が発生しました。この地震が「阪神・淡路大震災」という未曾有の大惨事を引き起こした「平成7年兵庫県南部地震」でした。
　ある青年は，マスメディアを通して，阪神・淡路地域に大きな被害がでていることを知りました。また，全国各地から若者がボランティアとして駆けつけて活動しているようすが報道されると「自分も行かなければ」と，いてもたってもいられない気持ちになってきました。しかし，学校の試験期間中なので現地でボランティアをすることはできません。考えぬいた末，週末を利用して被災地へ行くことにしました。そして，救援物資として少しでしたがミネラルウォーターとペーパータオルを避難所に届けたのでした。

災害時における援助とサポート

1　災害時の援助とサポート

　阪神・淡路大震災では，1年間に延べ137万人を越える人々がボランティアとして被災者への援助やサポートを行ない（兵庫県，1996），1995年は「ボランティア元年」とよばれました。これだけ多くの人々が災害ボランティアとして全国各地から駆けつけるなどして働いたのはわが国において初めてのできごとでした。

　災害の現場では，さまざまな人々によりさまざまな形で被災者へ援助やサポートが行なわれますが，この章では，阪神・淡路大震災の事例を中心として，災害時に行なわれる援助やサポートの特徴を明らかにしていきたいと考えています。

　ところで「援助やサポート」と書きましたが，「サポート」について簡潔に説明しておきましょう。ここでいうサポートとは「ソーシャル・サポート」のことで，こころのケアの専門家ではない一般の人から励まされたり，暖かいことばをかけられるなどして，精神・心理的な側面が支持・支援されることをさします。したがって，たとえ物品を援助してもらった場合でも「助けてくれて嬉しいなあ」と思って安心したり落ち着いたりし，援助を受けた人の精神・心理的側面がより安定すれば，その援助には「ソーシャル・サポート（実行されたサポート）」が含まれています。また，受け取る側の人が「困ったとき，あの人はきっと助けてくれるだろう」と思える相手がいることで精神・心理的な面が安定すれば，実際の援助は行なわれなくても「ソーシャル・サポート（知覚されたサポート）」は存在しているのです。

2　災害とはなにか

　「災害」とはどのようなことをいうのでしょうか。改めて問われると「災害」を定義するのは結構むずかしいことがわかります。

　わが国の災害対策基本法（第二条）は，災害を「暴風，豪雨，豪雪，洪水，高潮，地震，津波，噴火その他の異常な自然現象又は大規模な火事，若しくは爆発その他その及ぼす被害の程度においてこれらに類する政令で定める原因により生ずる被害」と定義しています。また，政令で定める原因は「放射性物質の大量の放出，多数の者の遭難を伴う船舶の沈没等のほか大規模な事故」とされています。大規模な事故には，干害，火山爆発，地すべり，土地隆起，大地の沈下，人為的な爆発事故，列車の転覆，航空機事故などが含まれます。

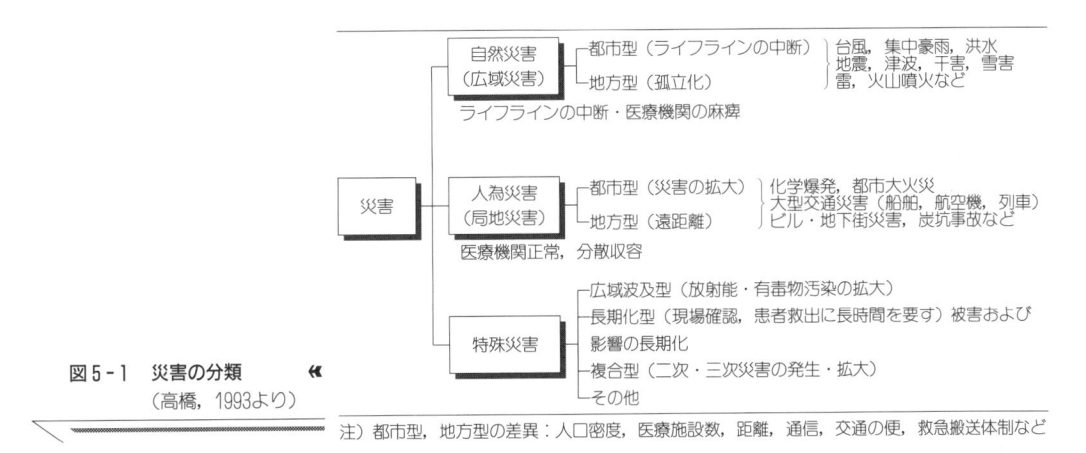

図5-1　災害の分類
（高橋，1993より）

```
            ┌ 自然災害  ┬ 都市型（ライフラインの中断）     台風，集中豪雨，洪水
            │（広域災害）│                               地震，津波，干害，雪害
            │           └ 地方型（孤立化）                 雷，火山噴火など
            │           ライフラインの中断・医療機関の麻痺
            │
   災害 ────┤ 人為災害  ┬ 都市型（災害の拡大）            化学爆発，都市大火災
            │（局地災害）│                               大型交通災害（船舶，航空機，列車）
            │           └ 地方型（遠距離）               ビル・地下街災害，炭坑事故など
            │           医療機関正常，分散収容
            │
            └ 特殊災害  ┬ 広域波及型（放射能・有毒物汚染の拡大）
                        ├ 長期化型（現場確認，患者救出に長時間を要す）被害および
                        │ 影響の長期化
                        ├ 複合型（二次・三次災害の発生・拡大）
                        └ その他
```

注）都市型，地方型の差異：人口密度，医療施設数，距離，通信，交通の便，救急搬送体制など

図5-3 発災3日以内にだれから援助・援護を受けたか
（総合研究開発機構，1995より）

災害は，「自然災害」と「人為災害」に大きく分けられますが，自然災害を広域災害，人為災害を局地的な災害と広域な災害に分けてとらえ，人為的で広域な災害を「特殊災害」として，図5-1のように分類できます。

エリクソン（Erikson, 1976）は，個人の心理や人間関係への影響に注目し，災害とは「効果的な対応が不可能なほどの力で個人の心的防衛機構を突然に壊滅させる精神的打撃（個人的な心的外傷）であり，人間関係の絆を断つほどの社会的生活組織への打撃（集団的な心的外傷）をもたらす出来事である」と定義しています。災害は，被災した人々の人間関係や「こころ」にも大きな影響をもたらすできごとなのです。

消火・救出・治療・看護など

	%
家族	39.1
親戚	19.5
友人	22.6
近隣の人たち	43.6
ボランティア	14.3
自治会等コミュニティ組織	6
会社等勤務先	4.5
スーパー・コンビニ・生協	3.8
消防署	8.3
地域の消防団	7.5
警察署	6
自衛隊	12
市・区役所等自治体	5.3
福祉・教育施設	4.5
その他	3

（複数回答）

避難場所・住居・生活物資・サービスの提供など

	%
家族	35.6
親戚	54.4
友人	49.4
近隣の人たち	54.1
ボランティア	22.6
自治会等コミュニティ組織	13.2
会社等勤務先	26.5
スーパー・コンビニ・生協	24.1
消防署	0.9
地域の消防団	1.5
警察署	0.9
自衛隊	16.8
市・区役所等自治体	10.6
福祉・教育施設	7.1
その他	4.4

（複数回答）

3　阪神・淡路大震災における援助・サポート

(1) 被災者への援助

a. 発災直後の被災者への援助

阪神・淡路大震災において，被災した人々はどのような援助を受けたのでしょうか。1995年3月末～4月末に神戸市・阪神地域在住の市民約1,200名（有効回答368名）を対象に行なわれた，総合研究開発機構（1995）の調査結果によれば，発災当日に地域や近隣で行なった行動（図5-2）は，「安否の確認」が9割以上，「救出・救助・避難」が2割強，「治療・看護」が1割強あり，被災者どうしの援助が多く行なわれていた事実がわかります。また，発災3日以内に消火・救出・治療・看護などの援助をしてくれたのは「近隣の人たち」と「家族」がともに約4割ととびぬけて多く，「友人」「親戚」「ボランティア」「自衛隊」は1～2割でした（図5-3上）。さらに，避難場所・住居，生活物資・サービスなどの援助やサポートをしてくれたのは，「親戚」「近隣の人たち」「友人」が5割前後ととびぬけて多く，「ボランティア」や「公的機関」は少なめでした（図5-3下）。

発災直後には，公的機関やボランティアによる援助体制がまだ十分に整っておらず，家族や近隣の人たちからの迅速な援助が頼りである事実が示されています。身近にいる近隣の人たちとのふだんからの人間関係が非常に重要であるといえるでしょう。

b. 被災者が抱えた問題と問題への対処方法

被災した人々はどのような問題を抱え，それをどのように解決していたのでしょうか。高木と田中（1995）は，神戸市内と芦屋市内の避難所への

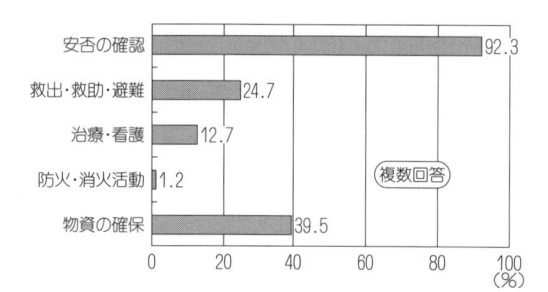

	%
安否の確認	92.3
救出・救助・避難	24.7
治療・看護	12.7
防火・消火活動	1.2
物資の確保	39.5

（複数回答）

図5-2　発災当日の被災者の地域・近隣での行動
（総合研究開発機構，1995より）

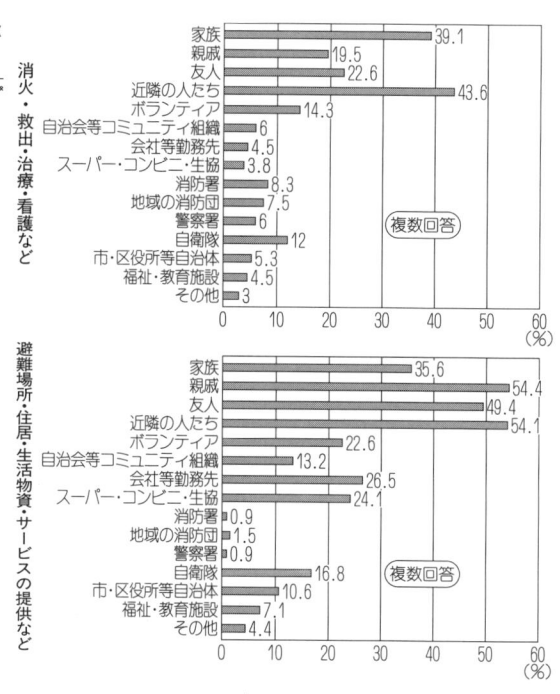

» 図5-4　避難者がかかえた問題とその対処方法（高木と田中，1995）

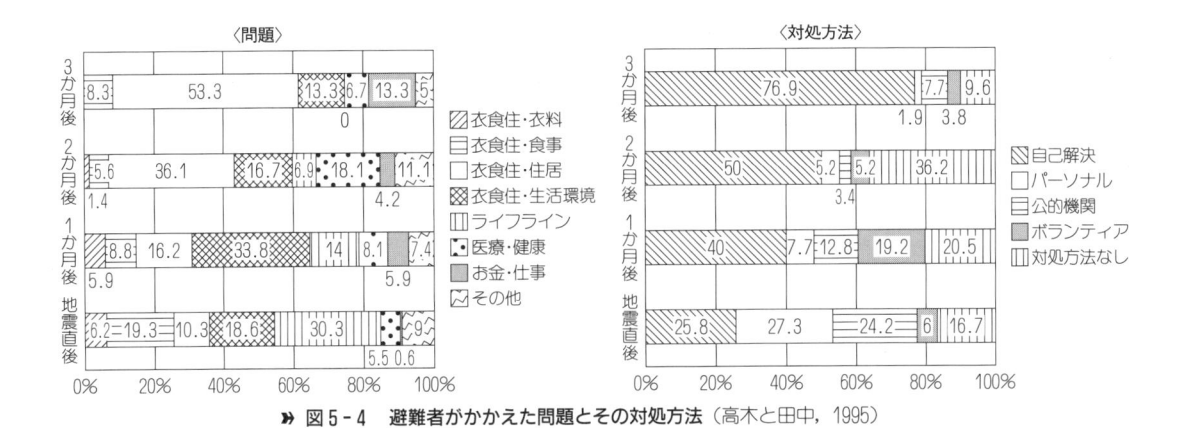

避難者を対象に，発災から1か月後（75名），2か月後（62名），3か月後（46名）に半構造化面接法による聞き取り調査を行なっています。

避難者がかかえる問題（図5-4左）は，地震直後には「衣食住」関連が約5割，「ライフライン」が約3割を占めていますが，1か月後には衣食住の「避難所での生活環境」が3割以上に増えています。さらに2か月後には衣食住の「住居」が増加し，3か月後には5割以上にまで増加しています。また，お金に関する問題も出てきています。

困った問題への対処方法（図5-4右）は，地震直後には，親類・知人などからの「パーソナルな援助」「自己解決」「公的機関からの援助」がほぼ同程度の割合で高く，「対処方法なし」も6人に1人の割合で存在しています。1か月後には「自己解決」と「ボランティアからの援助」が増加し，「公的機関からの援助」と「パーソナルな援助」が急減しています。2か月後には「自己解決」がさらに増加し，「対処方法なし」が急増しています。また，「ボランティアからの援助」「公的機関からの援助」「パーソナルな援助」は減少しています。3か月後には「自己解決」が8割近くまで増加し，「公的機関からの援助」も増加していますが，「対処方法なし」は激減しています。

衣料問題，ライフライン，避難所内での生活環境問題は，地震後1か月間に大きな問題となっていましたが，おもに公的，私的な組織的な援助により，2か月後の時点でほぼ解決しています。一方，住居問題や医療・健康問題が増大したのは，これらの問題が個別的，特殊的で，自分で対処する以外に解決方法が容易にみつからないためではないかと考えられています。

時間の経過とともに，問題を自分で解決しなければならない割合が増加する事実が明らかにされましたが，地震直後にも対処方法のない人が2割弱存在することから，高木と田中（1995）が指摘しているように，緊急時に有効に機能する，公的・私的ネットワークの整備が必須であるといえるでしょう。

C．被災者の援助・サポートネットワーク

親戚，友人，知人との対人的な結びつきは，被災者の援助・サポートにどのような役割を果たしたのでしょうか。神戸市内と芦屋市内の避難所の避難者を対象に，発災から2か月後（62名）と3か月後（46名）に半構造化面接法による聞き取り調査を行なった高木と福岡（1996）によれば，自治会などの住民組織は十分に機能していなかったものの，近隣の人たちとのコミュニケーションがはかられ，半数以上の人が自助的な活動に関与していた事実が明らかになっています。また，ほとんどの避難者が発災後の早い時期から，何らかの形で親戚や友人・知人による非公式な援助を経験しています。おもに親戚関係であると想像されるインフォーマルな関係は，緊急時にこそ活性化されるという特徴をもつのではないかと指摘されています。

インフォーマルな関係のなかで行なわれた援助の内容は，高木と田中（1995）や高木と玉木（1995）による分類の「直接的・物理的活動」にあたる，物資や金銭の提供が大半を占めていましたが，心理的な意味でのサポート的特徴も含まれていたはずであるとも指摘されています。また，時期を経るにつれて避難所を訪問して慰めや元気づけを行なうなどの精神的・心理的援助が多くみられ，地震から3か月を経ても避難所で暮らさなければならない避難者にとっては，インフォーマルな対人関係のなかでのサポートを介したつながりのもつ重要性は非常に大きいのではないかと考えられています。

親戚，友人，知人からの援助がかえって重荷になってしまう「心理的負債感」の存在も指摘されています。避難所での生活が長期にわたれば，援助ー被援助関係の固定化は避けがたく，継続的な性質をもつ親戚や友人・知人とのインフォーマルな援助関係のなかでは，なおさら否定的な反応を強くともないがちなのであろうと考察されています。

また，避難者は発災の2～3か月後には今後の生活に具体的な展望をもち得ず，大きな不安を抱え，精神的に閉塞状況ともいえる不健康な状態に陥っていたことから，高木と福岡（1996）は，物理的，身体的な被害のみならず，被災者の心理的な被害にも目を向けることが非常に重要であるとし，心理臨床の専門家による「こころのケア」のみならず，社会心理学的な立場からの援助の可能性を考える必要があると指摘しています。

被災者の精神・心理的側面の安定化をも視野に入れ，適切な援助やサポートとはどのようなものかを，社会心理学的な視点からさらに研究していく必要があるといえるでしょう。

（2） 避難所の運営
a．援助による避難所の運営

被災し自宅に住めなくなってしまった人々の多くは，発災直後から避難所へ避難し始めました。避難所には，あらかじめ災害時に避難所になることが想定されていた公立学校や公共施設を中心とした指定避難所と，指定避難所に入りきれないなどして，公園・会社・店舗・空き地などに独自に避難した人々を中心にできあがった私的な非指定避難所とがありました。そして各避難所には責任者やリーダーがいました。被災地外から来たボランティアがかかわったところもありましたが，その多くは避難所になった学校や施設に発災前から勤めていた被災した職員や避難した被災者の人たちでした。いずれにしても避難所の組織化や運営は，多くの人たちの援助によって成り立っていたといえます。

b．避難所リーダーと避難所の運営

被災者を含めたリーダー（または責任者）によって行なわれていた避難所の運営には，どのような特徴がみられたのでしょうか。

清水ら（1997）は，発災から3週間後に神戸市内と西宮市内の25か所の避難所のリーダーを対象に半構造化面接による聞き取り調査を行ないました。トラブルの多さや避難所内組織の形成スピード，リーダーの特徴など避難所の運営上の特徴に関して，林の数量化理論第Ⅲ類（林，1956；林ら，1970）という多変量解析法（多数の要因（特徴）どうしの関連性を一度に分析する統計分析手法の1つで，関連性の強い要因どうしをまとめることにより，多数の要因を少数のグループに分けることができる）を用いて分析したところ，避難所はリーダーの就任動機に基づいて3つに分類されました（図5-5）。前のリーダーから仕事を引き継ぐなどしていつのまにか就任した「自然就任リーダー」が運営する避難所では，運営本部の組織内で労力の不公平が生じたり，物資や食料の分配時にトラブルが生じていたほか，避難者の班分けも遅れぎみでした。リーダーの仕事への動機づけの弱さや，リーダーが若いために人々をまとめ

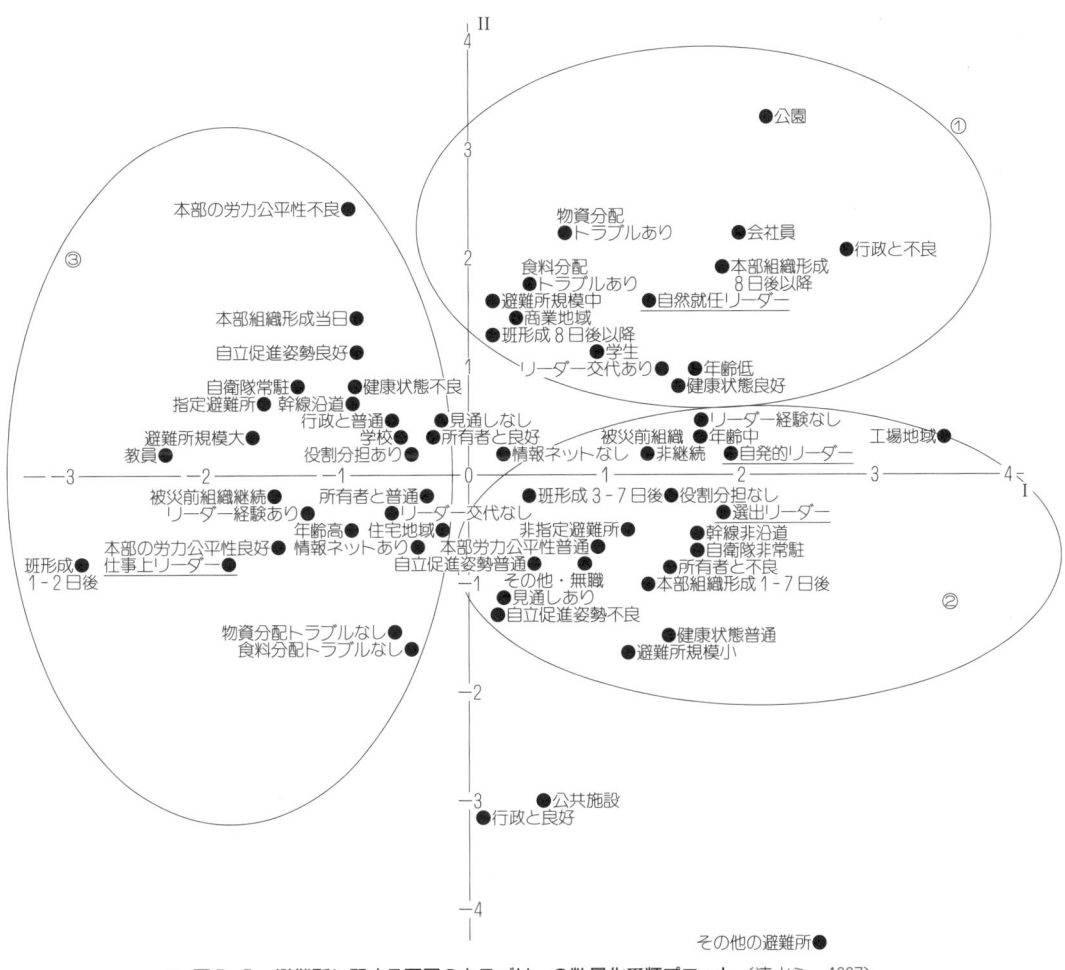

» 図5-5　避難所に関する要因のカテゴリーの数量化Ⅲ類プロット（清水ら，1997）

るスキル（技術）が身についていなかったことが理由と考えられました。また，自発的に就任した「自発的リーダー」と周囲から選ばれた「選出されたリーダー」には，ボランティア経験のないリーダーが多いものの，避難所運営における各種トラブルはめだちませんでした。これは，リーダーがさきの見通しをある程度もって運営していたり，学校以外の小規模（少人数の）避難所が多く，全体としてトラブルの原因が少なかったり，避難所本部組織の労力負担の絶対量が少ないことが理由と考えられました。避難所になった施設の職員がリーダーとなった「仕事上リーダー」が運営する避難所では，本部組織や避難者の班の形成が早期に行なわれ，各種トラブルもめだたないほか，避難所運営本部の労力の公平性にもかたよりはほぼ存在しませんでした。仕事上のリーダー経験をもっているなど，リーダーが組織を運営するためのスキルをもっていたためと考えられました。ただし，学校を中心とした大規模（大人数の）避難所が多く，労力負担の絶対量が多いため，リーダーの健康状態のわるさがめだちました。

避難所を円滑に運営するためには，人々をまとめるスキルが必要とされるなど，援助者であるリーダーには，援助に直接必要な能力以外にも，人間関係に関する能力など，多様な能力が要求されるといえます。

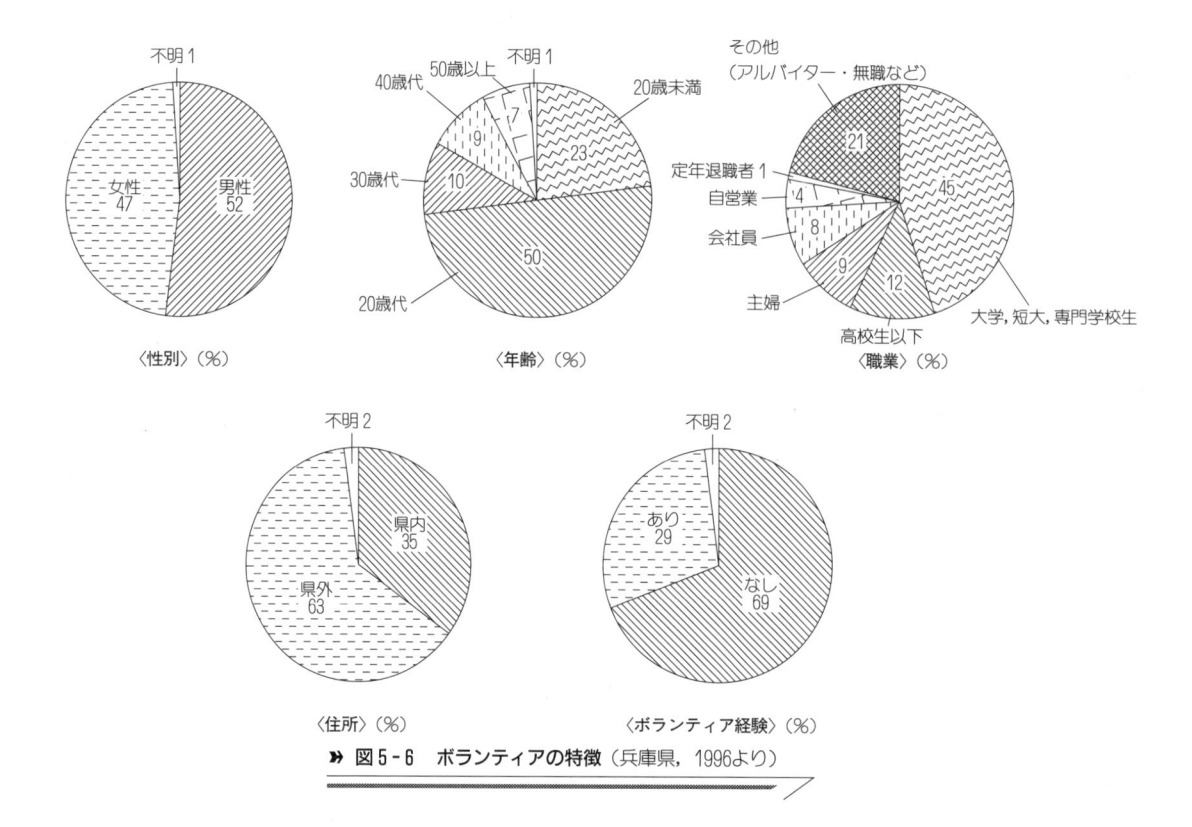

図5-6 ボランティアの特徴（兵庫県，1996より）

〈性別〉（％）：男性52，女性47，不明1
〈年齢〉（％）：20歳未満23，20歳代50，30歳代10，40歳代9，50歳以上7，不明1
〈職業〉（％）：大学，短大，専門学校生45，高校生以下12，主婦9，会社員8，自営業4，定年退職者1，その他（アルバイター・無職など）21
〈住所〉（％）：県内35，県外63，不明2
〈ボランティア経験〉（％）：あり29，なし69，不明2

（3）ボランティアによる援助

a. ボランティアの特徴

ボランティアとして，阪神・淡路大震災の援助活動に参加したのはどのような人たちだったのでしょうか。

兵庫県（1996）は，1995年2月中旬から3月初旬に，避難所のボランティア1,393人（有効回答数593）への調査を行なっています（図5-6）。ボランティアの性別は，男女がほぼ半数ずつ。年齢は，20歳代が5割でもっとも多く，30歳未満が全体の7割以上を占めていました。職業は，大学・短大・専門学校の学生が約5割を占め，住所は，県外が6割を越え，県内を上まわっていました。また，ボランティア経験のない人が約7割を占めていました。

被災地でボランティア活動を行なった人たちは，県外から来た，ボランティア未経験の若者が多かったといえます。それでは，これらの人々は，どのような動機でボランティア活動をしたのでしょ うか。

b. ボランティアの活動動機

高木と玉木（1996）は，ボランティア団体の救援プロジェクトに応募・登録したボランティア556名と，震災前から団体の会員であるボランティア300名を対象とした調査を行ない，ボランティアによる援助動機の構造を分析しています（7章2参照）。高木（1983）の「被災者が気の毒に思えたので」「自分が援助しなければならないと感じたから」「自分が思いやりのある愛他的な人間だから」などの項目からなる援助動機測定項目を用いて因子分析を行ない，①共感や愛他的性格に基づく援助責任の受容，②援助したりされた経験による好ましい援助・被援助経験，③援助に報酬や返礼を期待したり，非援助による犠牲が大きいと考えたことによる利得・損失計算，④被災者や被災地が好きだったり，被災地に知り合いがいたことによる被災地や被災者への好意的態度，⑤援助する積極的意図はなかったが，援助を依頼されたこ

とによる援助要請への応諾，⑥援助をすることで他者からの非難を避けたり，いまのよい気分を維持しようとしたことによるよい気分の維持・発展，⑦被災地の近くに住んでいることによる被災地との近接性という7因子を抽出しています。

名古屋からボランティアに行った大学生と社会人を調査した，松浦と杉浦（1995）は「じっとしていられない心境」や「社会的責任・人道的観点」の動機が多くの人に共通していたとしています。また，曹洞宗国際ボランティア会に登録してボランティアに参加した人たち（6割強が関東地方に居住）を対象にした，長須ら（1996）の調査では，「被災者の方々の役に立ちたかった」と「いてもたってもいられなかった」を多くの人が参加動機としてあげています。さらに，兵庫県（1996）の調査（複数回答）によると，「何か役に立てそうだから」「自分自身の勉強になるから」「いてもたってもいられなかったから」が4〜5割強を占めています。神戸市・西宮市・芦屋市・宝塚市における1995年3月末までのボランティア名簿登録者1万人への郵送調査（有効回答4,575名）を分析した宗（1997）も，ボランティアの第1の動機が「被災者への援助に役立とうと思った」「いてもたってもいられなかった」「自分自身の勉強になると思った」であり，他人のことを自分のことのように感じることのできる「人間的想像力」が多くのボランティアにとって主要な動機だったとしています。

これらボランティアへの参加動機を分析した複数の研究に共通に多く見いだされた動機は，「共感や愛他的性格に基づく援助責任の受容」であり，他者への共感性の高さが多くのボランティアの援助動機に結びついていたと考えられます。また，自己本意の動機によりボランティアに参加した人が少数ながら存在していた事実も明らかになりました。

C．ボランティアの組織化とボランティア統括組織の形成

地震のあと，全国各地から被災地へボランティアが多数駆けつけましたが，当初はボランティアを受け入れる組織が十分に機能しなかったとともに，ボランティア間を連絡・調整する統括組織が存在せず，被災地の救援は効率的ではありませんでした。そこで，必要に迫られて地域ごとに徐々にリーダー的なボランティア団体やボランティア統括組織が成立していきました。

渥美ら（1995）は，西宮ボランティアネットワークと阪神大震災地元NGO救援連絡会議の成立過程を，参与観察（参加しながらの観察）により調査しています。

西宮市では，震災1週間後になっても日常業務を十分に行なえない状態であるにもかかわらず，震災にかかわる緊急業務もこなさなければならず，疲労が蓄積して病に倒れる職員も出て，業務に限界を感じるようになりました。そこで，市の人事部では，市の業務効率の向上とボランティアの活動の安定化のために，ボランティアの組織化を構想するようになりました。ボランティアのなかでも，情報不足や人員のかたよりが問題になり，他のボランティアとの連携を呼びかけるボランティアもいました。そして，市によるボランティアの組織化構想に賛同したボランティアの有志がボランティアの情報交換のためのネットワークを組織することで，西宮ボランティアネットワークが発災から2週間後の2月1日に発足しました。他方，阪神大震災地元NGO救援連絡会議は，現場での救援活動に直接あたる組織ではなく，災害現場で活動するNGO・ボランティア，行政・政府との連絡・調整を目的として，発災から2日後に，以前から存在していた神戸NGO協議会を母体として発足しています。

神戸市兵庫区のボランティア支援活動の経過を時系列的に分析している岡野（1996）は，区の災

害対策本部に集まってくるほぼ初心者のボランティアがしだいに集団化し、自然発生的なリーダーのもとで「兵庫区ボランティア」（毎日約30〜40人）が誕生し、ボランティアの駆け込み先になりましたが、組織体制やボランティア意識の未熟さから十分には機能しなかったとしています。その原因として、有力なNPO, NGOが入るのが遅れ、素人集団である「兵庫区ボランティア」がボランティアの受け入れ先にならざるを得なかった点を指摘しています。

個人ボランティアやボランティア団体が個別に援助活動をすることの非効率性が実証された形になり、災害時にはボランティア集団間のネットワークを構築する必要性が浮き彫りにされたといえるでしょう。

4 災害による精神・心理面への影響

(1) 被災者の精神・心理的問題とサポート

災害時には、多くの非日常的体験をしなければならず、心理的なショックを受けたり、大きな心理的ストレスが生じます。具体的にはどのようなことが起こるのでしょうか。

城（1995）は、被災した神戸市全区と阪神地区の各市住民748名を対象として1995年2月に、ストレス症状・身体的症状・精神的症状の自覚率を調査しています。簡易ストレス度チェックリスト（桂、1989）をもとに、ストレス症状の自覚率を算出したところ「疲れがとれない」「肩がこる」「目が疲れる」「夜、目がさめる」「起きられない」「すぐ疲れる」「のどが痛い」「背中・腰痛」「頭が重い」「鼻づまり」などが高くなっていました。性別では男性よりも女性に多くのストレスがかかっていました。また、一般的なストレス状況下で発症するとされる、おもな身体的症状を12領域に分け、地震前とくらべてあらたに自覚された症状の自覚率を算出したところ、自覚率が高いのは「皮膚系」「眼科領域」「消化器系」「神経・筋骨格系」でした。泌尿器系と内分泌系を除いて女性が男性より高くなっていました。さらに、PTSD（post traumatic stress disorder；心的外傷後ストレス障害）特有の症状とされる15の症状のなかから、地震前とくらべてあらたに自覚された症状の自覚率を算出したところ「ちょっとした振動や音に過敏になる」が圧倒的に高く、以下「不安感の増大」「やる気がない」「ひとりになるのがこわい」「眠れない」が続いていました。「無気力感」と「ひとりがいい」を除く13症状で、女性が男性より症状の自覚率が高くなっていました。総じて男性よりも女性のほうが、精神・心理的問題を多くかかえている事実が明らかにされました。避難所への避難者と自宅居住者間の比較も行なわれていますが、ストレスの強さ、身体的症状、精神的症状のいずれも、避難所への避難者のほうが高い値になっていました。自宅の損壊に加えて避難所での生活が被災者の精神・心理面に及ぼすマイナスの影響の大きさが示されています。

城（1995）は、災害初期には、お年寄りや子どもたちを家族・親戚・近所の人などの身近な理解者が慰め、個別的な手当をすることがもっとも大切であり、被災後1か月までのあいだは、通常のカウンセリング的な方法は通用せず、この時期にもっとも大切なことは、単なる悩みの相談というよりは個々人の具体的な生活の再建に役立つ情報を提供することであり、これらの情報をいち早く正確に伝えることこそが、ストレス軽減に結びつくであろうと指摘しています。

「こころのケア」は、精神医学や臨床心理学の専門分野ではありますが、被災者へのソーシャル・サポート研究など、社会心理学の立場からの援助可能性をさらに考えていく必要がある（高木と福岡、1996）とともに、避難所での人間関係など、災害そのものによる直接的なストレスではない、2次的な人的ストレス要因をいかに軽減させ

表5-1 バーンアウトの原因（神代，1996より）

内的問題……①取り組んだことがらがその人の精神的・身体的能力を越えているがそれに気づかずに熱中しすぎるまたは気づいていても，その場から撤退できず無力感をもったまま精神的に葛藤している
②ストレスの発散方法や援助の受け方を知らない
③完全さを求めすぎ，常に不全感に苦しんでいる
外的問題……①スタッフ不足（人手不足）
②不平・不満を吐き出す所や人がいない
③各組織間や個人間のあつれきがある

ることができるかを研究することも，社会心理学が担っていくべき課題といえるでしょう。

（2） 救援者へのサポート

災害時に被災者が精神的に傷ついたり，心理的ストレスをもつことは，これまでみてきたとおりですが，被災地で救援活動を行なう人たちにも，さまざまな心理的問題が生じる可能性があります。

マス（Muss, 1991）は，災害が起こると衝撃的なできごとを目撃することから，救援のプロでもPTSDになる可能性があるとしています。PTSDの顕著な症状は，本人の意志にかかわらず，衝撃的なできごとを覚醒中にも睡眠中にも想起し，忘却ができずにくり返し再体験してしまうもので，不眠や，過敏（びくびくする），感情のコントロール不能などの症状をともなうとされています。1983年に南オーストラリアで起きた大規模な森林火災の消火には数千人の訓練された消防士がかかわりましたが，調査した459人の消防士のうち，4か月後の時点で33人が，それ以降にも98人が遅れてPTSDを発症していました。重症のPTSDにかかっている人はそうでない人と比較して，家族や友人，同僚，近所の人から適切な支えが得られていないと指摘されています。

懸命に仕事をしていた人が，極度の身体疲労と感情の枯渇状態に陥り，なにもできなくなってしまうこともあります。ヒューマン・サービス従事者に多発するといわれる「バーンアウト（燃えつき）症候群」です。バーンアウトを生み出す要因は，表5-1のようにまとめられます。神代（1996）は，燃えつきを生みだす要因がとくに災害下に多いと指摘していますが，兵庫県（1996）の調査によれば，阪神・淡路大震災のボランティアが困ったこと（複数回答）は「疲労が激しい」「被災者との人間関係」「何をしたらよいのかわからない」「ボランティア間の人間関係」がいずれも2割前後と高く，ボランティアがバーンアウトに陥る危険性の高さが実際に示されているといえます。

多くのボランティアが被災地において活動する一方，ボランティアをしたいと思いつつも躊躇して実行できなかった人たちもいました。このような心理的反応は「ボランティアためらい症候群」と呼ばれています。大阪府の女子大学生に「阪神・淡路大震災について」という自由記述のレポートを書いてもらい，その内容を分析した森上（1998）は，「ボランティアためらい症候群」の学生には，①自分自身を責め，否定的感情をもつという自己嫌悪をあらわしている，②ボランティア活動ができない理由をみずからのアイデンティティとしての学生であることに帰している，③行政やマスコミが役割を十分に果たしていないことを痛烈に批判している，という3つの心理的反応が存在する事実を明らかにしました。

「何もしないのも辛かった」ということばに集約される，ボランティアを躊躇した人たちも，被災地外の被災者であったと指摘されており，被災地外にいて援助に行けなかった人にも，精神・心理的問題の発生する可能性が示唆されました。

森上は，ボランティアためらい症候群の学生には「アイデンティティ確認」と「行政・マスコミ批判」をともなった被災地へ行けない理由をもつことで，被災地と非被災地との境界を鋭くし，被災地に行きたくても行けない自分に嫌悪感をもつという心理機制がはたらいていると指摘したうえで，ボランティアためらい症候群を解消する方法に関する研究を行なっています。

災害時には，ボランティアを含めた援助者にも生じる精神・心理的問題を防いだり，緩和させる必要があると考えられます。被災者のみならず被災者を援助する人たちをもサポートする体制を整える必要があるといえるでしょう。

引用文献

渥美公秀・杉万俊夫・森 永壽・八ッ塚一郎 1995 阪神大震災におけるボランティア組織の参与観察研究—西宮ボランティアネットワークと阪神大震災地元 NGO 救援連絡会議の事例— 実験社会心理学研究, 35(2), 218-231.

Erikson, K. 1976 Loss of community at Buffalo Creek. *Am J Psychiatry*, 133, 302-305.

林 知己夫 1956 数量化理論とその応用例（II） 統計数理研究所彙報 4(2), 19-30.

林 知己夫・樋口伊佐夫・駒澤 勉 1970 情報処理と統計数理 産業図書

兵庫県 1996 阪神・淡路大震災—兵庫県の1年の記録 同所発行 p.303-305.

城 仁士 1995 阪神大震災における災害ストレスの実態調査 平成7年度ひょうご科学技術創造協会「阪神・淡路大震災に関連する緊急調査研究助成」研究成果報告書

桂 戴作 1989 ストレス・ケア—東洋の療法における心身問題を含む— 季刊精神療法, 15(1), 35-44.

神代尚芳 1996 救援者のバーンナウト症候群 宮本忠雄・山下 格・風祭 元（監修）河野博臣（編） こころの科学 大震災とこころのケア 日本評論社 p.63-67.

松浦 均・杉浦淳吉 1995 名古屋からボランティアに行った人々(1) 日本心理学会第60回大会発表論文集, 126.

森上幸夫 1998 ボランティアためらい症候群—女子大学生レポートの分析—なにもしないのもつらかった— きずな 地震の傷抱き六甲山眠る 被災社会心理学研究者・連著 ナカニシヤ出版 p.98-109.

Muss, D. 1991 *The trauma trap*. Murray Pollinger. 大野 裕（監訳）村山寿美子（訳） 1996 トラウマ 講談社

長須正明・蔵下智子・松原達哉 1996 阪神大震災救援ボランティア活動参加者の実態と意識の変化(2) ボランティア活動参加者の実態と意識 日本カウンセリング学会第29回大会発表論文集, 228-229.

岡野郁生 1996 震災時のボランティア活動とその支援のあり方 都市政策, 82, 43-64.

清水 裕・水田恵三・秋山 学・浦 光博・竹村和久・西川正之・松井 豊・宮戸美樹 1997 阪神・淡路大震災の避難所リーダーの研究 社会心理学研究, 13(1), 1-12.

総合研究開発機構 1995 大都市直下型震災時における被災住民行動実態調査 同所発行

宗 正誼 1997 阪神・淡路大震災にみるボランティアの意識 武庫川女子大学文学部人間関係学科 阪神淡路大震災の復興に関する人間関係的研究論集(II) 社会教育学的アプローチ, 16-28.

高木 修 1983 順社会的行動の動機の構造 年報社会心理学, 24, 187-207.

高木 修・福岡欣治 1996 阪神・淡路大震災における被災者をとりまく援助ネットワーク—親戚・知人の役割を中心にして— 関西大学社会学部紀要, 27(3), 57-106.

高木 修・玉木和歌子 1995 阪神・淡路大震災におけるボランティア—避難所で活動したボランティアの特徴— 関西大学社会学部紀要, 27(2), 29-60.

高木 修・玉木和歌子 1996 阪神・淡路大震災におけるボランティア—災害ボランティアの活動とその経験の影響— 関西大学社会学部紀要, 28(1), 1-62.

高木 修・田中 優 1995 阪神大震災における避難者と援助行動—避難生活における問題とそれへの対処方法— 関西大学「社会学部紀要」27(1), 33-57.

高橋有二 1993 わが国の大災害 日医雑誌, 110, 701-704.

第3部

これからの課題
－今後の援助・サポート研究－

　研究の歴史は比較的短いながらも，知見の蓄積がかなり進んでいる援助・サポート研究を，社会状況の変化に対応し，従来の研究の反省のうえに立って，一段と発展させるためには何が必要でしょうか。それは，方法論上の改善や新しい問題視点の展開でしょう。

　第3部では，今後の課題として，新しい接近法の導入，援助・サポートの動機に着目して機能分析，援助者自身が受け取る経験効果，対処法としての援助・サポート授与，見過ごされがちな援助・サポートの逆効果面を取り上げ，考えてみることにしましょう。

6章

　今日スキー場で転んでいる人を助けた。といっても，はずれたスキー板を持っていっただけだが…。
　でもあのときなぜ助けようとしたのだろうか。まず，自分たちがスキーヤーであるという仲間意識はある。いつ自分も助けられる立場になるかわからないし，実際過去に何度も助けてもらったことがある。もっとも初心者のときだけだが。だから，スキー場でだれかが困っていたら助けてあげたい。でも，スキー場以外でいつも人を助けてあげるかといえばけっしてそうではない。道路で倒れている人に対しても「だれか他の人が助けるだろう」と考え，かたわらを通り過ぎたことだって何度もある。自慢じゃないが，電車で年配の人に席を譲ったことだって滅多にない。また，スキー場で今日助けたときだって，相手が自分より上手そうではなかったし，ほんとうに困っているようだったし，それにその人の所に行くまで，そして助け起こすのも自分の技量でなんとかできそうだから助けたのだろう。これが悪天候で斜面が凍っていたり，吹雪だったら助けなかったかもしれない。
　そんなことを考えると，自分のとった行動の原因がいっぱいあるような気がして，わからなくなってきた。

援助行動への生態学的アプローチ

1 はじめに

　生態学ということばを聞かれたことはないでしょうか。生態学という学問に関してもよく耳にしますが，生態学的妥当性ということも最近ではよく聞かれます。生態学的妥当性とは，実験室や質問紙で得られた結果が，実際の日常生活にもあてはまるかどうかということであり，通俗的ということではありません。むしろ現実生活における妥当性を問われているわけであり，学問にとってはとても重要なことです。また，生態学とは生物学のひとつの分野ですが，この領域が強調されている経緯を見ますと，現在の心理学の進む方向の選択肢が見えてきます。ここでは，生態学的心理学を紹介するとともに，現実の問題（ここでは援助行動）を分析するための手がかりとしての生態学的心理学の可能性を探ろうというものです。

2 生態学とは

　生態学的心理学を説明する前に，生態学について説明します。生態学（ecology）という語は，ギリシャ語の家庭を意味する oikos と，学を意味する logos に由来すると言われています。生態学とは「生活の場での生物」の研究をさしています。生態学は英語でエコロジーですが，最近日本語で使用されている，環境を考えるエコロジーとは厳密には異なります。以下の記述の分野はまったくの専門外であるので大半を沼田（1994）から引用させていただきました。

　生物学の歴史をみると，はじめは博物学（自然誌等）でしたが，その頂点としてのダーウィンのあと，急速に実験生物学・実験室生物学の道を歩み，そのためには実験室向きの微小な生物を対象とし，生物を人工環境のもとで栽培飼育するといった方向に進んできました。と同時に，個体から細胞へ，さらに分子のレベルへと生命現象探求のレベルを下げ，そのようなミクロなレベルの現象から再構成して生命現象を理解しようとしてきました。そのめざましい成果とともに，一方で生物を知らない生物学者が増え，小学校の理科でさえ野山の自然を切り捨ててしまいました。このような時代の流れのなかで生態学は，自然のすみかにおける生物の生活の法則を探求する，科学的に再編成されたナチュラル・ヒストリーとして，近代実験室生物学と対決してきました。このような学問の流れは，社会科学の分野でも生じ，川喜田（1973）は「野外科学」を提唱し，実験科学とは対置しています。ついでながら川喜田は科学的イコール実験という従来の考え方に大いに異議を唱えています。さて，ウィッカー（Wicker, 1984）によれば，生物学的生態学には以下の仮説があるとされます。

① 有機体は，孤立したままで生存し行動すると考えることはできません。各有機体は，とにかく複雑な関係の網目のなかで，他の有機体と連結されています。

② あらゆる有機体は，外部の諸力からはもちろん，自分の内部にある諸力からも影響を被っています。

③ 生きている有機体は，環境に順応しています。すなわち，彼らは，みずからの環境と調和した機能的かかわりがもてるように行動するのです。彼らは，自分の欲求に適合した特性とそうでない特性とを識別しながら，自分の環境に対して選択的に行動します。

　以上は，生物学における生態学の仮説ですが，心理学にあてはめても示唆的であります。心理学は，人の行動の原因を動機，欲求，性格などに求めてきました。しかし，そこで必要であるのは，人の行動を動機，性格などに単に置き換えて説明するのではなく，生態学的に力動的に説明することなのです。このことに気づかない限り，現在の心理学はこれ以上の発展は望めないと言ってもけ

図6-1 子どもを取り巻く生態学的要因の構造
(Bronfenbrenner, 1979)

っして言い過ぎではありません。

3　生態学的心理学とは

　生態学的心理学は，バーカーとライトが1949年に「心理学における生態学的考察」を提唱したことに端を発しています（Wicker, 1984）。生態学的心理学の考え方の基本には，心理学の伝統的なアプローチ，すなわち，自然科学を下敷きにし，人間を実験室に連れてきて，事前に用意された諸条件や課題に反応することを求めるという方法についての限界の指摘があります。生態学的心理学における分析の対象は行動場面ですが，この行動場面の本質的な特徴は以下の4点です。

①行動場面は，ひとつまたは複数の行動の定立型（standing pattern）をもっています。この型は個人の行動に関するものではなく，複数の個人をひとまとめにした型です。サッカー場，ハンバーガーショップなどにいる人々の行動の型を考えればわかるでしょう。

②行動場面の特徴は，そこで行なわれる行動の型だけでなく，物理的環境を含んでいることです。

③物理的環境がそこでの行動を取り囲み，閉じこめていることです。

④その行動場面の定立型の行動は周囲の物理的環境と構造の点で類似しています。これを，環境と行動が「類似形態的」（synomorphic）であるといいます。

　行動場面は多次元の性質をもっています。場所，時間，物，行動型，そこに参加しているメンバーの役割行動，性，年齢，等多面的な性質を分析することで，行動場面の単位を保って，人間の行動─環境システムを多面的に記述することができるのです。

　生態学的心理学を発達心理学に応用したブロンフェンブレンナー（Bronfenbrenner, 1979）は，図6-1のように生態学的構造を入れ子のように考えています。まず，円の中心に人，子どもがおり，これを囲むもっとも内側の円環がマイクロシステムです。これは子どもが直接接しているまわりの人たちと相互作用することによって与えられる経験を意味します。その外側の円環がメゾシステムです。これは個人間で相互作用する場で与えられます。さらにその外側にあるのがエクソシステムで，これは子どもは直接かかわりません。最後にもっとも外側を囲む組織がマクロシステムで，これは文化・イデオロギー・宗教などの水準にある社会組織です。ブロンフェンブレンナーは，社会心理学の実験で名高い，ジンバルドー（Zimbardo, 1973）の監獄実験に言及しています。この実験では，実験参加者は看守役と受刑者役に任意にふり分けられました。この実験について心理学者はどのような説明をするのでしょうか？　人は，役割によって天使にも悪魔にもなる。役割は人を変えるなどと説明するのでしょうか？　生態学的心理学では，実験参加者の反応は，永続的なパーソナリティ特徴を反映したというより，現代アメリカ社会における特定の役割や施設に特有の反応パターンを示したものであるという見解を示しています。マイクロシステムではどうあれ，メゾシステムやエクソシステムレベルでは，役割を与えられれば，人は期待された行動を示すものなのです。実はこのことは再三再四社会学が指摘していたことなのですが，従来の心理学はなぜか無視していたことなのです。

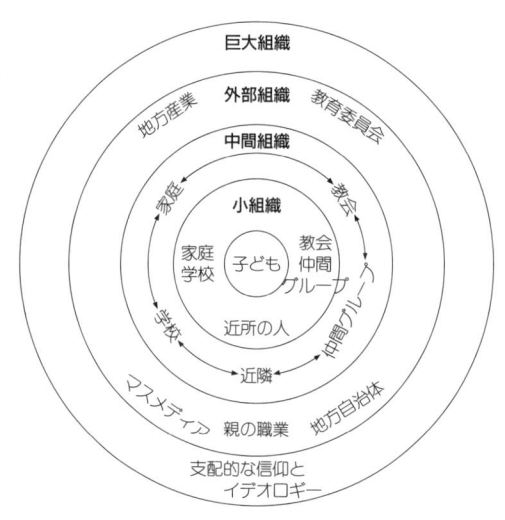

4 生態学的心理学の分析方法による観察例

ここで，生態学的心理学の観点から分析された観察例を紹介しましょう。これは筆者の指導のもとに短大生が行なった研究ですが，発端は学生が帰るときのバス停での行動でした。バスがくるとならんでいた列の外側から割り込む行動がみられると言うのです。たしかに観察するとそのような行動はみられます。地域住民からの苦情もきます。とくに夕方の混雑時にみられるようです。このことで，最近の若者はマナーを知らない，果ては，ここは田舎だからそうなるのだ，都会ではそんなことはしないなどと言いだす人も出る始末です。そこで短大の教員は，学生に同じようにバス通学が多い他の短大のようすを見に行かせました。するとなんと「ちゃんとならんでいた」というのです。まずここで田舎云々の仮説は否定されます。そこで，まず本学と仮にM女子大としますが，M女子大の規範意識を調べるために，両校における一般的なことがらに対する規範意識から，乗り物に乗るときの規範意識（たとえば，乗り物にはきちんと整列して乗るべきだ，など）をアンケート調査によって調べました。その結果，すべての点で両校の規範意識に差はみられませんでした。何度かの定点観察の結果あることがわかりました。M女子大のバス停の足下にはテープが貼ってあり，きちんとならぶように指示されているのです。実は同様の試みがウィッカー（Wicker, 1984）によってもなされており，整列の乱れを防ぐには，個々人の属性を変えるのではなく，テープやチェーンを張るなどの生態学的要因を変化させることが必要なのです。本学の学生がM女子大にくらべて規範意識が乏しいわけではけっしてないのです。このように，人の行動は心理学では個人の属性に帰属されがちですが，生態学的要因にも帰属する必要があるのです。個人の属性に帰属させやすい心理学の傾向をジンバルドー（Zimbardor, 1973）は基本的帰属錯誤と言っています。

ここで，断っておきたいのですが，生態学的心理学が想定している人間像は，環境や状況の要因を無批判に受け，影響されるがままになっているものではありません。人はみずから環境にはたらきかけ，状況を変えることもあることは言うまでもありません。

生態学的心理学では自然観察法がまず重視されます。自然観察は，恣意的ではなく，条件統制も行なわないで対象を観察する方法です。自然科学でも社会科学でも，問題点の発見はこのような素朴な自然観察から始まっているのに，なぜか最近ではそれが忘れられ，地道な観察をおろそかにし，軽んじる傾向があるのか不思議な気がします。

5 生態学的心理学の方法に基づいた援助行動の研究

ここで紹介する研究では，生態学的心理学の手法を用いて，援助行動が実際に生じる場面，生じない場面を観察して，援助行動生起に及ぼす状況要因を探りました。今回考えたのは日常生活における援助行動を定点観察するという方法で，具体的には，スキー場において転倒している人を助ける（援助行動）行動場面と助けない（非援助行動）行動場面を観察するというものです。このことにより，援助行動を引き起こすものとしての生態学的要因と抑制するものとしての生態学的要因を共通する次元で比較することが可能となります。

（1） 定点観察の方法

スキー場のゲレンデにおいて，スキーヤー転倒時にそれを助け起こすという援助行動がいかなる条件で生じるのかを定点観察します。定点観察の地点はスキーヤーに注意を引かれない地点にし，観察者が行動の邪魔にならないことに注意しました。これは，観察されていることが行動に影響を与えないようにするためで，観察すること自体が生態学的要因になる可能性があるためです。分析

のためにビデオカメラで録画し，後日分析するという方法をとりました。ビデオカメラは三脚で固定し，被観察者に観察されていることを意識させないため，随時カメラの場所からは離れるようにしました。

　まず，スキー場における援助行動に対して生態学的に考えられる要因は図6-2です。今回は，観察可能な範囲で図6-2の要因を観察しました。

　スキー場は，スキー場の規模，ゲレンデの斜度等を考慮して，大規模スキー場の初，中，上級コース，小規模スキー場の初級，中級コースを観察場所としました。分析した要因は以下のとおりです。

a．基礎データ

撮影時間：これは，撮影開始から終了までです。基本的には時間をあらかじめ設定してから撮影しました。

天候：雪か晴れかによって援助者の視界が異なるほか，ゲレンデの斜面のようすも異なるためです。

斜度：援助の必要性を左右するほかに，援助の難易度も左右します。

転倒者：転倒者のようす，転倒の程度などです。

援助者の有無：他に援助者がいるか否かです。

転倒時間：これは転倒者の困窮度の指標です。

援助あり，なし：援助行動が生じたか否かです。

b．事例分析のためのデータ

①環境の観点

ゲレンデの広さ（大中小）：これは各スキー場が出しているパンフレットに拠りました。天候は晴れ曇り雪のいずれかで，斜度は上中下のいずれかです。

②行為者の観点

被援助者と知り合い（知り合い，知り合いでない，不明）：これは，援助後のようすによって判断しました。

転倒に気づいた人数：多，少のいずれかです。

③被援助者の観点

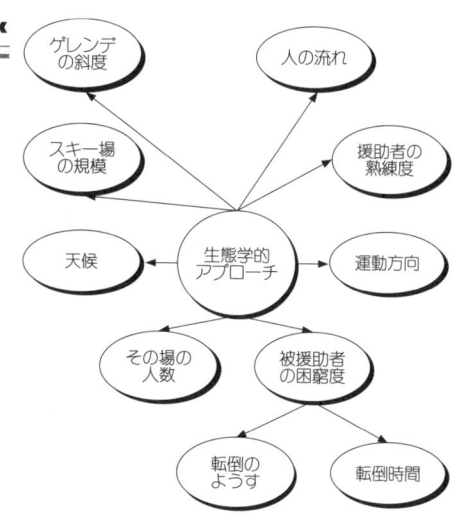

図6-2　援助行動への生態学的アプローチ

（生態学的アプローチを中心に：ゲレンデの斜度，人の流れ，スキー場の規模，援助者の熟練度，天候，運動方向，その場の人数，被援助者の困窮度，転倒のようす，転倒時間）

転倒時間：長い，短い。

転倒状況（被援助者の困難度）：困難，困難ではないかです。

援助を求めたか：求めた，求めないのいずれかです。これは被援助者からの明らかなサインがある場合のみ，「求めた」と判断しました。

　なお，この研究では，援助者に直接面接をすることを故意に避けています。それは，そのことによって自然に生じる援助の生態学的バランスに不均衡が生じる可能性があることと，本人以外の情報から援助行動を説明する可能性を模索したためです。

　以上のような観点から観察することは，自然観察法のひとつと言えるでしょう。

（2）選定したゲレンデ

　調査対象となったゲレンデは全部で6か所です。

　①小規模施設，初級者向けで緩斜面のゲレンデは宮城県内の七ヶ宿スキー場です。観察日時は1997年2月，天候は快晴でした。この時は積雪量が少なく，上級者・中級者ゲレンデにはほとんど人がいない状態でしたので，そこでの観察は行ないませんでした。

　②大規模施設，初級者ゲレンデは図6-3のLで示されます。観察日時は1997年3月（平日），天候は曇り時どき吹雪でした。ここは，比較的空いていて，初心者が練習用に好むゲレンデです。ただし，途中に平坦からやや斜度がきつくなる箇

> 図6-3 観察対象となったスキー場

所があり，初心者は転倒しやすいのです。
　③大規模施設，初級者ゲレンデのもう一か所は図6-3のV地点です。観察日時は1998年2月で②と異なり祭日であり，ゲレンデはかなり混雑していました。当日は曇り時どき雪，雪質が他のゲレンデよりは重く，比較的転倒しやすい場所ではあります。
　④大規模施設，中級者ゲレンデは図6-3のJの地点です。観察日時は1997年3月で当日は雪時どき曇りでした。ロープウェイで来ることが可能で時どき初心者も滑ることもあり，また，中級者もこぶの関係で転倒する可能性はあります。
　⑤大規模施設，中級者ゲレンデの一つは図6-3のP地点です。観察日時は1998年3月，天候は曇り。斜度のわりにはこぶがややあり，転倒者も多いのです。
　⑥大規模施設，上級者ゲレンデは図6-3のT地点です。ここは最大斜度38度という全国でも有名な難所です。上に立つとゲレンデの下までは見

えず，滑り始めると途中からゲレンデのようすがわかってきます。観察日時は1997年2月天候は晴れ，1998年2月の計2回で天候は曇りでした。
　分析の結果，得られた基礎的データは表6-1に示したとおりです。非援助の平均転倒時間は15.07秒，援助の転倒時間は28.3秒で1％水準で有意差があります。ここから，被援助者の転倒時間が長ければ長いほど援助行動が生じやすいことがまずわかります。一方，非援助の際のその場にいた平均人数は2.07人，援助は2.13人で統計的に意味のある差はありません。ラタネとダーリィ（Latané & Darley, 1970）の言う責任の分散理論はここではあてはまらないことになります。
　それでは，個々の援助事例をみていくことにしましょう。
【例1】
　①の初級者ゲレンデで生じた1例です。比較的年輩の女性が倒れたところ，左にあるレストハウスから出てきた女性が助け起こし，いっしょ

» 表6-1　スキー場調査基礎データ

		①初級　緩斜面 七ヶ宿	②初級　緩斜面 蔵王ダイヤモンドバレー	③初級 蔵王黒姫ゲレンデ	④中級 蔵王中央ゲレンデ	⑤中級 蔵王上の台	⑥上級 蔵王横倉
	撮影時間	90分	45分	60分	30分	30分	180分
	天候	晴れ	晴れ時どき曇り	曇りのち雪	曇りのち雪	曇り	晴れ/曇り
非援助	件数	1件	3件	20件	21件	15件	27件
非援助	平均転倒時間	30.0秒	9.33秒	10.9秒	15.8秒	10.1秒	14.3秒
非援助	人数	1人	1.66人	3.6人	1.57人	1.93人	2.66人
援助	件数	1件	0件	2件	1件	1件	9件
援助	平均転倒時間	10.0秒	—	5.8秒	30.0秒	41.0秒	54.7秒
援助	人数	2人(身内)	—	2人(身内)	2人	2人(知り合い)	2.66人

にレストハウスに入っていきました。おそらく，両者は知り合いであると思われます。援助者と被援助者になんらかの関係があったり，それが密である場合に援助行動は生じやすくなります。

【例2・3】
③の初級者ゲレンデで生じていますが，2例とも小学生くらいの女の子の転倒を近くにいた母親らしき人が助け起こしています。この事例も，援助者と被援助者の関係があったり，密である場合に援助行動は生じやすくなることを示しています。

【例4】
④の中級者ゲレンデで生じたもので，転倒時近くにいた人が，はずれたスキーを手渡したりしています。その後を観察すると話をずっとしたりしています。おそらく，援助者と被援助者は知り合いで，両者の関係が援助行動を生じさせたと考えることができます。

【例5】
⑤の中級者ゲレンデで生じたケースで，転倒時近くにいた人が，はずれたスキーやストックを手渡したりしています。その後を観察すると話をずっとしたりしています。おそらく，知り合いでそれが理由で援助が行なわれています。

【例6〜11】
すべて⑥の上級者ゲレンデで生じた事例で，被援助者のスキー板がはずれて，援助者がそれを持っていってあげるというものです。ここで，援助にいたる要因としては，被援助者の転倒時間の長さ，困窮度などが考えられます。

【例12】
⑥の上級者ゲレンデで生じたケースで(図6-4左)，第一援助者となる人が転倒していると右画面上から被援助者が落ちてきました。両者はしばらく転倒し，被援助者がスキー板を示しています。すると左から援助者がスキーを取りに行って持っていこうとしましたが，3回も転倒。見かねた第二援助者がスキーを持っていってあげますが，この人も2回転倒。最後はスキーを投げて被援助者に渡すというすさまじいものでした。この場合，自己のスキル分析を十分に行なわなかったため，何度も転倒したと考えられます。

【例13】
これも⑥の上級者ゲレンデで生じています(図6-4中)。被援助者の転倒時間が長く(5分以上)，何人かは行き過ぎています。援助者が上から降りてきてスキー板を手渡すという典型的な援助行動です。これはスキーヤーの相互援助という規範意識から援助を行なっていると考えることができます。

【例14】
これも上級者ゲレンデで生じています。左上部に5人の傍観者がいましたが，被援助者は援助者に自分のスキー板の所在を教えていました。援助者は転倒しながら被援助者にスキー板を渡していました。スキーヤーの相互援助という規範意識から援助行動が生じたと考えられます(図6-4右)。

図6-4 それぞれの例のようす

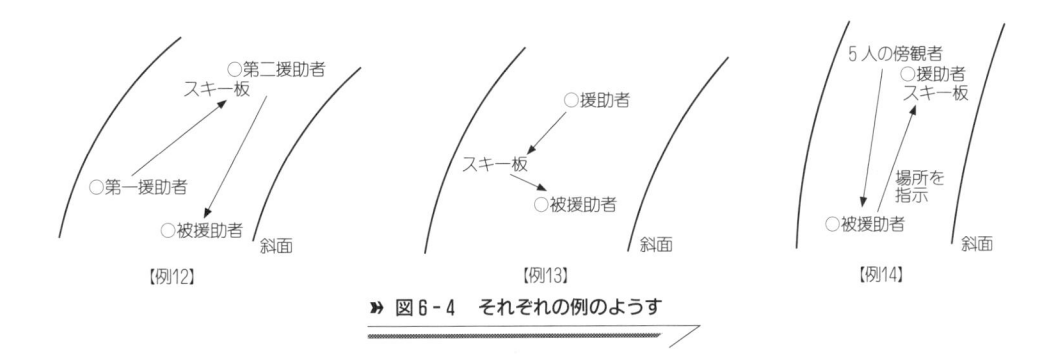

【例15】
これも上級者ゲレンデで生じています。外れたスキー板を持っていくのは他と同じ援助行動ですが、その後2分ほど話しているのが他と異なります。おそらく知り合いだったのでしょう。

以上のことから、援助者と被援助者が互いに知り合いであるなど、関係性の認知が行なわれること、被援助者が困窮していると援助者が判断したり、被援助者から援助者に救助の要請があった場合に援助行動が生じやすいことがわかります。逆の場合は、援助行動が生じにくいこととなります。被援助者が困窮していると判断する要因を図示すると図6-5になります。このなかで、スキー板の離脱と転倒時間は斜面が急であればあるほど密接な関係があることは確かです。

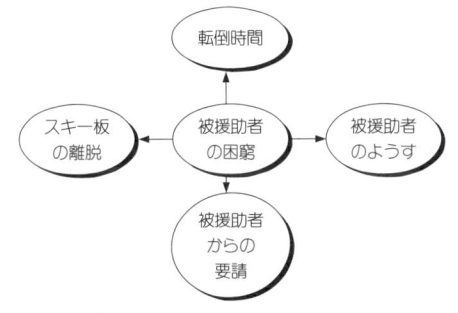

図6-5 被援助者が困窮していると判断される諸要因

6 最後に

ここでは、生態学的心理学の方法に基づいて、実験法でも質問紙法でもない、自然観察法による援助行動分析の可能性について述べてみました。生態学的心理学は日本において最近注目され始めたばかりですが、いままでも述べてきたように今後社会心理学に大きな波紋を投げかける可能性があるものです。

引用・参考文献

Bronfenbrenner, U. 1979 *The Ecology of Human Deveropment* Harvard University Press. 磯貝芳郎・福富 譲（訳）1996 人間発達の生態学 川島書店
川喜田二郎 1973 野外科学の方法 中央公論社
Latané, B. & Darley, J. M. 1970 *The Unresponsive Bystander.* Appleton-Century Crofts. 竹村研一・杉崎和子（訳）1977 冷淡な傍観者 ブレーン出版
村田孝二 1994 生涯学習心理学入門 培風館
沼田 真 1994 自然保護という思想 岩波新書
Odum, E. P. 1983 *Basic Ecology.* CBS College Publishing. 三島次郎（訳）1991 基礎生態学 培風館
Shoggen, P. 1989 *Behavior Settings.* Stnford University Press.
Wicker, W. 1984 *An Introduction to Ecological Psychology.* Cambridge University Press. 安藤延男（監訳）1994 生態学的心理学入門 九州大学出版会
山本和郎 1986 コミュニティ心理学 東京大学出版会
Zimbardo, P. G. 1973 On the ethics of intervention and human psychological research: with special reference to the stanford prison experiment. Cognition : *International Journal of Cognitive Psychology,* 2, 243-256.

7章

　大学の先輩から，今度の日曜日，近くの盲学校の運動会でボランティアをしないかと誘われました。ボランティア活動とはどんなものかはよくわかりませんが，彼女は日曜日に予定もないのでボランティアとして活動に参加することを決めました。そこでのボランティア活動とは，視覚障害者と併走したり，トイレにいっしょに行くといった活動でした。そんなにたいへんな仕事ではありませんでしたが，楽な仕事でもなく，その日は1日つぶれてしまうし，給料を得られるわけでもありません。しかし，彼女はこれからもこのような行事があれば，参加していこうと決意しました。

　ボランティア活動はどの地域にも存在する，ごく身近にある活動ですが，いまだ，私たちにとっては特殊な活動として認識されています。ボランティア活動をこれからの社会において，何らかのイベントが発生したとき（身体の不自由な人との出逢い，事故，災害）に行なう特別に尊い活動ではなく，どこにでもある，普遍的な活動にしていくことが，これからの社会において，住みやすい環境づくりにつながると考えられます。
　この章では，まず，ボランティアとはどのようなものなのかを理解するために，①定義と活動，②ボランティアに参加する人たちの動機について，③活動することによって得られる成果について，国内・外のデータを参考にしながら紹介していきます。

ボランティア活動の動機と成果

1 ボランティアとは

　ボランティアについて，心理学者はどのようにとらえているのでしょうか。また，人々は一般にどのようなイメージでとらえているのでしょうか。ボランティアの心理をみていく前にボランティアについての認識を確認・共有しておきましょう。

(1) ボランティアの定義

　ボランティア (volunteer) ということばは，ラテン語の volo「意志・欲する」が語源です。この volo は，英語の will に相当するものです。それから派生した voluntas という自由意志を意味することばに，人名称の -er をつけてできたことばがボランティア (volunteer) です。辞書には「志願者・篤志家」などとあり，動詞では「みずからすすんで申し出る」とか「自発的に申し出る」とあります。

　日本では，ボランティア活動に該当するような活動をしていた人は，辞書にもあるように「篤志家」とよばれ，一部の裕福な家庭の主婦や名士，大学生などの奉仕活動をする人がそれに相当していました。しかし，近年，ボランティア活動は，より一般的な活動になってきました。そして「篤志家」ということばよりも，自発的に活動をする人という意の「ボランティア」が好まれて使われるようになりました。このような「他者への援助活動を自発的にする人」に相当することばが日本語にはないために，また，その活動の多様性から，外来語の「ボランティア」が定着しているのです。

　ボランティアについての研究によれば，ボランティアには，自発性・無償性・連帯性の3原則があるといわれています（寺鍛冶，1988；吉田，1977）。

　自発性とは，voluntas の語が示す，みずからすすんで始めるという動機に関する原則です。つまり，ボランティアとは，だれかに強制されることではなく，また，だれかに頼まれたから行なうのでもなく，自分がやりたいからするものであるということを示します。

　無償性とは，ボランティア活動が営利を目的としたものではなく，活動への報酬をうけとらないことを示します。ボランティアにとっての報酬は自分の活動が相手に喜んでもらえたときにいだく喜び（内的な報酬）であるとされています。

　そして，連帯性とは，仲間どうしや対象者との温かい交流のことです。仲間どうしはもちろん，対象者とボランティアとはタテの関係ではなく，あくまでも対等な水平のヨコの関係であり，ある不自由なことに立ち向かう同志なのです。このふれあいを通して，人とかかわる喜びが得られるとされています。

　寺鍛冶 (1993) は，大学生900名を対象として，ボランティア活動としてイメージされる行動について「自発性」「無償性」「連帯性」「ボランティアらしさ」の程度を評価させています。その結果，ボランティア活動としてイメージされる活動は，「障害者に対する手助けや介助」「金品の寄付」「身のまわりの世話」あるいは「気の毒だから行なう労働奉仕」などであり，これらの活動は自発性・無償性・連帯性でも同様に高く評価されることが示されました。

　したがって，ボランティア活動とは，営利目的でない（無償性），自発的に行なわれた（自発性），他者へのかかわりを強める（連帯性）活動と定義され，そしてその活動の担い手がボランティアと定義されるでしょう。

　以上のような定義は，心理学者や社会学者が研究対象として，ボランティアをとらえる際に必要な定義です。しかし，実践の場で活動する人にとってのボランティアは，枠にとらわれずに行動をすることを求められるために，これらの定義からはみだすことが多くみられるようです。

　金子 (1992) は，みずからのボランティア活動経験から，ボランティアを以下のように定義して

図7-1 ボランティア活動の分類（渥美ら，1995）

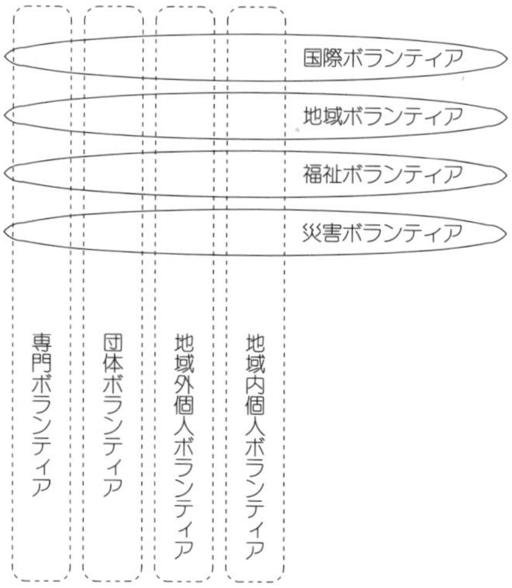

　　　　　　　　　　　　　国際ボランティア
　　　　　　　　　　　　　地域ボランティア
　　　　　　　　　　　　　福祉ボランティア
　　　　　　　　　　　　　災害ボランティア

専門ボランティア｜団体ボランティア｜地域外個人ボランティア｜地域内個人ボランティア

います。

　『あるきっかけで直接または間接に接触するようになった人が，なんらかの困難に直面していると感じたとしよう（地球環境の破壊のように，人類全体が直面する困難も含めるとする）。ボランティアとは，その状況を「他人の問題」として自分から切り離したものとはみなさず，自分も困難を抱えるひとりとしてその人にむすびついているという「かかわり方」をし，その状況を改善すべく，働きかけ，「つながり」をつけようと行動する人である』。

　金子（1992）は，ボランティアとして連帯性に焦点をあてており，活動を始めるきっかけも，賞与の有無も問題とはしていません。この定義はとても柔軟です。この定義に沿うと，さまざまな活動をボランティアとよぶことができるでしょう。

　現在では，実費や交通費をもらい，さらにはそれ以上に金銭を得るボランティア活動を「有償ボランティア（活動）」とよんだりします。さらには，企業におけるフィランソロピーの高まりから，従業員の休暇制度のなかに「ボランティア休暇制度」を取り入れる企業が増えてきています。このように，ボランティアは，依然としてとらえることがむずかしい現象です。しかし，厳密な定義はこの場では必要としていません。

　ここでは，ボランティアとは，自発性，無償性，連帯性の側面をもつ活動に従事する人であると考えます。

　では，次にどんな活動がボランティア活動として認識されているのか，そして実際，どんな活動がなされているのかをみていきましょう。

（2）　ボランティアの活動

　私たちはどのような活動をボランティア活動としてとらえているのでしょうか。

　寺鍛冶（1993）は，1991年に10代から60代にわたる116名を対象としてボランティアについての意見を調査し，そのイメージを明らかにしています。それによると，ボランティアらしい活動とは，障害者に対する手助けや介助といった「非組織的で自発的な活動」（そうせずにはいられない非組織的な身のまわりの介助や寄付）であり，また「労力の必要な活動」「組織的で努力を必要とする活動」などもあげられていました。つまり，自発的で，労力のいる努力を必要とする活動がイメージされているようです。

　また，渥美ら（1995）は，図7-1のようにボランティア活動を分類しています。

　横の分類が活動内容の分類です。国際ボランティアは，おもに発展途上国などに赴いて難民問題や環境改善といった諸問題の解決に向けて支援を行なうボランティア活動です。地域ボランティアとは，居住している地域社会においてその環境を整えるために，リサイクルごみの収集や自警団というようなさまざまな活動を行なうボランティア活動です。福祉ボランティアは，福祉的活動を行なうことであり，老人の介護や話し相手，障害者の介助などの活動がこれにあたります。最後の災害ボランティアは，災害時に被災地に赴き，被災した住民の救援・支援を行なうボランティア活動です。

　そして，縦の分類は，ボランティアの属性です。専門ボランティアとは，活動の内容に対して，専門的な技術・技能を提供するボランティアです。災害ボランティアでは，医療関係者や建築関係者

等の活動があげられるでしょう。団体ボランティアとは、日ごろから地域のボランティア団体に所属し、系統だった活動が可能な、団体の意向に沿って活動するボランティアです。たとえば、ボーイ・スカウトなどは団体所属ボランティアです。個人ボランティアは活動地域内に居住しているか否かによって2つに分類できます。個人ボランティアは何らかの団体には属さず、特別技術や技能をもたないボランティアを指します。個人ボランティアは、その自由な視点から、いろいろな問題に独自の力で取り組んでいきます。

このように、ボランティア活動はさまざまな視点から分類が可能であり、また、必要とされています。ボランティア活動は、個人がみずからの自由意志に基づいて参加するものですが、一人ひとりが思い思いに参加するのではなく、一定の機能をもつグループに参加し、その一員として活動することで、機能的でなおかつ効率よく援助することができます。しかし、組織的に活動することには利点もありますが、欠点もあります。個人的に活動するボランティアは微力ながらも、一人ひとりへの対応がきめ細やかであり、即応できるという利点もあるのです。ボランティア、およびボランティア活動を定義しづらいのも、このような多様な視点からとらえることが可能であり、多くの種類の活動を含むからなのです。

2 ボランティアの動機

ボランティアの心の動きをとらえるには、活動参加へのプロセスや動機などが重要な手がかりとなります。ここでは、ボランティアの活動参加過程についてみていきましょう。

(1) ボランティアの特徴

ボランティアにはどのような統計的な特徴があるのか、という調査はさまざまな機関で行なわれています。まず、ボランティア活動が盛んな地域は、大都市であることが示されています。また、神戸やロサンゼルスなど、以前災害が起こり、復旧作業や復興作業にボランティアが熱心に活動し、制度が成熟し、ボランティア活動を継続していくという所もあります。

ボランティア活動をより多く行なっている人の大半を占めているのは、30代後半から50代の女性で、経済的に裕福で、学歴も高いことが知られています（Ibrahim & Brannen, 1997 ; Trudeau & Devlin, 1996）。わが国では、40～65歳の成人層がより積極的にボランティア活動を行なっていることが示されており（図7-2参照）、また、職業による分類によると、主婦が全体の半数を占めていることが明らかにされています（全国社会福祉協議会、1990）。

上記のボランティアは渥美ら（1995）の分類でいう地域ボランティアによくみられる特徴です。災害ボランティアや国際ボランティアになるとその特徴は異なってきます。日本YMCA阪神・淡路大震災地域復興協力キャンプ参加者意識調査研究委員会（1995）の調査によると、阪神・淡路大震災で活動した災害ボランティアは、女性・男性の別なく、10～29歳の若年層によって多くが占められていたことが示されています（図7-3参照）。

(2) ボランティア活動の参加動機

人々が多くの労力を見知らぬ人のために払うと

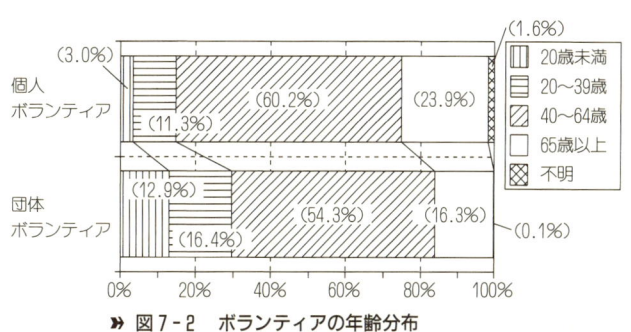

» 図7-2　ボランティアの年齢分布
（全国社会福祉協議会、1990より）

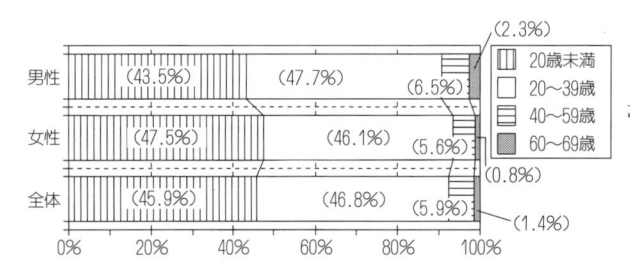

図7-3 災害ボランティアの年齢分布（日本YMCA阪神・淡路大震災地域復興協力キャンプ参加者意識調査研究委員会，1995より）

	20歳未満	20～39歳	40～59歳	60～69歳
男性	(43.5%)	(47.7%)	(6.5%)	(2.3%)
女性	(47.5%)	(46.1%)	(5.6%)	(0.8%)
全体	(45.9%)	(46.8%)	(5.9%)	(1.4%)

いうことに，社会心理学者は興味をいだいてきました。そしてその端的な活動としてのボランティア活動については，しばしばその動機が研究されてきました。ボランティア活動の参加動機はなにか，これはボランティアの研究でもっとも重要な課題であり，多くの学者はそれを解き明かそうとしています。

ボランティア活動では，その無償性および自発性から，愛他的（altruism）な，そして他者志向的（other-oriented）な動機が注目されています。さまざまな研究で，他者の役に立つことを前提とした愛他的な動機がより多くのボランティアにいだかれていることが明らかになっています（たとえば，Oda, 1991）。しかしまた，それとは逆に，自分のために活動を行なうという自己志向的（self-oriented）な動機も見いだされており，それは，活動をして役に立つという実感や，安心感を得る，あるいは人生経験として役立つなどの動機を含んでいます（Oda, 1991 ; Cnaan & Goldberg-Glen, 1991）。表7-1は，アメリカにおける国家調査の年度別参加動機の推移です。国内における世論調査（工藤と杉本，1998）においても「なにかの役に立ちたい」という動機で始める人が48.1％と多いことが示されています。

動機に関するさまざまな研究のなかで，クラリら（Clary & Snyder 1991 ; Clary et al., 1998）は，ボランティア活動の参加動機に関する研究を概観し，ボランティアを始める動機が，ボランティア活動や私たちの自己像へ何らかの機能（function）を果たすことを提示しています。これは，カッツ（Katz, 1960）やマクガイア（McGuire, 1985）などが提唱する古くからある態度理論の援用です。この理論は，態度が欲求充足を行なうことに注目し，その機能についてまとめているものです。ボランティアの参加動機もその欲求充足機能でまとめることでわかりやすくなるということです。

ボランティア活動に参加する動機の機能は，現在，以下の6つと考えられています（Clary et al., 1998）。

①価値機能（values）

ボランティア活動をすることによって，自分の価値観や主義を表出することができます。

②知識機能（understanding）

ボランティア活動に参加することにより，新しい体験ができたり，知識や技術の習得，能力を磨くことができます。

③社会適応機能（social）

ボランティア活動をすることによって，他者とのコミュニケーションをとることができ，友人を

表7-1 ボランティアをすることのさまざまな動機についてのボランティアの比率（工藤と杉本，1998）

動機	1981年	1985年	1988年
○有益な何かをする，他者を助ける	45.0	52.0	55.8
○活動や作業に関心をもった	35.0	36.0	―
○活動を楽しむ，必要性を感じた	29.0	32.0	33.5
○宗教の関係	21.0	27.0	21.8
○知り合いが活動に携わっていた，またはそれで利益を得ていた	23.0	26.0	27.2
○経験や勉強になることを望んで，職歴を得るため，仕事が得やすくなる	11.0	10.0	9.4
○多くの暇となる時間があった	8.0	10.0	8.6
○活動で以前に利益を得た	―	―	9.9

※ 数値は全体人数中の回答数のパーセンテージ（複数回答）

>> 表7-2　ボランティアの動機と機能の関係（Clary et al., 1998より）

VFI尺度（Volunteer Functions Inventory）とその項目

価値機能（values）
○私は，自分より不運な人たちを気にかける。
○私は，そのグループに奉仕することに心から関心がある。
○私は，困っている人々に同情をいだく。
○私は，他者を助けることが重要であると考える。
○私にとって重要な主義なので，活動する。

知識機能（understanding）
○私が何のために活動しているのか，その目的をさらに学ぶことができる。
○ボランティアをすることは，私に新しい展望を与えてくれる。
○ボランティアをすることは，経験することを直接的に教えてくれる。
○ボランティアをすることでいろんな人への接し方を学ぶことができる。
○私自身の力を探究できる。

社会適応機能（social）
○私の友人は，ボランティアである。
○私のまわりの人々は，私がボランティアをすることを望む。
○私の知人は，地域ボランティア活動への関心を寄せている。
○私に近い人々は，地域ボランティア活動を高く評価する。
○ボランティアをすることは，私にとても近い人々に重要な活動である。

経歴機能（career）
○ボランティアをすることは，私が就きたい仕事への足がかりになる。
○私は，私の仕事またはキャリアに役立つであろう新しい試みを行なう。
○ボランティアをすることは，自分の仕事とは異なるタイプの仕事を探求させてくれる。
○ボランティアをすることは，仕事で成功するのに役立つであろう。
○ボランティアを経験することで，私の職歴がよく見える。

防衛機能（protective）
○私がどんなに悪い気分のときでも，ボランティアはそのことを忘れさせてくれる。
○ボランティアをすることによって，あまり孤独を感じない。
○ボランティア活動をすることによって，他者より幸運であることの罪悪感がいくらか薄れる。
○ボランティアをすることは，私が個人的な問題によって初めから終りまで働くのを防ぐ。
○ボランティアをすることは，私自身のトラブルから逃げるのによい対策である。

強化機能（enhancement）
○ボランティアをすることは，私にとって重要である。
○ボランティアをすることは，私の自尊心を高める。
○ボランティアをすることは，私が必要とされていると感じさせる。
○ボランティアをすることは，自分自身をよりよく感じさせる。
○ボランティアをすることは，新しい友人を作る方法である。

※VFIは，ボランティア参加動機機能尺度である。

得る機会が得られます。また，ボランティア活動をすることは，他者に好意をいだかれやすくなります。

④経歴機能（career）
　ボランティア活動に参加することにより，自分の経歴に箔がついたり，新しい仕事のチャンスが得られたりします。

⑤防衛機能（protective）
　ボランティア活動に参加することによって，ネガティブな自己像やプライベートな問題といった脅威から自我を守ることができます。

⑥強化機能（enhancement）
　ボランティア活動をすることによって，自己が強化されたり，自尊心が高揚したり，安心感を得ることができます。

　表7-2は，ボランティアの参加動機と機能との

» 表7-3 ボランティアのVFIの高低とその恩恵の高低による満足度得点の違い
（Clary et al., 1998より）

VFI得点の高低と その恩恵の高低	VFI尺度					
	価値	強化	知識	防衛	社会	経歴
高VFI得点						
高恩恵	40.0	40.0	39.8	39.3	39.5	39.4
低恩恵	38.0	38.0	37.8	38.8	37.7	38.3
低VFI得点						
高恩恵	39.2	36.9	39.8	38.6	37.2	38.2
低恩恵	35.2	37.9	36.4	37.5	38.0	38.2
対比　$F_{(1, 55)}$	6.874*	5.004*	3.158†	0.917	2.865†	0.521

※ †$p<.10$, *$p<.05$

関係を表わす因子分析結果です。6つの機能には、それぞれ対応する動機が入っています。

また、クラリーら（Clary et al., 1998）は、これらの機能をもつ動機をいだく程度とその恩恵を受けた程度の違いが、ボランティア活動への満足感とどのような関係にあるかをみています。その結果、表7-3に示すようにボランティア活動に参加することによって、価値機能や強化機能の恩恵を受けた人は、恩恵を受けたと感じていない人よりもいっそう強い満足感を得ていました。この2つの機能（価値および強化）は、ボランティア活動をするうえでとても重要な機能である、とボランティアにとらえられており、そのため、これらの参加動機機能の利益が多くあればあるほど、ボランティアはより満足するのです。

また、高木と玉木（1995）は、1995年に起きた阪神・淡路大震災において活躍したボランティアを対象に調査を行なっています。この調査にこたえたボランティアは地震発生から1か月後の時点で106名、地震発生から2か月後の時点では83名でした。調査では、災害ボランティアの特徴についてさまざまな質問をしています。そして、活動にどのような目的、理由、動機で参加したか、も尋ねています。それらを詳しくみてみれば、1人平均1.4個の活動参加動機をあげており、以下に示されるように、動機は、6つに分類されました。
①合理的な状況判断に基づく責任の受容

これは、もっとも多くあげられた動機ですが、災害が起こっている状況を認知し、自分ができること、あるいは自分がしなければならないという責任感にしたがい、ボランティア活動を行なったというものです。具体的な回答では「自分が被災者の役に立つと思ったので」「困っている人を助けるのは当然だから」などがあります。

この動機がもっとも多くの人にいだかれており、実に半数以上の人があげていました。災害時だけではなく、一般にボランティア活動を行なう際には、このような相手の困った状況を判断し、自分の援助すべき責任を受容することが想像されます。
②責任の分散不可能性

この動機は、自分以外の人が助けの手をさしのべてくれないために、行動せざるを得ないという動機です。この動機をあげている人はごく少数ですが、その人たちは、地域内（被災者）ボランティアでした。自分も地震を経験したけれど、比較的軽い被害ですんだため、被害が甚大な人たちを手助けするという理由で活動したようです。具体的な回答では「やらないといけなかったので」などがありました。
③好ましい援助または被援助経験

この動機には、過去のボランティア活動経験が関与しています。一つは、以前にボランティア活動あるいは援助行動を行ない、とてもいい経験をしたと感じているためにボランティア活動に参加したというものです。もう一つは、以前、困っているときに他者に親切にされたことがあり、それがとてもいい経験をしたと感じているために、ボランティア活動に参加したというものです。いずれも、ボランティア活動あるいは援助行動に関する好ましい経験が活動参加の決め手となっています。
④援助者もしくは被援助者の好ましい人格特徴および援助者のよき感情状態

この動機は「神戸が好きだから」「時間があり活動がその点で負担にならなかったので」などの項

目が代表としてあげられます。つまり，活動に参加するのは，ボランティアの感情状態が好ましく，また，被援助者への認知が好ましい状態にあるからなのです。この動機は援助に関する人間の内面的な評価や状態が行動に影響することを示しています。

⑤非援助出費や援助報酬の予想

この動機は，援助しないことで被るであろう出費と，援助することで得るであろう報酬とを計算した結果，ボランティア活動を行なうことにしたというものです。この動機の具体的な項目としては「活動が自分自身のためになると思ったので」「震災のショックが活動によって紛れるので」などがあげられます。

⑥援助者と被援助者との近い関係

これは，援助を頼まれたために，あるいは，被援助者がボランティアと知り合いであったために，活動に参加するという動機です。この動機の占める割合は低く，阪神・淡路大震災におけるボランティアでは「頼まれた」あるいは「知り合いがいるから」という理由によるボランティア活動が少なかったことが示されました。

高木と玉木（1996）は，ボランティア団体に所属している経験豊かなボランティアと阪神・淡路大震災をきっかけにボランティア団体に所属したボランティアを対象にアンケート調査を行なっています。その調査では，上記の動機分類を参考に，活動参加動機を23項目選択しています。そして，その23項目を5段階で評定してもらい，因子分析を行なっています。そこでも，上記とほぼ同じ内容の動機が抽出されています。

3　ボランティア活動の成果

ボランティア活動を続ける人はどのような人でしょうか。それは，ボランティア活動を通して，さまざまな恩恵を受け取った人たちであるようです。ここでは，その恩恵とはなにか，また恩恵がどのように活動の継続へと影響するのかをみていきます。

（1）ボランティア活動経験の影響過程
a．継続への影響

高木と玉木（1996）は，阪神・淡路大震災の際，活動した所属ボランティアを対象に活動の参加過程とボランティア活動後の影響過程をみています。そこではボランティア活動を長期継続する人たちは，活動へのかかわりが深く，活動による恩恵を強く感じている人たちであることが示されています。

しかし，高木と玉木（1996）の研究でいう，関与度の高い人とは，対象者の状況が把握できており，まだ，対象者へのケアが必要だと感じている人です。そのため，やめたくてもやめられないという状況が認められました。このような介入は，バーン・アウト症候群や救助者の鬱といった問題が生じる要因となるようです（Berah et al., 1984；Taylor, 1983）。

それでは，ボランティア経験がどのように以降の活動参加に影響を及ぼしているのかをみていきましょう。

b．活動再参加への影響

ハリソン（Harrison, 1995）は，ホームレスの保護活動を行なうボランティア51名を対象にその活動参加動機，活動参加決定を調査しています。その際に，図7-4に示されるような活動参加影響過程モデル（Constructs and relations in nested decision-making theories of volunteer motivation）を作成しています。ボランティア参加決定の態度に影響する要因として，ハリソンは4つをあげています。それは，

①ボランティア活動への参加に対する態度（attitude toward attending a volunteer setting：Av）

②ボランティア活動に関する個人的規範（subjec-

» 表7-4　ボランティアによる活動成果
（高木と玉木，1996より）

	個人ボランティア	団体ボランティア
認識変化		
○人間に対する認識が変わった	67.1	72.7
○社会に対する認識が変わった	62.4	75.0
○自然に対する認識が変わった	46.3	63.6
自己変革		
○忍耐力を得た	5.4	3.2
○責任感を得た	15.4	18.2
○共感性を得た	24.2	38.6

※ 数値は全体人数中の回答数のパーセンテージ（複数回答）

tive norm about setting volunteer work：SNv)
③ボランティア活動への効力認知（perceived behavioral control over attending volunteer work：PBCv）
④ボランティア活動参加への道徳的義務（moral obligation to attend volunteer work：MOv）です。

影響過程は，3つの過程からなります。
①一つ目の過程は参加に関する信念と活動の評価（Σabi・ei）がボランティア活動参加に対する態度（Av）へ影響する過程と，一般的な信念とそれに従おうとする動機づけ（Σnbj・mcj）がボランティア活動に関する個人的規範（SNv）に影響する過程です。活動の評価とは，活動が自分にどれだけ恩恵があったか，そして活動が対象者にどれだけ役立つのかという評価のことを示します。
②二つ目の過程は，ボランティア活動参加に対する態度（Av），個人的規範（SNv），ボランティア活動への効力認知（PBCv），そして，ボランティア参加への道徳的義務（MOv）が相互に影響しあい，ボランティアを認知・定義し，ボランティア活動参加への意志（intentions to attend to volunteer work：INTv）を形作る過程です。
③最後の過程は，ボランティア活動参加への意志（INTv）がボランティア活動参加への動機づけ（volunteer attendance：V）という強固なものとなり，活動参加決定をうながすというものです。

図7-4　ボランティア動機づけと参加決定における構造と関係（Harrison, 1995より）

また，高木と玉木（1996）も活動再参加への影響過程について着目し，阪神・淡路大震災に参加したボランティアについて，活動を終了してから約半年後に，アンケート調査を行なっています。その結果に基づいて，ボランティア活動の影響過程を示していますが，これはハリソンのモデルと類似しており，経験が活動の恒常的な参加に強く影響することが示されています。

以下では，とくに活動参加に影響を与えると考えられる，活動の評価について詳しくみていきます。これは，自己への活動の恩恵（活動成果）と対象者への活動効果に分けられます。

(2) 自己への活動成果

高木と玉木（1996）の研究によってあげられたボランティアによる活動成果を表7-4にあげます。それは，大別して経験を通して自分の認知を再構築することができたという認識変化，能力が鍛えられたという自己変革があげられます。とくに，認識変化はほとんどの人があげており，成果を多くの人が感じていることが示されています。

このような経験を通して，ボランティアが他者にとってだけでなく，自分にとっても有意義であ

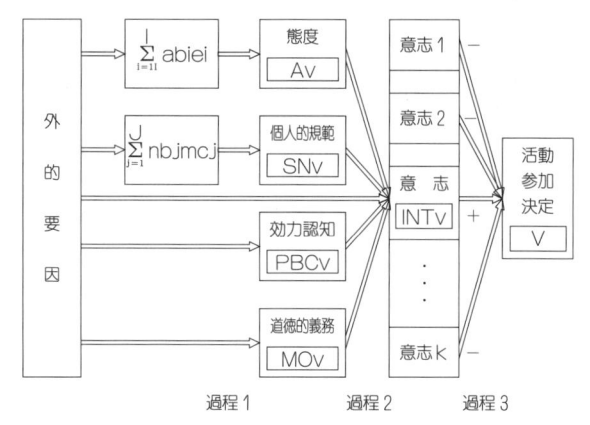

※abi＝参加に関する信念（beliefs about attendance）
　ei＝結果の評価（evaluations about consequences）
　nbj＝標準的信念（normative belief）
　mcj＝従おうとする動機づけ（motivation to comply）

ることを認識し，ボランティア活動への関心が高まり，ボランティア活動参加への態度が高まるのです。

また，クラリーら（Clary, et al., 1998）は，参加機能において，どの機能においても，強く恩恵を受けていると報告している人ほど，長く活動を続けていることを示しています。

（3） 対象者への活動効果

ハリソンのモデル（図7-4）にもみられたように，対象者への活動が効果的であったという認知（ボランティア活動への効力認知；PBCv）も，もちろん活動参加に影響を与えます。これは，単純に目的が達成されたということから，活動への満足度が高まり，ボランティア活動に対してよい感情をいだくことに作用します。これは，人を助ける行動を考える際にとても大切な要因です。よい感情，よい経験が，次回の行動・活動と結びついているのです（高木，1997）。

また，活動効果があがっていると答える人は，活動への自己効力感（self-efficasy）をいだきます。そのため，さまざまな難問や問題にも積極的にかかわっていこうという態度が培われるのです。

他者を手助けし，効果があったと認識するだけでなく，自分自身へも何らかの利益を受けたものは，ハリソンの活動参加影響過程モデルにしたがい，ボランティア活動への参加意志を強化し，活動を継続するであろうと考えられます。

4　これからのボランティア活動

今後，ボランティア活動はどのように発展していくのでしょうか。これからの社会を考えていくと，どうしてもボランティアに頼らずにはいられない社会が浮かび上がってきます。

高齢化社会において，家族，福祉職員，ソーシャルワーカー，経費等の負担を軽くするためには，ボランティアはなくてはならない存在です。また，ゴミ問題などの社会問題においても，私たちがボランティアとして，活動に携わる必要性に迫られています。

その必然性のためか，さまざまなボランティアに関する情報が増え，ボランティア活動に触れるチャンスが広がっています。

杉浦ら（1998）によると，ゴミのリサイクル活動を活発に行なうには，その地域にある既存のボランティア団体が活発に活動し，地域住民に積極的にはたらきかけていることが必要であることが明らかにされています。活動したほうが社会的によい結果が得られるとわかっていても，たいがいの人がやるという信念がないと，あるいは，みんなでやるぞという機運が高まらないと私たちはなかなか活動しないものです。

ボランティア活動を経験し，社会だけでなく，自分にも利益をもたらすということを認識する人ほど，活動への興味をもち，参加意志が強くなることが考えられます。したがって多くの人に，ボランティアに参加してもらい，よいボランティア経験をすること，そして広めることが，これからの課題となってくるでしょう。現在，ボランティアへの入口はかなり広く開かれています。義務教育の段階でボランティアを経験させる授業や，高校の成績欄にボランティア活動経歴を表示させることなどが，採用されはじめています。さらには，交通違反者に罰金，あるいは一定時間のボランティア活動のどちらかを選択させる，というように，さまざまなかたちでボランティア参加への機会が増えてきています。ボランティア活動への社会的な動きはこれからも変化し，ボランティア活動を行なうための制度がよりよい形へと発展していくことが想像されます。

多くの研究結果が示すように，ボランティアは，困っている人々にとって役に立つだけでなく，自己を変革したり，世界に対する認知を再構築したりするきっかけを与えてくれます。このような活

動を通して,ボランティアは社会への関心を高め,よりよい社会へのかかわり方を積極的に模索し確立していくことができるでしょう。

引用文献

渥美公秀・杉万俊夫・森永　壽・八ツ塚一郎　1995　阪神大震災におけるボランティア組織の参与観察研究—西宮ボランティアネットワークと阪神大震災地元NGO救援連絡会議の事例—　実験社会心理学研究, 35(2), 218-231.

Berah, E. F., Jones, H. J., & Valent, P. 1984 The expereience of a mental health team involved in the early phase of a disaster. *Australian and New-zealand Journal of Psychiatry*, 18, 354-358.

Clary, E. G. & Snyder, M. 1991 A functional analysis of altruism and prosocial behavior: The case of volunteerism. *Review of Personality and Social Psychology*, 12, 119-148.

Clary, E. G., Snyder, M., Ridge, R. D., Copeland, J., Stukas, A. A., Haugen, J., & Miene, P. 1998 Understanding and assessing the motivations of volunteers: A functional approach. *Journal of Personality and Psychology*, 74(6), 1516-1530.

Cnaan, R. A. & Goldberg-Glen, R. S. 1991 Measuring motivation to volunteer in human services. *Journal of Applied Behavioral Science*, 27(3), 269-284.

Harrison, A. D. 1995 Volunteer motivation and attendance decisions: Competitive theory testing in multiple samples from a homeless shelter. *Journal of Applied Psychology*, 80, 371-385.

Ibrahim, H. A. & Brannen, D. E. 1997 Implications of gender differences on the motivation to volunteer in hospitals. *Journal of Social Service Research*, 22(4), 1-18.

金子郁容　1992　ボランティア—もう一つの情報社会—　岩波書店

Katz, D. 1960 The functional approach to the study of attitudes. *Public Opinion Quarterly*, 24, 163-204.

工藤敬吉・杉本政治　1998　「ボランティア像」大災害で変貌—"気軽型"から"献身型"へ—　放送研究と調査　1998年3月号　NHK放送文化研究所

McGuire, W. J. 1985 Attitudes and attitude change. In G. Lindzey & E. Aronson (Eds.) *The handbook of social psychology*, 3rd ed., Vol. 2. Random House. p. 233-346.

日本YMCA阪神・淡路大震災地域復興協力キャンプ参加者意識調査研究委員会　1995　「明日を創るボランティア」—日本YMCA阪神・淡路大震災地域復興協力キャンプ参加者意識調査研究報告　日本YMCA同盟出版部

Oda, N. 1991 Motives of volunteer works: self-and other-oriented motives. *Tohoku Psychologica Folia*, 50, 55-61.

杉浦淳吉・大沼　進・野波　寛・広瀬幸雄　1998　環境ボランティアの活動が地域住民のリサイクルに関する認知・行動に及ぼす効果　社会心理学研究, 13(2), 143-151.

高木　修　1997　援助行動の生起過程に関するモデルの提案　関西大学社会学部紀要, 29(1), 1-21.

高木　修・玉木和歌子　1995　阪神・淡路大震災におけるボランティア—避難所で活動したボランティアの特徴—　関西大学社会学部紀要, 27(2), 29-60.

高木　修・玉木和歌子　1996　阪神・淡路大震災におけるボランティア—災害ボランティアの活動とその経験の影響—　関西大学社会学部紀要, 28(1), 1-62.

Taylor, A. J. W. 1983 Hidden victims and the human side of disasters. *UNDRO News* March/April 6-12.

寺鍛治明彦　1988　ボランティア活動の理念と現状—学生ボランティアの場合—　京都府立大学卒業論文（未公刊）

寺鍛治明彦　1993　ボランティア研究—ボランティア観について—　関西大学社会学研究科修士論文（未公刊）

Trudeau, K. J. & Devlin, A. S. 1996 College-students and community-service: who, with whom, and why. *Journal of Applied Social Psychology,* 26(21), 1867-1888.

吉田久一　1977　仏教とボランタリズム　仏教福祉, 5, 4-33.

全国社会福祉協議会　1990　全国ボランティア活動実態報告書　全国社会福祉協議会

8章

　とある公民館の一室に，数人のメンバーが集まり，なごやかな雰囲気のなか，話し合いが始められました。ここでは，だれもが自分の気持ちや考えを自由に発言することができ，それに対して，批評や批判をする人はいません。みな，うなずきながら他者の発言を傾聴しています。また，「一歩部屋を出たら，それまでの発言については，けっして話題にしない」というルールが守られているため，メンバーは，どんな内容でも安心して語ることができます。彼らは同じ病気をわずらっており，お互いに励まし合ったり，情報交換するためのグループを作って，活動しているのです。今日は月に一度の交流会の日で，初めての参加者が何名かいましたが，「病気についてこんなに語り合えたのは初めてです」「苦しんでいるのは自分ひとりではないと勇気づけられました」「このような場に参加することができてよかった。わたしも何かできることがあれば，お手伝いしたいと思います」と口々に感謝のことばを述べていました。
　しかし，新しいメンバーを迎えてこのようなことばを聞くたびに，古くからのメンバーたちは感じるのです。「勇気づけられているのは，実は自分たちのほうではないだろうか」と。

セルフ・ヘルプ －助けることは助けられること－

1 セルフ・ヘルプ・グループとは？

　医療技術の進歩のおかげで，伝染病によって死亡する人は少なくなりましたが，それに取って代わるように，生活習慣病やアレルギーなどの慢性疾患に苦しむ人が増加しています。また，アルコール依存症や摂食障害，不登校などストレスや対人関係に起因すると思われる問題をかかえている人も少なくありません。これまで日本人はどちらかというと，病気の治療は医療機関に任せ，精神的な支えは家族や友人，知人に期待しがちでした。しかし，近年，同じ悩みをかかえた人どうしが集まり，苦しみを分かち合ったり，問題解決のために助け合うグループの活動がさかんになっています。このようなグループをセルフ・ヘルプ・グループ（self-help group）と呼びます。

　セルフ・ヘルプ・グループの活動は近年ますます盛んになってきましたが，その理由として，
①家族・近隣などのふだんのサポートシステムが崩壊したり，機能しにくくなってきたこと，
②ニーズがあるのに，専門的機関・制度などが少なかったり，まったくないこと，
③制度によるサービスでは満足できないものを満たしたいという欲求が出てきたこと，
④利用者の主体性，権利意識などが増大したこと，
などがあげられています（たとえば，久保と石川，1998）。

（1）セルフ・ヘルプ・グループの定義

　セルフ・ヘルプ・グループとはなにかについて，カッツとベンダー（Katz & Bender, 1976）は，以下のように定義しています。

　『セルフ・ヘルプ・グループとは，自然発生的な小グループであり，対面的，社会的な交流とメンバーの個人的責任を強調し，特定の目標を達成するために，相互援助をめざして作られる。メンバーは，一般に，共通のニーズを充足するために助け合おうとして集まった仲間である。そのニーズとは，共通の障害や生活破壊にいたらせた問題を克服すること，あるいは，望ましい方向に社会や個人を変化させること，などである。グループの提唱者やメンバーは，既存の社会制度によって自分たちのニーズは満たされていない，あるいは満たされる可能性がない，と考えている。このように，セルフ・ヘルプ・グループは，対面的な社会的相互交流とメンバーの個人的責任を重視している。また，精神的支援だけでなく物質的援助もなされることが多く，メンバーのアイデンティティを高めるような価値観なり，イデオロギーなりを啓蒙しようとしている』（p.2～12）。

　久保と石川（1998）は，セルフ・ヘルプ・グループの特徴を以下の6つにまとめています。
①メンバーは共通の問題をもっている
②共通のゴールがある
③対面的（face-to-face）な相互関係がある
④メンバーどうしは対等な関係にある
⑤参加は自発的なものである
⑥専門家との関係はさまざまだが，基本的にはメンバーの主体性が重んじられる

　そして，この6つの特徴のなかでとりわけ重要なのは，「共通の問題をもつ当事者である」という点だと述べています。

（2）セルフ・ヘルプ・グループの分類

　では，実際にどのような種類のグループが活動しているのでしょうか。メンバーのかかえる問題の性質を基軸にして，パウエル（Powell, 1987）は，次のように分類しています。
①嗜癖や依存など，習慣上の問題をもつ人々のグループ（habit disturbance）
　アルコール，薬物，摂食障害，ギャンブルなど
②不安や悲嘆など，情緒的・精神的な問題をもつ人々のグループ（general purpose）
　児童虐待をする親，精神障害回復者など
③人生の役割変化にともなってライフスタイルの変更を強いられる人々のグループ（life style）

配偶者との死別，離婚など
④当事者の家族のグループ（significant other）
アルコール依存症者の家族，口唇口蓋裂児の親など
⑤身体的な障害をもつ人々のグループ（physical handicap）
癌，人工肛門増設者，咽頭摘出者など

　セルフ・ヘルプ・グループの分類において重視されるもう一つの基軸は，グループと専門職との関係の強さです。たとえば，パウエル（Powell, 1987）は，専門職の指導の強いグループ（hybrid）か，当事者の自律性の強いグループ（autonomous）かという次元を導入していますし，アダムス（Adams, 1996）は，両者の関係から，①専門職がセルフ・ヘルプ・グループを取り込む（integral）タイプ，②専門職がセルフ・ヘルプ・グループを側面から援助する（facilitated）タイプ，③専門職からセルフ・ヘルプ・グループが自律している（autonomous）タイプの3つに分類しました。この3タイプについて，久保と石川（1998）は，次のように説明しています。

　「取り込み」タイプでは，専門家が運営し，直接指導し，資源を提供しています。「セルフ・ヘルプ・グループ」という用語を用いていますが，セルフ・ヘルプ・グループ本来のあり方とはかけ離れ，専門機関のなかに完全に取り込まれているところもあります。わが国では，病院内のグループや行政が取り込んでいるグループも少なくありません。

　「側面的援助」タイプでは，専門職が当事者を集めたり，活動の雰囲気づくりをするといった間接的なはたらきをしています。わが国でもこのタイプが多いようです。これは，グループの準備期や初期には専門的知識，技法，資源が必要な場合もあるからでしょう。

　「自律的」タイプでは，専門職とセルフ・ヘルプ・グループのあいだには，はっきりとした距離があります。このタイプは，主体的に組織され，専門職から独立して運営がなされており，常に両者の関係を問いながら活動しています。多くの匿名グループはこれに属します。

（3）セルフ・ヘルプ・グループの機能

　セルフ・ヘルプ・グループは，1960年代のアメリカで結成されたAA（alcoholics anonymous）がその始まりとされています。そこでは，医療機関に入院してもなかなか治らなかったアルコール依存症者たちが，共通の目標に向けてお互いに助け合うことによって，次つぎとアルコールを断ち，健康を取り戻していったのです。医療や福祉の専門家は，セルフ・ヘルプ・グループの機能に注目するようになりました。

　リースマン（Riessman, 1965）は，グループに参加し，他者を援助することによって，援助者自身が利益を得るこの効果を「ヘルパーセラピー原則」という概念で説明していますし，スコヴホルト（Skovholt, 1974）は，援助者が受け取る利益を，次の4つに整理しています。

①他者の生活に影響を及ぼした結果，みずからの対人関係の資質が向上したと感じることができる。すなわち，相手が何を望んでいるかを知り，それを満たすにはどうすればよいかを考えることにより対人スキルが磨かれ，対人関係のバリアがとれる。
②自分と他者は，平等なギブアンドテイクをしていると感じることができる。すなわち，自分も他者を援助することで，それまでの被援助者としての負債感が解消される。
③他者を援助することは貴重な学習機会であり，自分がその効果の受け手になることができる。
④被援助者から社会的承認を受けることができる。

　ヘルパーセラピー原則の存在は，援助者が，自分に期待されている役割にこたえて他者のモデルになることによって，次のような利益を得ることからも示唆されます（Gartner & Riessman, 1977）。
①他者に対して依存的になることが少なくなる。

自分自身の問題を距離をおいて見る機会を得ることができる。
② 自分が社会に役立っていると感じることができる。
③ 他者を援助できるほどだから，自分はきっとよくなっているに違いないと感じることや，他者の人生に影響を与えてその苦しみを軽減するといった目に見える報酬を得ることができる。
④ 他者への援助は，自己に関する過度な関心を紛らす大きな力となる。

このようにして「ヘルパーセラピー原則」は，セルフ・ヘルプ・グループの機能を説明するうえで欠かせないものになっていきました。

それにもかかわらず，援助者が受け取る効果がどのようなメカニズムで現われるのか，その機序を解明しようとする試みは，これまであまりなされていません。効果出現のメカニズムに焦点をあてて，その機序をもし解明できるならば，グループが組織的，体系的に活動を展開したり，個々のメンバーが活動を通していっそう主体的に援助利益を享受することが容易になるはずです。さらに，それは，専門家による援助とセルフ・ヘルプ・グループによる援助の効果の違いを明確にすることにもつながり「対等な立場で双方を有効に活用しながら問題に対処していく」という理想的なグループ活動が可能になると期待できます。

そこで，以下の2視点から，ヘルパーセラピー原則について再考してみましょう。

2 援助行動の生起過程とヘルパーセラピー効果

（1） 援助行動の生起過程に関するモデル

援助行動は，一般に，援助を受ける可能性のある者（潜在的被援助者）による援助要請（help-seeking）と，援助を与える可能性のある者（潜在的援助者）による援助授与（help-giving）とから成り立っています。そして，援助受容（help-receiving）の後も，援助を通じて形成された援助者と被援助者の関係は持続し，後日，援助者が逆に援助を必要としたときには，以前の援助への返礼，あるいは補償として，被援助者が返済行動を行なうことがあるでしょう。この過程では，以前の援助者と被援助者がみずからの立場を交代して潜在的被援助者と潜在的援助者となり，援助要請や援助授与の意思決定を行ないます。その際，以前の援助経験や被援助経験がそれらに影響を与えるでしょう。このことをふまえ，高木（1997）は，援助要請と援助授与のそれぞれの行動の生起過程と，その結果としての援助経験や被援助経験の影響出現過程とに関して，基本的なモデルを提案しています。そこで，高木のモデルに沿って，セルフ・ヘルプ・グループでの援助の事例を検証していきます。

（2） 援助要請行動の生起過程モデル

自己の問題に気づき，それが自分にとって重大であり，しかも自力では解決できないと判断した人は，同じ問題をかかえた大勢のメンバーがいるセルフ・ヘルプ・グループに参加します。そこでは，援助要請によって自尊心が低下したり，能力が劣っていることを自覚させられたり，無能力さが他者に知られて恥をかいたり，それで他者から拒絶されたり無視されたりすることについて心配する必要はまったくありません。つまり援助要請によって覚悟しなければならない犠牲や損失（要請出費）はほとんどないわけです。また，メンバーは，体験を通して情動や情報を分かち合おうと集まった人々ですから，独立独行への賞賛や自己満足などはあまり意味をもたず，援助要請しないことにともなう利得（非要請利得）も小さいと考えられます。したがって，非要請出費（援助要請しないことにより，問題が解決されない）が要請出費よりも大きく，また，要請利得（援助要請することで問題が解決される）が非要請利得よりも大きいと判断されます。そして，このような場合，援助を要請することが比較的容易に決定されます。

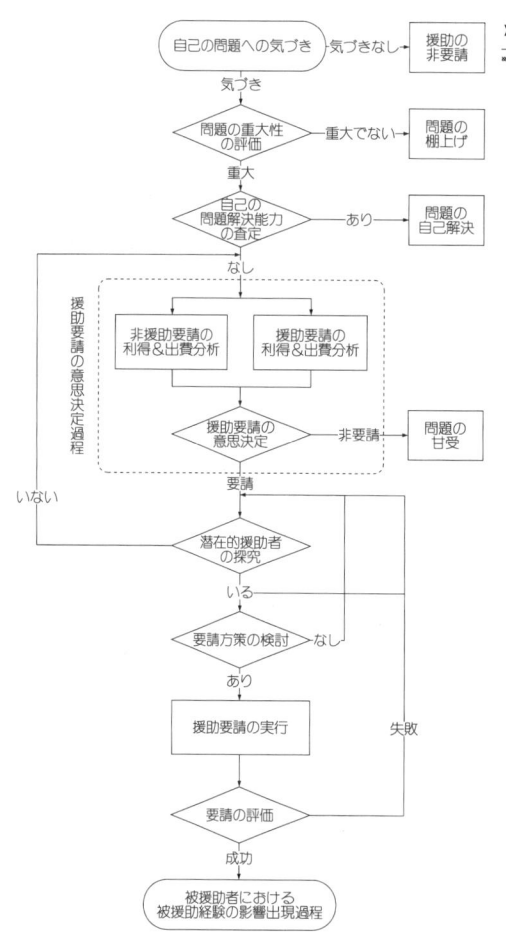

» 図8-1 援助要請の生起過程モデル（高木，1997）

一般の生活場面での援助要請では，次に，適当な援助者を探し出し，その人に対する要請のしかたを検討した後，自分の感情や態度や要求を的確に伝達しなくてはなりません。しかし，セルフ・ヘルプ・グループでは，メンバー全員が潜在的援助者となり得ます。そして，援助要請の方略に頭を悩ませずとも，他者の体験に耳を傾け，また，自分の体験を率直に述べるだけで，必要な援助を受けることができるのです（図8-1参照）。

（3）援助授与行動の生起過程モデル

セルフ・ヘルプ・グループのメンバーは，他のメンバーも自分と同じ問題をかかえ，それを重大なものと受け止め，ひとりでは解決できずに悩み，苦しんでいることを知っています。このような他者への共感は，援助授与への積極的な構えを生み出し，援助しないことから予想されるネガティブな結果（非授与出費），すなわち，潜在的被援助者の問題が解決あるいは軽減されないことに対する不満足感を大きくします。他方，セルフ・ヘルプ・グループ内での援助は，情報や情動の分かち合いが中心で，特別な労力や，金銭，物資などを必要としないため，授与出費は小さくてすみます。また，自身の体験の開示が，他者の問題解決や軽減に役立っているようすを観察したり，相手から直接感謝されたりすることによって，潜在的援助者の満足感は高まり，自尊心も高揚するでしょう。このようなポジティブな結果（授与利得）が，ヘルパーセラピー効果につながっているのです。それにひきかえ，援助しないことから予想されるポジティブな結果（非授与利得）というものは，グループ内では，さしあたって見あたりません。したがって，非授与出費が授与出費よりも大きく，また，授与利得が非授与利得よりも大きいと判断されます。そして，このような場合，援助を授与することが比較的容易に決定されます。

セルフ・ヘルプ・グループにおける援助とは，他者の自己開示を傾聴し，その内容に共感して，自分の体験を開示することです。特別な方式はありませんし，参加者全員が援助者になる可能性をもっているのです。このメンバーどうしの開示・被開示の経験は，必ずなにかの役に立っているはずですが，かかえている問題が一過性のものではないため，引き続き援助授与が行なわれることもあるでしょう（図8-2参照）。

（4）援助経験の影響出現過程モデル

セルフ・ヘルプ・グループでは，同じ問題をかかえた当事者たちが，他者の自己開示を傾聴し，自分の体験を率直に語ることで，情報や情動を分かち合い，問題の解決や軽減に役立っています。グループによっては，会を継続的に運営していくため，世話人や役員を設けているところもありますが，基本的には，メンバーは固定的な役割をも

図8-2 援助授与の生起過程モデル（高木，1997）

（5）被援助経験の影響出現過程モデル

　他のメンバーの体験の開示によって，勇気づけられたり，有益な情報を得ることができた人（被援助者）は，その援助を高く評価し，援助者に感謝するとともに，援助を受けることに一層肯定的な態度をいだくようになるでしょう。さらに，被援助者は，援助者が自分を援助したことにより自己効力感を高め，自尊心も高揚させていると想像すると，すなわち，ヘルパーセラピー効果を得ている援助者を観察すると，援助が報酬的な経験であると認識し，自分も機会があれば他のメンバーを助けたいと思うようになります。つまり，援助者に負担をかけるものとしての否定的な援助のとらえ方は，容認的な方向に変化し，その態度変化が，援助授与の動機づけや意思決定にポジティブな影響を及ぼすと考えられます。

3　ヘルパーセラピー効果に関するモデル

（1）岡の機能モデル：3つの基本要素

　岡（1995）は，セルフ・ヘルプ・グループの機能の関連性と順序性に着目し，以下のように，機能の基本的要素として3つをあげ，それらの関係を説明しています。
①「わかちあい」これは，複数の人々が情報や感情や考えなどを，対等な関係で，自発的に，しかも情緒的に抑圧されていない形で交換することです。
②「ひとりだち」これは，わかちあいを通じて自分自身の状況を自己管理し，問題解決の方法を自己決定し，社会参加していくことです。
③「ときはなち」これは，自分自身の意識レベルに内面化されてしまっている自己抑圧的構造を取り除き，自尊の感情を取り戻すことであり，しかも，外面的な抑圧構造を作っている周囲の人々の偏見を改め，資源配分の不均衡や社会制度の不平等をなくしていくことです。
　さらに岡は，この3つの要素が，おのおの社会

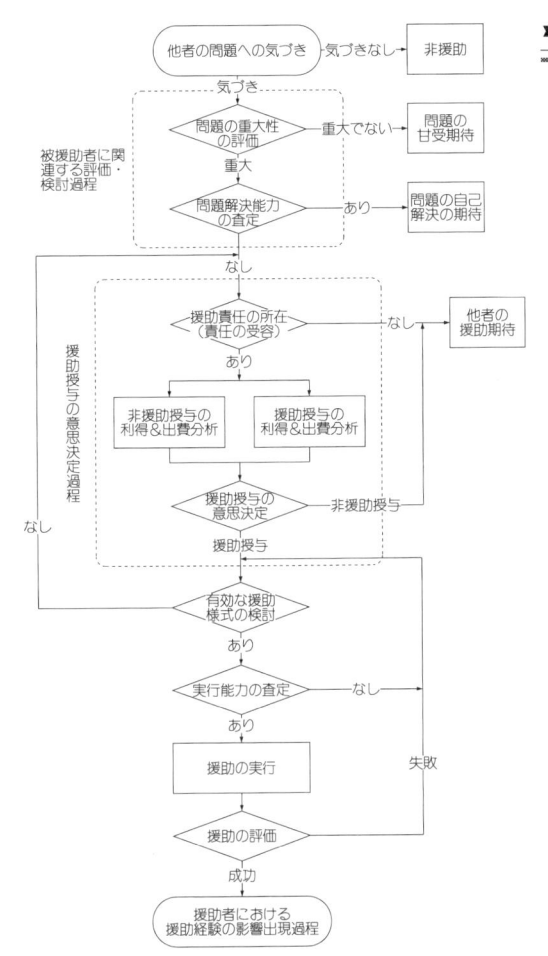

たない対等な関係にあります。つまり，参加者全員が潜在的援助者であると同時に潜在的被援助者でもあるわけです。自分の体験の開示が，他のメンバーの役に立ったり，相手から感謝されたならば，援助者は自己効力感・有能感を高め，他者の窮状の解決や軽減に貢献した自分を誇りに思い，自尊心を高揚させるでしょう。そして，その契機となった援助に対して，以前よりも肯定的な態度をいだき，積極的にグループの活動にかかわろうとするはずです。つまり，援助者は，ヘルパーセラピー効果を享受するのです。また，援助したときのポジティブな経験から，援助を受けることにも肯定的態度をもつようになり，自分に必要な情報について，他のメンバーにおくすることなく質問するようになるでしょう。

に向かう外向きの側面と，メンバー自身に向かう内向きの側面をもっており，しかも外向きの3要素と内向きの3要素が互いに深く結びついていることを，以下のように説明しています。

まず例会でのメンバーどうしの「わかちあい」により，自己に内面化された抑圧構造からの「ときはなち」がなされ，個々の生活レベルでの自己管理，自己決定に取り組む「ひとりだちが」行なわれます(内向きの側面)。次に，機関誌の発行や電話相談などの「わかちあい」を通して，社会参加としての「ひとりだち」がなされ，情報をグループの外に発信することにより，異議申し立てや社会改善運動などの「ときはなち」が行なわれます（外向きの側面）。

（2） 高木・山口の効果出現3過程8段階モデル

高木と山口（1998）は，岡の説を参考にして，成人アトピー性皮膚炎患者のセルフ・ヘルプ・グループにおいてヘルパーセラピー効果が出現するメカニズムについて，3過程8段階からなるモデルを提案しています。

アトピー性皮膚炎は，その臨床像の多様性，複雑性により，国際的に確立された診断基準が存在せず（遠藤，1994），完治にいたるような治療方法も発見されていません。治療に用いられてきたステロイド剤の副作用をめぐって医師と対立し，医療不信に陥った患者が，独断で薬の使用を中止したため，リバウンドとよばれる重篤な症状を引き起こすケースも増えています。重症化すると，湿疹による激しいかゆみだけでなく，皮膚がはがれ落ちたり，滲出液が流出して，痛みや浮腫，悪寒や発熱をともなうこともあります。とくに成人患者の場合，顔面に症状がでることが多いため，社会生活を営むことが困難になり，自宅に閉じこもる人もいます。

このような状況において，患者はセルフ・ヘルプ・グループに参加することによって，どのようにヘルパーセラピー効果を得ていくのでしょうか。

以下のモデルは，社会心理学における態度変容と行動変化の心理過程，つまり，グループ活動を通じて個人の態度が形成，変容し，それらが行動に反映されていくという個人的，社会的影響過程を説明するものです。

Ⅰ．情報や情動の共有による共感喚起と自尊心回復過程

①「状況の類似性認知による共感喚起と自尊心回復段階」

患者は，慢性的なかゆみにさらされ，容貌の変化をともなうアトピーというスティグマを負い，医師や家族から常に被援助者として扱われてきました。そんな彼らがセルフ・ヘルプ・グループに参加して同じ境遇の人々と出会ったとき，最初に感じることは「苦しんでいるのは自分だけではなかった」という安堵感です。とくに成人アトピーの患者は，顔面に皮疹や色素沈着を有する場合が多いため，出会った瞬間に類似性の認知が可能となり，他者への共感をいだきやすいと推察されます。このような類似した他者との出会いや共感が，低下した自尊心回復の第一歩となります。

続いて，ある患者が自己紹介で自分の体験を語り，それを他の患者たちが共感をもって真剣に傾聴しているようすを観察することで，患者は体験の類似性を認知し，共感がさらに深まります。

②「自己開示による苦痛軽減と自尊心回復段階」

しだいにみずからも自己開示を行なうようになり，その結果，苦痛の軽減が自覚されます。また，行なった開示に対して他の患者から共感的理解を受けることによって，自分が他者から受容されていると認知するようになり，さらなる自尊心の回復が進みます。

Ⅱ．情報量増加にともなう自己理解と問題対処の方向性明確化過程

③「情報量増加による自己理解と他者理解促進段階」

継続的に活動に参加し，開示・被開示経験を重

ねると，アトピーに関する情報量が増えます。そうすると，他の患者と自分との比較検討が容易になり，その結果，類似点だけでなく相違点も明らかになってきます。つまりそれらを通じて，自己理解ならびに他者理解が促進されるのです。

④「新たな役割認知による自己の再評価段階」

患者は，開示・被開示経験を重ねるうちに，自分が単に他の患者から情報を摂取するだけでなく，他者に対して情報を提供する存在として役立っていることに気づくようになり，社会的役割の観点から自己の再評価が起こります。それまでマイナス材料でしかないと考えていたアトピーの闘病経験が，他の患者にとって有益なものになることを実感すると，病気に対するとらえ方もポジティブな方向に変わっていくのです。

⑤「他者や問題とのかかわり方の明確化とその実践に向けた動機づけ高まり段階」

開示・被開示経験の積み重ねにより，さらに情報量が増えて，自己理解・他者理解が深まると，アトピーに対する自己の態度が明確化されてきます。そして，問題への対処のしかたが具体化し，それにともなってその実践への動機づけが高まります。

III．態度変容による行動変化および強化と活動発展過程

⑥「セルフケアの実践段階」

アトピーに対する自己の態度が明確化され，実践への動機づけが高まってくると，次に行動レベルでの変化が起こります。他者に依存することなく自己の問題に積極的に取り組み始めるのです。その際，いっそう生活に則した形で必要な情報をわかりやすく整理し，いつでも情報提供に応じる構えをもっている気の合ったメンバーが活用されます。

⑦「外部の情報摂取・提供活動段階」

セルフケアを実践中の患者は，次に，グループの外に目を向け，各地で開催される講演会や交流会に出席，参加するようになります。だがそれは，もはや自分一人が治るための行動ではなく，アトピー患者，さらには喘息や鼻炎，化学物質過敏症なども含めたアレルギー患者全体のための情報摂取・提供活動です。患者は，そこで得られた情報を会報誌などに掲載することで，グループ内はもとより，外の人々にも情報提供し，彼らを援助しています。それと同時に，自己に必要な情報は積極的に取り入れ，自己理解と再評価，態度の明確化と動機づけの高まりや，セルフケアの実践にそれを役立てるのです。また，電話相談にもかかわるようになります。これは，外部との接触を保ち，情報を提供するための有効な手段です。相談活動に向けてアトピーを含むアレルギー疾患についてはもちろんのこと，カウンセリングなどについても勉強することで，視野が広がり，自己理解と再評価，態度の明確化と動機づけの高まりや，セルフケアの実践がさらに進展します。そして実際の電話のやりとりのなかで，それらはいっそう強化されていくのです。

⑧「社会変革をめざした活動拡大段階」

会報の発行や電話相談を継続して行なううちに，患者は，アトピーやアレルギー疾患と関係が深いが個人の努力だけでは解決不可能な問題（環境問題や医療保険制度など）に直面します。そこで制度改革のための署名を集めたり，行政との話し合いの場をもつなど社会運動を始めます。問題を共有する人々以外に対してもはたらきかけを行ない，患者はより広く社会的に解き放たれていくのです。

高木と山口（1998）はモデルの妥当性を探索的に検討するため，グループの活動に参加している成人アトピー性皮膚炎患者十数名に対して面接調査を実施しました。スティグマを負った患者どうしが交流会で出会ったときの感想を尋ねると，入院経験のない人全員が「苦しんでいるのは自分だけではないことを知って安心した」と回答しています。入院経験者は，入院時に同じ感想をいだいていました。とくに，大学生を中心とした若いグ

ループのメンバーは「同じ立場の人と出会いたい」と願ってグループに参加し「同じ悩みをもつ人どうしで話ができて嬉しい」と感じ，全員が，状況の類似性の認知による共感の喚起が自尊心の回復をうながす効果と，自己開示による苦痛の軽減が自尊心の回復をうながす効果の両方を得ていました。山本ら（1982）は，大学生の自尊心を強く規定する要因の一つとして容貌をあげていますが，自分の容貌にもっとも注目し，異性にも関心をいだきやすい学生時代にアトピーが悪化したことは，若いメンバーにとって大きなスティグマになったと推察されます。また，ハーマス（Hormuth, 1990）は，全体的自己満足と関係が強いのは，一般成人では家族であるのに対して，大学生では対人関係であり，彼らの家族との関連の弱いことをみいだしています。つまり，対人関係をもっとも重視する学生時代に病状が悪化した結果，人目を気にして積極的になれなかったり，友人に精神的なサポートを期待して接近したのに拒絶されたり，病気休学後，復学したものの，新たな人間関係を築くことができずに孤立してしまったという経験は，病気そのものの苦痛に加え，さらに大きな精神的ダメージを彼らに与えたと思われます。それにもかかわらず，彼らはその苦しみを家族にほとんど訴えていないのです。「両親の前では泣けないので，通学の電車のなかで泣いた」「心配してくれるのはありがたいが，親の思いにプレッシャーを感じることもあった」という回答からもそのことがうかがえます。したがって，若いグループのメンバーにとって，セルフ・ヘルプ・グループは，類似した他者と共感し合い，自己開示し合うことで自尊心を回復する場であるだけでなく，同年代のメンバーとその後の個人的な交友関係を構築する場としても機能していることがわかります。

一方，主婦を中心としたグループのメンバーは，精神的なサポートを友人よりも家族に期待し，その結果にある程度満足しているため，どちらかといえば情動よりも情報を分かち合い，治療方針の決定やセルフケアの実践に役立てたい，あるいは自分の経験を役立ててほしいという気持ちから活動に参加しているようです。入院経験者も多く，グループに参加する以前に，すでに状況の類似性認知による共感喚起と自尊心の回復効果や自己開示による苦痛軽減と自尊心の回復効果を得ていたと考えられます。メンバーはおおむねセルフケアの実践効果を獲得し，さらに有効な情報を求めて活動を継続する人，外部への情報提供をめざす人，実際に電話相談によって情報提供を継続中（1999年現在は休止中）の人などさまざまな経緯をもって活動に取り組んでいました。

4　今後の研究課題

このように，問題をかかえて援助を必要としている人も，援助されるのをただ待っているだけでなく，むしろ同じ問題をかかえている他の患者の援助にみずから進んで取り組むことによって，他者の問題解決に加えて自分自身の問題が解決，あるいは軽減されていくことがわかりました。ヘルパーセラピー効果の提唱者であるリースマン（Rissman, 1990）も，被援助者を，援助役割を担う貴重な人的資源と位置づけ，ヒューマン・サービスの再構築に役立てることを提案しています。

ミドラルスキー（Midlarsky, 1992）は，困難に直面してストレスを経験している人が，他者を援助することによって，そのストレスが軽減されるとき，次の5つの機能の1つ，あるいはいくつかがはたらいていると述べています。

①自分の困難にとらわれることから解放され，気を紛らすことができる。
②自分は有能で，自分の人生は価値あるものだと感じさせる。
③自分の能力が増進したと知覚させる。
④気分を高揚，改善する。

⑤自分と社会とのつながりを増す。

　肯定的な自己尊重は、基本的な人間の欲求ですが、ストレスによって低減したそれを回復する有効な手段として援助が用いられるというのです。しかし、自己の問題が十分に解決されないままに、援助者役割だけを過度に意識して、援助の対象をグループの外へ広げようとしても、必ずしも他者の賞賛や評価という援助報酬を獲得できるわけではありません。むしろ、それによって、自己効力感が再び低下してしまう危険性もあります。ですから、グループの活動に参加して一時的に自尊心が大きく回復しても、他者の賞賛や評価という強化のくり返しによってそれが安定するまでは、メンバーはグループ内での開示・被開示行為を十分に経験するべきでしょう。また、一度外部への援助者としての活動を志しても、自由に休止・再開できるような雰囲気が作れるように、交流会を頻繁に開いたり、レクリエーション活動を行なうなど、メンバーが役割を固定せずさまざまな形でグループに参加できるように工夫することが望まれます。

　また、メンバーが、同じ問題を分かち合うさまざまなグループの情報を入手し、所属するグループを選択したり、自由に変更したりできるように、グループどうしの情報交換や交流も必要となってきます。その際に活用されるべき機関が、セルフ・ヘルプ・グループの支援を行なうセルフ・ヘルプ・クリアリングハウスです。欧米では、1970年代からその活動が開始され、現在では数多くのセルフ・ヘルプ・クリアリングハウスが各国で設立されて、市民に情報提供やグループ作りの支援などのサービスを提供しています。日本でも、大阪府や埼玉県、福岡県などで、セルフ・ヘルプ・クリアリングハウスがボランティアによって運営されています。

　本章では、ヘルパーセラピー効果出現のメカニズムを説明するために、2つのモデルを用いましたが、その妥当性を検討するための実践的研究の積み重ねが必要であることは、言うまでもありません。

引用文献

Adams, R. 1996 *Social Work and Empowerment*. Indianapolis : Macmillan.

遠藤秀彦　1994　成人アトピー性皮膚炎の診断基準について　大阪保険医雑誌, 325, 10-12.

Gartner, A. & Riessman, F. 1977 *Self-help in the human services*. San Francisco : Jossey-Bass. 久保紘章（監訳）1985　セルフ・ヘルプ・グループの理論と実際　川島書店

Hormuth, S. E. 1990 *The ecology of the self : Reflection and self-concept change*. Cambridge : Cambridge University Press.

Katz, A. H. & Bender, E. I. 1976 *The strength in Us : Self-help group in the modern world*. New York : New Viewpoints.

久保紘章・石川到覚（編）1998　セルフヘルプ・グループの理論と展開　中央法規出版

Midlarsky, E. 1992 Helping as coping. In M. S. Clark (Ed.) *Prosocial behavior*. Newbury Park : Sage Publications. 238-264

岡　知史　1995　セルフヘルプグループ（本人の会）の研究　Ver. 5. 六甲出版

Powell, T. J. 1987 *Self Help organization and professional practice*. Silver Spring : National Association of Social Workers.

Riessman, F. 1965 The helper-therapy principle. *Social Work*, 10, 27-32.

Riessman, F. 1990 Restructuring Help : A Human Services Paradigm for the 1990s. *American Journal of Community Psychology*, 182, 221-230.

Skovholt, T. M. 1974 The Client as Helper : A Means to Promote Psychological Growth. *Counseling Psychologist*, 4, 58-64.

高木　修　1997　援助行動の生起過程に関するモデルの提案　関西大学「社会学部紀要」第29巻　1, 1-21.

高木　修・山口智子　1998　セルフヘルプグループの有効性―アトピー性皮膚炎患者におけるヘルパーセラピー原則　関西大学「社会学部紀要」第30巻　2, 1-22.

山本真理子・松井　豊・山成由紀子　1982　認知された自己諸側面の構造　教育心理学研究　30, 64-68.

9章

> When I was younger, so much younger than today,
> I never needed anybody's help in any way.
> But now these days are gone, I'm not so self assured,
> Now I find I've changed my mind and opened up the doors.

　これは、ビートルズのHELP！という曲の一節です。ジョン・レノンは、この曲で「若くて粋がってたころは、だれの助けもいらなかった…でも、時が過ぎ、いまとなっては、そんな気持ちも変わり、だれかの助けが必要なんだ…」と歌っています。つまり、われわれは生涯を通じて、その時どきで援助やサポートを求める他者が変化するものなのです。

　また、ビートルズの別の曲に、With A Little Help from My Friends という曲があります。

> I get by with a little help from my friends,
> I get high with a little help from my friends,
> Going to try with a little help from my friends.

　この曲では、「友だちにちょっと手伝ってもらって、なんとかやり抜けるよ」「友だちにちょっと手伝ってもらったら、気分もよくなるよ」「友だちにちょっと手伝ってもらったら、なんとかやれるんじゃないかな」と歌っています。

　そして、同じこの曲のメイン・ボーカルとコーラスの掛け合い部分で、

> Do you need anybody?
> I need somebody to love.
> Could it be anybody?
> I want somebody to love.

　「君には、だれかが必要かい？」「僕には、愛する人が必要なんだ」「それは、だれでもいいのかい？」「僕には、愛すべき人が要るんだ」と歌っています。私たちは、援助やサポートを受けるだけでは不十分で、与えるということも必要なのです。つまり、対人関係（社会的ネットワーク）における援助やサポートの双方向のやりとり、すなわち、互恵性の問題がここで歌われているのです。

　この章では、社会的ネットワークに関する最近の研究として、発達的な視点から、とくに、生涯発達という視点からの研究と、そして、対人関係における互恵性という視点からの研究を紹介します。

社会的ネットワークと生涯発達

1 社会的ネットワーク（ソーシャル・ネットワーク）

　私たちは，個人とその個人を取り巻く他者との，ある広がりと深さから成立する人間関係のなかで暮らしています。この人間関係を表わす「社会的ネットワーク（social network）」は，社会学，人類学，社会心理学，社会福祉学などにおいて，非常によく問題にされる概念です。しかし，それぞれの分野において，少しずつ用語の使い方のニュアンスが異なります。そこで，まず，社会的ネットワークについて歴史的な流れに沿って，各領域での概念について説明をしていきます。

　人類学者のラドクリフ=ブラウン（Radcliffe-Brown, 1940）は「社会関係の複合的なネットワーク」ということばを用い，社会構造を説明しました。また，バーンズ（Barnes, 1954）も，ノルウェーの一教区の社会関係について「地域」や「産業体系」という2つのカテゴリーでは包摂できない関係を説明するためにネットワークということばを用いました。このように，1940年から50年代のはじめは「ネットワーク（network）」ということばが比喩的に用いられていました。

　その後，社会的ネットワークという概念が，比喩的な表現としてではなく，集団や組織などには限定されない人間関係を「実証的にとらえるための分析概念」として用いられるようになりました。人類学者のボット（Bott, 1971）は，社会的ネットワークは，職場の人間関係も親類関係なども同じ集団に含まれるような比較的小規模で境界線が明瞭な集団を形成しやすい閉鎖的な社会と対比して，個々人の社会関係の重複が少なく集団の境界線が不明瞭な都市的状況下の社会関係を記述するのに有効であるとし，おもに集団概念（organized group）に対置されるものであるとしています。

　図9-1は，シングル・マザーである女性の社会的ネットワークを表わしたものです。この図のように，社会的ネットワークとは，人間の行動をその人の属性それ自体によってではなく，その人が他者と結ぶ特定の社会関係（連結）の特徴によって理解していくという概念（小松，1994）といえます。

　ネットワークをどのような側面からとらえるのかについては，たとえば，規模，密度，到達可能性，同質性などの「構造面」と，方向性，持続性，強度，頻度などの「機能面」とから（小松，1994），あるいは，規模（中心となる人が直接かかわりのある人の数），頻度（ネットワークの構成員と接触する頻度），方向性（構成員間の関係性が一方的なものか相互的なものか）などの「構造的次元」と「相互作用的な諸次元」とから（久田，1987），などというように，さまざまな指標が提案されてきました。

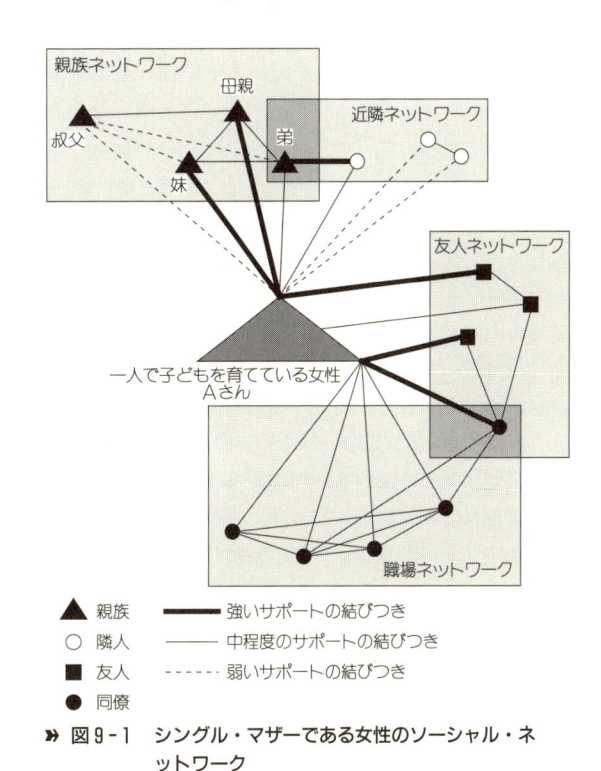

» 図9-1　シングル・マザーである女性のソーシャル・ネットワーク
（Terrancel & Mara, 1987より）

1970年代に入ると，社会的ネットワークは，ソーシャル・サポート研究と結びつき，多くの研究が行なわれました。ソーシャル・サポート研究においてもっとも多く取りあげられるネットワークの側面は，ネットワークの密度（density）と境界密度（boundary density）です。ネットワークの密度とは，ネットワークのなかにいるメンバーどうしが知り合いであるという程度のことです。密度の高いネットワークほど，ネットワーク内の多くのメンバーが互いに知り合いであることを意味します。逆に，密度の低いネットワークほど，ネットワーク内のメンバーが互いに知り合いであることが少ないということになります。また，境界密度とは，ある生活領域と別の生活領域とのあいだで，どれくらい共通する二者関係があるのかの程度のことです。たとえば，Aさんが，Aさんの友人ネットワークの大半とAさんの職場ネットワークの大半とでキャンプに出かけ，Aさんの友人とAさんの同僚とが，みな互いに知り合いになった場合，Aさんのネットワークにおいて，友人ネットワークと職場ネットワークとの境界密度は高いといいます。

　ハーシュは，大学生のネットワークの密度とサポートへの満足度の関係から，密度の低いネットワークほどサポートへの満足度は高いこと（Hirsh, 1979），また，未亡人と既婚の大学復学者の研究から，家族関係と友人関係との境界密度の低い人ほど精神的に健康であることを明らかにしました（Hirsh, 1980）。私たちは一般に，友だちや知り合いが多く，広い対人関係をもつ，つまり，密度の高い方が，適応においてより好ましい状態であると思いがちです。しかしこれらの知見は，それとは逆の結果を示しています。ハーシュは，境界密度の低さは，より多様な対人関係をもつことになり，それゆえに，より広い範囲の関心や価値観をもつことができると説明しています。

　また，この密度の低さと適応状態のよさは，社会経済的地位が高い人たちだけであること（Fischer, 1977），そして，このような社会経済的地位の影響は大都市の住人においてあてはまり，小さな都市や田舎の住人は，社会経済的地位とは関係なく，ネットワーク密度が高いほどストレスが低くなること（Kadushin, 1982）などが明らかにされています。

　さて，本節の冒頭で述べたように，社会的ネットワークやそれに関連する概念は，社会学や社会福祉学など多くの領域で問題にされていますが，それぞれの領域において，その意味合いが少しずつ異なっています。

　まず，社会学の領域においては，社会的ネットワークは，集合体の構造をあらわす用語として使われ，個人の他者との関係が社会的ネットワークとよばれることはほとんどありません。また，本来の社会的ネットワーク分析は，特定のネットワークに属するすべての成員から得た複数のデータから分析されますが，コストがかかるなどの理由から，実際には単一個人からの回答により，その人にとってのネットワークの構造を測定する「個人的ネットワーク分析（personal network analysis）」による代替が多く行なわれています（稲葉ら，1987）。

　また，社会福祉学の領域においては「専門職でない，インフォーマルな援助者」や「家族，友人，隣人，地区の世話人などの素人の援助者」などのサポートネットワークのことを「ソーシャル・サポートネットワーク」という用語でよんでいます。また「フォーマルな援助」を提供する「専門職者」が「専門職でない，素人」による「インフォーマルな援助」を理解し，確認し，創出し，活用しながら実践活動を展開していくことをソーシャル・サポートネットワークアプローチ（社会的支援ネットワークアプローチ）とよんでいます。社会福祉の中心課題は，このアプローチを発達させていくことであるとされています（小松，1994）。

さらに「社会的ネットワーク（ソーシャル・ネットワーク）」「サポート」そして「ソーシャル・サポートネットワーク」という用語について，その違いを説明しておくことにします。しばしば，「社会的ネットワーク」と「サポート」とが混同して用いられている場合があります。「社会的ネットワーク」つまり，他者とのつながりがあることをもって「サポート」がそこに存在するとはいえません。たとえば，家族と同居している高齢者には，非常に緊密なネットワークが存在しますが，必ずしも，そこに本人にとって有益なサポートが存在するとはいえないからです。「社会的ネットワーク」とは人々のあいだのつながりであり，おもに社会関係の構造を意味するものです。一方，「サポート」は社会関係の援助に関連する機能的な内容を示し，ネットワークを通じた他者との相互作用のなかで提供されるものです。そして「ソーシャル・サポートネットワーク」とは，サポートの機能を果たす社会的ネットワークのことで，社会福祉学などで用いる援助活動上の概念としては有効ですが，測定，および，分析においては，「社会的ネットワーク」と「サポート」とは区別して扱う必要があるといえます。

2 生涯発達と社会的ネットワーク ネットワークの始まり

私たちの対人関係は，時間の経過とともに変化します。近年，発達心理学の分野から，生涯発達（life-span あるいは life-course）という観点で，生涯にわたる発達を考えようという流れが起こってきました（高橋，1999）。サポート研究においても，これまでの社会的ネットワークのとらえ方は，どちらかといえば静態的・一時的なものでしたが，この流れの影響として，生涯発達の視点からの研究がみうけられます。ここでは，生涯発達という視点からの社会的ネットワーク研究を紹介することにします。そのために，まず，対人関係の出発点であり，成人の人間関係におけるソーシャル・サポートにほぼ相当するものと考えられる（Antonucci, 1976 ; Kalish et al., 1976 ; Lerner et al., 1978）愛着の概念，および，より内在化された表象レベルでの愛着研究からインターナル・ワーキング・モデル（internal working models）について説明します。そして，生涯発達の視点を重視して提案されている社会的ネットワークのモデルを紹介します。

（1）愛着

私たちの人生における人間関係は，ほとんどの場合，母子関係（または，主要な養育者との関係）がその出発点であるといえます。1950年代には，授乳に際して，乳児が母親との相互作用を通じて依存欲求を獲得するという二次的動因説の立場から依存性（dependency）という概念により，母子関係が説明されました。当時，依存という状態は，未熟であり，できるだけ早くそこから脱却すべきであるというネガティブなものとしてとらえられていました。ボウルビィ（Bowlby, 1958, 1969）は，愛着（attachment）という概念を提唱し，依存と愛着の違いが，その形成と発達にあるとしました。すなわち，形成については，愛着が，愛着対象（おもに母親）への乳児の生得的反応に基づいて形成されるとし，二次的動因説を批判しました。また，発達については，加齢にともなって減少すべきであるというネガティブな依存とは異なり，健全な愛着は好ましい状態であり，生涯を通して発達するとして，愛着のポジティブな側面を強調しました。愛着の定義は，さまざまなものがありますが，一般には「ある特定の対象とのあいだに形成される愛情の絆（affectional tie）」とされています。

その後，エインスワースら（Ainsworth et al., 1978）は，ストレンジ・シチュエーション法という実験観察法により，乳幼児の愛着スタイルの分類を可能にしました。これは，乳児にとって馴染

» 表9-1 ストレンジ・シチュエーションでの乳児の行動と家庭での母親の養育態度（戸田，1992）

A群（回避群：不安定群）
　乳児：母親がいなくても探索活動を行なえる。分離時にほとんど泣かない。再会時にも母親を避け、目をそらしたり、顔をそむけたりすることで、母親への歓迎の気持ちを隠す。抱かれても抱きつくことはなく、降ろされても抵抗しない。
　母親：子どもに対して、拒否的・強制的で、身体接触を嫌う。子どもが自分の思い通りにならないとイライラしがちで、怒り出すことが多い。

B群（健常群：安定群）
　乳児：母親がいっしょならば活発に遊ぶことができる。分離時に多少の不安を示すが、C群ほどは泣かない。再会時には積極的に身体接触を求め、母親によって容易に慰められて、再び探索活動に移ることができる。
　母親：子どものシグナルに敏感で、適切に応答している。愛情のこもった抱きをすることが多く、全般的に受容的で協調的な養育態度をとっている。

C群（アンビバレント群：不安定群）
　乳児：母親がいても、母親の周囲でしか遊べない。分離時に強い不安を示し、激しく抵抗する。再会時には身体接触を強く求めるが、同時に母親を叩く、反抗するなどのアンビバレントな感情を示し、なかなか探索活動を再開できない。
　母親：A群ほど拒否的・強制的ではないが、B群ほど応答的でもない。微妙なタイミングのセンスに欠け、一貫して肯定的な身体接触を与えることができない。

みのない新奇な状況における反応を観察するものです。新奇な状態は、乳児に好奇心、不安、恐怖などを引き起こします。このとき、母親がいることで、乳児は不安や恐怖を感じないで探索的な行動を行なうことができます。つまり、母親は、乳児の探索行動を可能にする「探索の安全基地（secure base）」の役割を果たしているのです。ですから、日常的に、乳児のシグナルに対し母親がどのように対応するのかによって、乳児が形成する愛着の質、つまり、愛着スタイルが異なるといわれています（表9-1）。

ヘイザンとシェーバー（Hazan, & Shaver, 1987）は、乳児の愛着スタイルに類似した大人の愛着スタイルが存在することに注目し、成人の愛着スタイルを記述しました（表9-2）。そして、この3種類の記述のうち、恋愛における自分の態度にもっともよくあてはまるものを1つ選ばせることによって、個人の愛着スタイルを測定することを提案しました。

また、詫摩と戸田（1988）は、ヘイザンとシェーバーの尺度の問題点を考慮し、成人版愛着スタイル尺度を作成しています。

（2）インターナル・ワーキング・モデル

愛着の研究は、1990年代になって、それまでの外的に把握できる行動レベルへの関心から、より内在化された表象レベルへの関心へと移行しました。そして、インターナル・ワーキング・モデル（internal working models）という概念が注目されるようになりました。インターナル・ワーキング・モデルは、愛着対象との持続的な相互交渉を通して、人の内部に形成される愛着対象および自己に関する心的表象（mental representation）（戸田，1991）と定義されています。

インターナル・ワーキング・モデルは「愛着対象に関するモデル」と「自己に関するモデル」の2つに分けられます。ボウルビィ（Bowlby, 1969, 1973）は、私たちは、この2つのモデルに助けられて現実のできごとを知覚し、未来を予測し、自分の計画を作成するとしています。そして、彼は、愛着対象に関するモデルにおいて重要な点は「愛着対象が、支援や保護の求めに対して応じてくれる種類の人であるかどうか」についてのその人の判断にあり、一方、自己に関するモデルにおいて重要な点は「自分が他者から、とくに愛着対象か

» 表9-2　成人の愛着スタイルとその頻度（戸田，1992）

設問：あなたの感情をもっともよく表わしているものはどれですか。

安定群（N=319, 56%）：私は比較的容易に他人と親しくなることができるし、また、彼らと気楽に頼ったり頼られたりすることができる。見捨てられることについて、あるいはあまりにも親しくしてくる人について、心配することはほとんどない。

回避群（N=145, 25%）：他人と親しくなることは、私にとって幾分重荷である。私は他人を心から信頼することはできないし、他人に頼ることもできない。だれかがあまりにも近づいてきたり、しばしば恋人が、私が快いと感じる以上に親密になることを求めたりすると、イライラしてしまう。

アンビバレント群（N=110, 19%）：他人はいやいやながら私と親しくしてくれていると思う。しばしば恋人が私をほんとうに愛してはいないのではないか、私といっしょにいたくないのではないかと心配になることがある。私は他者と完全に一体になりたいと思うが、この願望がときに人々を私から遠ざけてしまう。

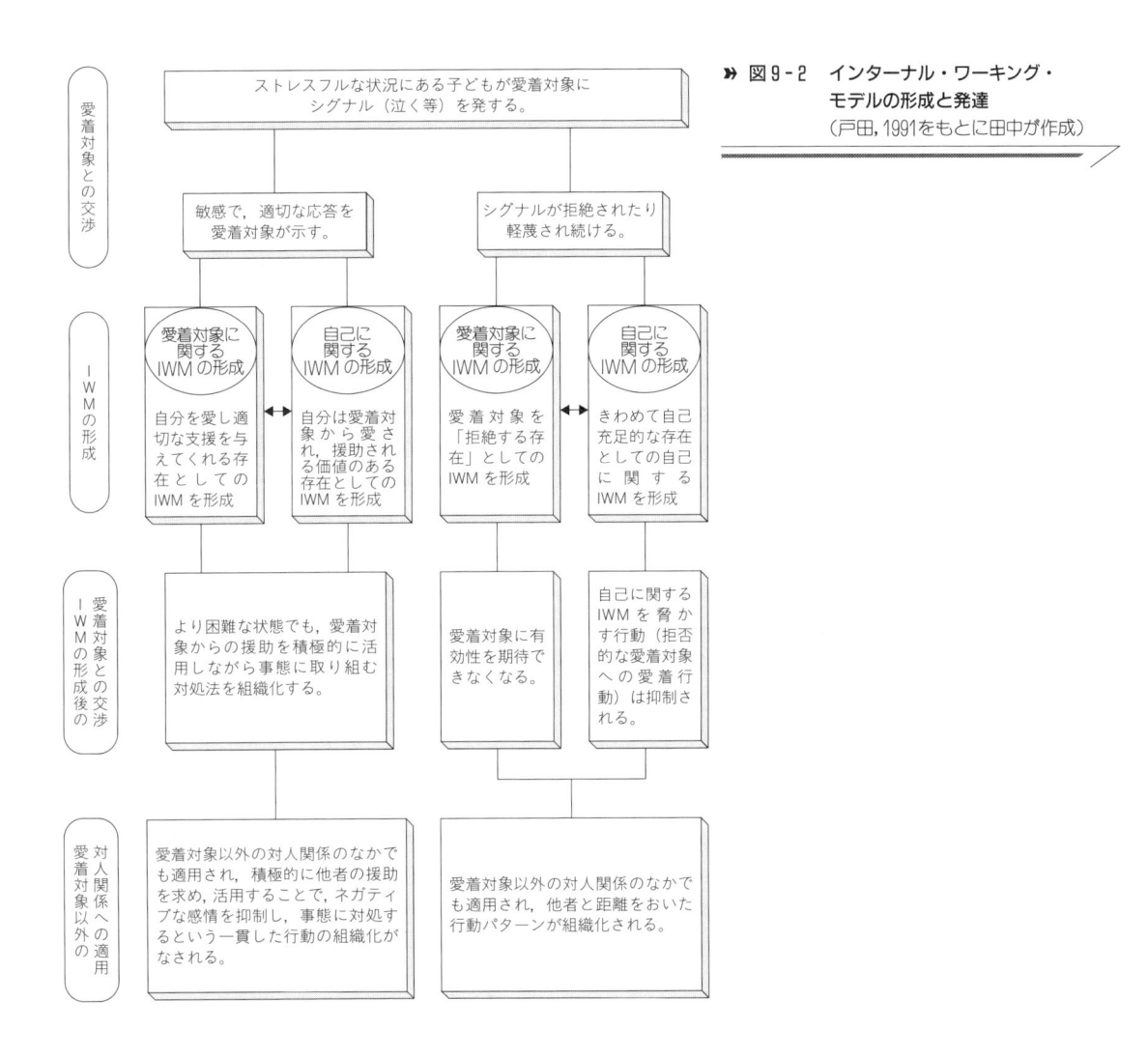

> 図9-2 インターナル・ワーキング・モデルの形成と発達
> （戸田，1991をもとに田中が作成）

ら受容され，援助され得る種類の人間であるかどうか」についてのその人の判断にあるとしています。この2つのモデルは，理論的には独立ですが，実際には相互に補いあい，強めあいながら発達します（図9-2）。つまり，乳幼児は，愛着対象との相互交渉を通じて，インターナル・ワーキング・モデルを形成し，そのモデルにしたがって愛着対象との相互作用を行ない，さらに，愛着対象以外の対人関係においてもこのモデルを適応するとされています（戸田，1991）。

（3） 漸成説とルイスの社会的ネットワーク・モデル

対人関係の発達を考える場合，問題となるものに，連続性の問題があります。代表的な考え方に，漸成説（epigenetic theory）があります。これは，乳幼児が最初に出会う特定の対象（多くの場合は，母親）とのあいだに形成した愛着が基礎となり，父親，祖父母，兄弟などの家族，親族というように愛着の対象を拡大していく（拡大された愛着対象を，二次的愛着対象とよびます）という考え方です。

これに対し，ルイス（Lewis, 1979）は，社会的ネットワーク・モデルを提唱しました。これは，乳幼児は，母親だけではなく他の対象とのあいだにも，各対象の機能に応じ，独立した相互関係を形成するというものです。つまり，子どもの対人関係は，母親との関係とは独立に存在し，母親と

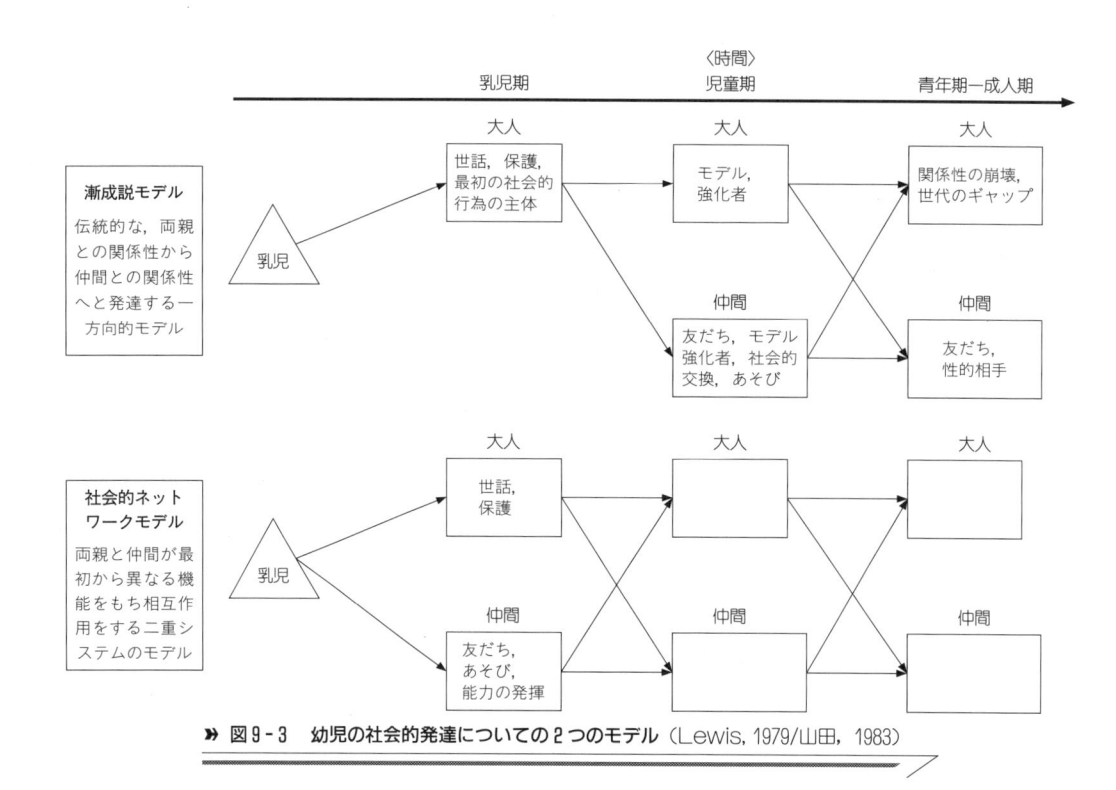

》 図9-3　幼児の社会的発達についての2つのモデル（Lewis, 1979/山田, 1983）

の関係から直接引き出されるものではないというものです（図9-3）。

ここまでは，生涯発達という視点から社会的ネットワークをとらえる必要性や問題点を説明してきました。次に，生涯発達の視点を視野にいれた研究として，カーンとアントヌッチのコンボイ・モデルと高橋の愛情の関係モデルの2つを紹介します。

(4) コンボイ・モデル

カーンとアントヌッチ（Kahn & Antonucci, 1980, 1981）は，ストレス，ソーシャル・サポート，役割についてのこれまでの研究では，生涯発達の時間的文脈が及ぼす影響を無視する傾向があったと指摘しています。彼らは，生涯発達の観点を重視する立場から，ネットワークの継時的変化をとらえることのできる分析枠組みとしてコンボイ・モデルを提案しています。

コンボイ（convoy）とは，無防備の輸送船とそれを護衛する駆逐艦とからなる輸送船団を意味することばです。つまり，ソーシャル・サポートの授受を通して関係する一群の人々に囲まれたライフサイクルを，人は移行していくのです。

また，彼らは，生涯にわたる個人の幸福感を大きく左右するものをソーシャル・サポートであるとして，図9-4のようなプロセスを仮定しています。このプロセスは，まずある時点における個人のソーシャル・サポートの必要性は，年齢，性別，欲求，あるいは，能力などの個人の持続的特性と，仕事，家族，他の役割に対する期待や要求等の状況的特性によって規定されます。次に，個人のコンボイの構造（大きさ，結合性，安定性等）は，その個人の持続的特性，個人のソーシャル・サポートの必要性，そして，状況的特性によって規定されます。さらに，個人が受け取るソーシャル・サポートの適切さは，コンボイそのものの特性と，個人的特性，状況的特性によって規定されます。

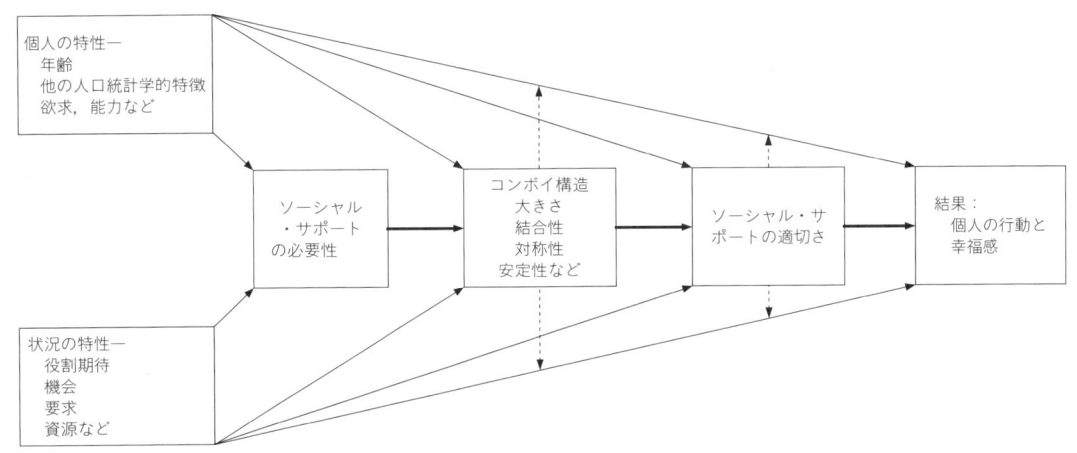

» 図9-4 コンボイの特性を規定する要因とその特性が及ぼす影響 (Kahn & Antonucci, 1980/遠藤ら, 1993)

　最後に，幸福感や，主要な役割の遂行を含む生活上の結果は，個人の持続的特性，ソーシャル・サポートの適切さ，状況的特性によって規定されます。また，役割遂行や幸福感に対する，個人的特性と状況的特性の影響は，コンボイの構造と，ソーシャル・サポートの適切さによって緩和されます。そして，コンボイがこのモデルの中心であるとしています。

　さらに，彼らは，コンボイの中核をなすものは，役割（role）の概念であるとしています。そして，さきに述べた時間的文脈の観点がこれに加わります。つまり，加齢にともなう役割関係の変化，すなわち，すべての個人は，生涯を通じて，配偶者，親，労働者，管理者，隣人，友人など，さまざまな役割を取ったり，役割から離れたりします。そして，こうした役割には，その役割に関する期待や要求があり，これらが，対人的にどのような行動を取るべきであるのかということについての条件を特定します。このように役割は，他者との接触や相互作用の基礎となります。

　この役割移行や役割喪失などによって生じる役割ストレスへの対処として，個人をまわりから支えるネットワーク援助システムを図示したものが図9-5です。まず，もっとも小さな円Pは，問題になる人，焦点となる人を表わします。このPを取り囲むように配置された人たちは，ソーシャル・サポートの授受という点でPにとって重要な人を表わします。まず，もっとも外側の同心円の内側にいる人々は，役割に基づいてPと関係する人々です。つまり，Pと仕事上の目的を共有し，仕事上でのみPにとっての支えとなるような上司，

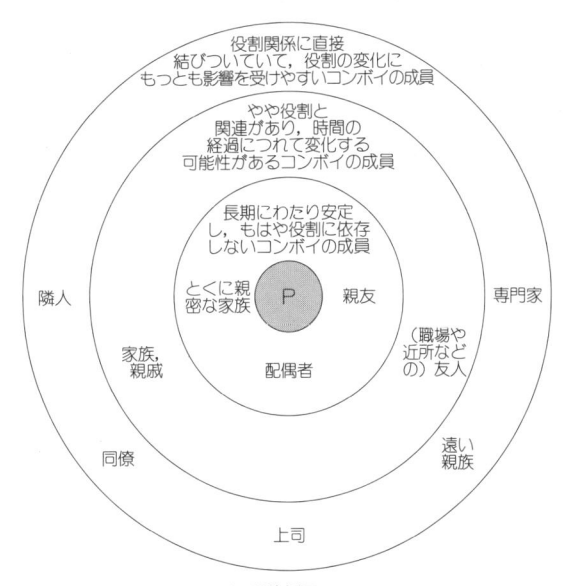

» 図9-5　コンボイの仮説的例示
　　　　（Kahn & Antonucci, 1980/遠藤ら, 1993）

図9-6 生涯発達におけるコンボイの構成の変化
ある女性の生涯の異なる2時点におけるコンボイ
（Kahn & Antonucci, 1980/遠藤ら, 1993）

同僚などです。Pはこれらの人々をそれほど親密でないと感じていたり，Pがその人と関係をもつ領域はせまく限定されがちです。それゆえに，これらの人々は役割の変化の影響を大きく受けやすいとされています。外側から2つ目の同心円の内側にいる人々は，Pの家族，友人，同僚などです。Pは，彼らから受けるサポートを，Pの生活における彼らの役割にはあまり依存していないと認識しています。この点で，この人々は外側の人々よりも，多少親密性の程度が高いといえます。相互作用の機会，場所，問題は役割とはほとんど関連しませんが，その関係は役割に依存する程度が高く，役割が喪失されるとその関係は維持されなくなりがちです。Pにもっとも近い同心円には，Pにとって重要なサポートの提供者として認識されており，Pが非常に親密であると感じている人々が含まれます。この円に含まれる人々は，非常に高い価値をおかれているので，仕事や住居が変わっても長期間安定した状態を保つ傾向にあります。

図9-6は，生涯発達におけるコンボイの変化を示しています。これは，ある女性の35歳と75歳の異なる2時点でのコンボイを表わしたものです。この女性は，35歳の時点で，結婚しており，2人の子どもがいます。75歳の時点では，夫に先立たれ，子どもたちは2人とも成人しています。35歳のコンボイには75歳のそれよりもかなり多くの成員が含まれています。

コンボイ・モデルは，ソーシャル・サポートを個人間の関係性の深さ（質）から論じ，その関係性の類別を図るという点で独特のものであり，また，幼児から高齢者までの個人のサポートネットワークの変化をうまくとらえることができます。コンボイ・モデルの測定に関する特徴と問題点について，高橋（1999）は，多くの文化のさまざまな年齢についての資料から，次のようにまとめています。まず特徴としては，文化と年齢を超えて，3つの円に含まれる合計人数は10名程度である

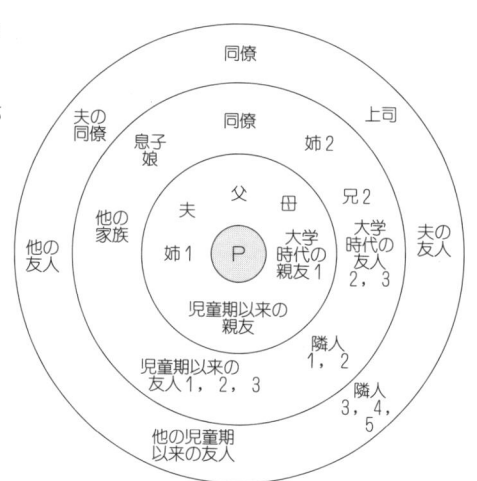

【35歳，既婚，2児をもつ女性】

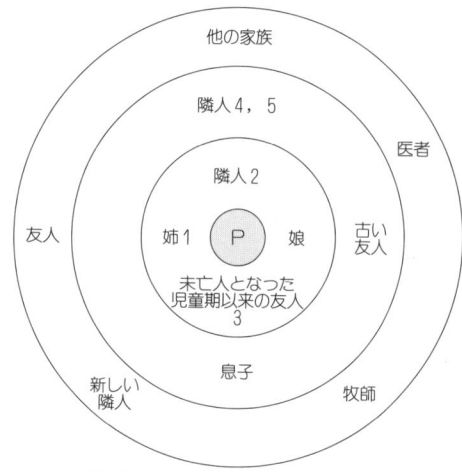

【75歳，未亡人，成人した2人の子どもをもつ上図と同一の女性】

こと。次に，家族がもっとも内側の円に含まれやすいこと。そして，もっとも内側の円に含まれる人物はすべての心理的機能を割り振られるということです。問題点としては，図9-5のような図を用いるために，同居しているか否かなどといった，物理的な距離が心理的距離に混ざりやすいこと。また，熱心に記入すると人数が増える，あるいは，かける時間によってあげられる人数が変わるなど，実施のしかたや教示により，あげられる人数が簡単に影響されることをあげています。

表9-3 ARS項目：ARS学生（ARS-Student）の母親との関係について（高橋（未公刊））

あなたと母親との関係について答えてください。
1．母親が困っているときには助けてあげたい
2．母親と離れると心に穴があいたような気がするだろう
3．母親が私の心の支えであってほしい
4．悲しい時は母親とともにいたい
5．つらいときには母親に気持ちをわかってもらいたい
6．母親とは互いの悩みをうちあけあいたい
7．母親が困ったときには私に相談してほしい
8．自信がわくように母親に「そうだ」といってほしい
9．できることならいつも母親といっしょにいたい
10．なにかをする時には母親が励ましてくれるといい
11．母親とは互いの喜びを分かち合いたい
12．自信がもてるように母親にそばにいてほしい

注）各項目に，そう思う：5，まあそうおもう：4，どちらともいえない：3，あまり思わない：2，思わない：1の5段階で評定する。

（5） 愛情の関係モデル

高橋（1999）は，複数の他者からなるネットワークを記述するとともに，個人のネットワークの特徴を明らかにする愛情の関係モデル（affective relationships model）を提案しています。高橋は，愛情の関係モデルが，対人関係のなかでも中心的な部分を占め，そのなかでポジティブな感情（愛情的：affectiveな情動）を交換しあい，それが個人の存在を支え，変化はするものの，ある期間は安定している関係を記述する表象モデルであるとしています。そして，それぞれの個人は，愛情が向けられる相手である「対象」と，愛情行動がもつ「心理的機能」とをセットにして，まとまりのある対人関係についての枠組みをもっているとされています。

愛情の関係は，まず，愛情行動を向ける対象，次に，その対象が果たす心理的機能，そして，愛情要求の強度の3要因から測定されます。具体的には，ARS（affective relationships scale）という質問紙により「近接を求める」「情緒的支えを求める」「行動や存在の保証を求める」「激励や援助を求める」「情報や経験を共にする」そして「養護したい」の6種類の心理的機能を果たす愛情行動を表わした質問項目について，それが向けられる複数の対象ごとに，その項目の内容をどの程度望むのかを評定するものです（表9-3）。これにより「対象」と「心理的機能」とをセットにして測定し，個人が，各対象に，どのような心理的機能を，どの程度の強さで求めているのかが明らかになります。さらに，対象ごとで，6つの心理機能の合計得点を愛情要求（得点）とします。このようにして，得られた愛情要求（得点）に関して，相対的に愛情要求がもっとも強く向けられた対象を「中核的な対象（focus or foci）」とし，この「中核的な対象」が愛情の関係の枠組みを特徴づけると仮定します。さらに，この対象がだれであるのかに注目し，対人関係のタイプを分類します。そして，この分類によって対人関係の個人差を説明

» 表9-4 愛情の関係モデルによる対人関係の類型（Takahashi, 1990；井上・高橋, 1998, 1999より）

対人関係の型	井上・高橋(1998)			井上・高橋(1999)	Takahashi(1990)		
	小学3年生	小学6年生	合計(3年+6年)	女子大学生	女子大学生	男子大学生	合計(男子+女子)
単一焦点型	151(62.9%)	177(70.8%)	328(66.9%)	1291(75.1%)	57(33.9%)	120(43.3%)	177(39.8%)
母親型	43(17.9%)	17(6.8%)	60(12.2%)	146(8.4%)	15(8.9%)	2(0.7%)	17(3.8%)
父親型	9(3.8%)	5(2.0%)	14(2.9%)	10(0.6%)	1(0.6%)	1(0.7%)	2(0.4%)
きょうだい型					1(0.6%)	0(0%)	1(0.2%)
同性のもっとも親しい友人型	99(41.3%)	155(62.0%)	254(51.8%)	447(26.0%)	4(2.4%)	9(3.2%)	13(2.9%)
異性のもっとも親しい友人型				691(40.1%)	28(16.7%)	99(35.7%)	127(28.5%)
尊敬する人型					8(4.8%)	9(3.2%)	17(3.8%)
複数焦点型（その他型）	31(12.9%)	15(6.0%)	46(9.4%)	263(15.3%)	106(63.1%)	152(54.9%)	258(58.0%)
二対象型					40(23.8%)	74(26.7%)	114(25.6%)
三対象型					40(23.8%)	54(19.5%)	94(21.1%)
四対象以上型					26(15.7%)	24(8.7%)	50(11.2%)
Lone-wolf型	19(7.9%)	25(10.0%)	44(9.0%)	43(2.5%)			
分類不能	39(16.3%)	33(13.2%)	72(14.7%)	123(7.1%)	5(3.0%)	5(1.8%)	10(2.2%)
計	240(100%)	250(100%)	490(100%)	1720(100%)	168(100%)	277(100%)	445(100%)

図 9-7 PART の図版例
（高橋と井上，1998）

a. 外で遊ぶとき，だれと一番遊びたいですか？
（男児用図版）

b. 算数がとちゅうで わからなくなったときだれに一番教えてほしいですか？
（女児用図版）

します（表 9-4）。

また，高橋と井上（高橋と井上，1998；井上と高橋，1998）は，ARS の使用が困難な幼児，小学生，あるいは，高齢者について，ARS の項目を絵であらわした PART（picture affective relationships test）を提案しています（図 9-7）。このように，愛情の関係モデルは，生涯発達という視点からも，同じモデルによる広い年齢に適用できるという点で，対人関係の枠組みの様相と年齢や状況の変化にともなう枠組みの変容を明らかにすることが可能であるとされています。たとえば，高橋（1991）は，愛情関係構造のなかで，母親や家族を相対的に重要だとする家族型と，仲間を相対的に重要だと答える仲間型があり，このパターンは年齢を超えてみられることを指摘しています。

（6）社会的ネットワークの発達的移行

社会的ネットワークの発達的変化に関しては，これまで愛情（依存のちに愛着）の要求を向ける対象において，発達にともない，おもに要求を向ける対象，すなわち，焦点が推移するという「焦点説」とでもいえるものがあります（高橋，1968a，1968b，1970，1974，1991，1999 など）。また，愛着（依存）は学習されたパターンで，特定の対象に愛着できる人は他の人にも愛着できる（大日向，1988 など）という「般化説」とでもいえるものがあります。この 2 つの異なる考え方は，愛情に定量があるかどうかという問題とも関連すると考えられます。つまり，個人が他者に向ける愛情に定量（限界量）があるとすれば，特定の対象に愛情（依存）が向けられると，他の対象に向ける愛情は少なく（依存しなく）なると考えます（高橋の焦点化された状態）。しかし，愛情に定量がなければ，ある人に向けた愛し方を他の人に向けても，不自然ではないと考えられます。

3 社会的ネットワークにおける互恵性

8 章では，援助やサポートを提供することによる援助成果について述べられていました。私たちは，対人関係のなかで援助やサポートを，あるときは「与えられ」またあるときは「与える」ということがあります。しかし，対人関係における双方向の影響過程に関する研究はまだ始まったばかりであり，サポート研究における互恵性への関心が高まったところであるといえます。

また，発達心理学の領域などでは，生涯発達の考え方が，研究対象の年齢的な広がりをもたらしました。つまり，それまで多くの研究は，乳幼児から青年期までを研究対象としてきましたが，青年期以降の対象の研究が増えてきたのです。その結果，青年期以降のデータが集められ，それまでの発達観が見直されることとなりました。たとえば，愛着の研究においては，乳幼児がその研究対象であり，乳幼児が養育者から「与えられる」だけの一方的な関係でありました。しかし，高齢者においては「与えられ」同時に「与える」という双方向の関係性における互恵性が注目されるようになりました（高橋と波多野，1990）。

以下では，対人関係における互恵性に関する研究を紹介します。

（1）クリッテンデンの研究

クリッテンデン（Crittenden, 1985）は，低所得

者層の，生後 2 か月から 48 か月（平均 24 か月）の子どもと母親の 121 組を対象として，母親が社会的ネットワークのなかで受けるサポートの質と養育パターン（適切なケア群，虐待群，放任群など），そして，母子のアタッチメントのあいだの関連性について調べました。

その結果，適切なケア群の母親は，インタビュアーとの関係，社会的ネットワーク・メンバーとの関係において，ともに支持的で満足のいく社会的関係を結んでおり，他者を「自分の要求を満足させてくれる人」として喜んで受け入れ，また自分自身についても，他者を援助することについて有益であり力があると思っていました。そして，ネットワークのメンバーからサポートを受けた分だけ自分もメンバーをサポートすることでお返しをしているという「お互いさま的関係」（互恵的（reciprocal）関係）を結んでいました。しかし，虐待群の母親は，自分が他者に与えた分だけは自分は他者からのサポートを提供されていないというような感じ方をしており，自分の与えたことを過大評価し，かつ実際に与えられたサポートを過小評価するという傾向が認められました。

(2) 大日向の研究

大日向（1988）は，母親は子どもを守り支える存在であるが，同時に母親は，子どもの存在を自分の支えとし，子どもからの愛情や信頼を求めているということを指摘しています。そして，既婚女性の母親として子どもに対する愛着と，妻として夫に対する愛着とは，二者択一的なものかどうか，さらに，両者が質的にいかに分化しているのかを明らかにしようとしました。そこで，母親の「相手を支えたい，愛したい」という方向（expressed）と「相手に支えてもらいたい，愛されたい」という方向（wanted）の 2 方向の愛着を想定し，さらに，その愛着を向ける対象として，子どもと夫の 2 対象を取りあげ，その関連性を検討しました。

その結果，子どもに対しては支えてあげたいという expressed の要求が，また，夫に対しては支えてもらいたいという wanted の要求が強いけれども，子どもに対しても wanted の要求が，そして，夫に対しても expressed の要求が存在することを明らかにしました。すなわち，子どもと夫は機能分化しながらも，ともに，母親の愛情の対象として高い関連性をもつ存在であるといえます。さらに，子どもに対して愛着が強い母親は夫に対しても愛着が強く，子どもと夫とに対する愛着に不一致のある母親では，子どもに対するかかわり方に問題が存在していました。

(3) 社会的ネットワークにおける互恵性に関する研究

クリッテンデンや大日向のほかには，高橋と井上（1998）の研究が，愛情の関係モデルにおける愛情要求の 6 つの心理的機能のなかに「養護したい」という機能を含めています。これは，大日向の expressed に相当するとも考えられます。また，田中と高木（1994）は，特定の他者から依存されたい，あるいは，特定の他者からの依存欲求にこたえたいという「被依存欲求」について，同性の友人に対する「依存欲求」と「被依存欲求」との関連性について検討しています。このように，クリッテンデンや大日向の研究のほかにも対人関係における互恵性に関する研究はありますが，いずれも限られた対人関係のなかでの互恵性，あるいは，個人のもつ互恵的な欲求や態度などに焦点をあてたものといえます。つまり，社会的ネットワークのなかでやりとりされる双方向の影響過程についての研究は，まだ始まったばかりであり，今後の研究の成果に期待されます。

4　おわりに

本章では，まず，社会的ネットワークという概念について，複数の学問領域にわたるその歴史的

変遷を，次に，生涯発達という視点が加わったことにより，それまで静態的・一時的な社会的ネットワークについての研究が，動態的・継時的なものへと変化したことを説明しました。そしてさらに，互恵性という視点が加わることで，援助や支援を「受ける者」と「与える者」との関係といった，いわば一方的な関係から相互的な関係へと，研究の方向が広がったことを述べました。このように，この領域の研究は，実際の対人関係をよりリアルにとらえようと，さまざまな視点が加わり，複雑な展開を見せています。今後は，これら多くの知見を整理し，あるいは見直し，さらなる研究の発展が望まれています。

引用文献

Ainsworth, M. D. S., Blehar, M. C., Waters, E., & Wall, S. 1978 *Patterns of Attachment: A Psychological study of the strange situation*. Hillsdale, NJ: Erlbaum.

Antonucci, T. 1976 Attachment: A life-span concept. *Human Development*, 19(3), 135-142.

Barnes, J. A. 1954 Class and committees in a nowegian island parish. *Human relations*, 7, 39-58.

Bott, E. 1971 *Family and social network: role, norms, and external relationships in ordinary urban families* (2nd ed). London: Tavistock.

Bowlby, J. 1958 The nature of the child's tie to his mother. *International Journal of Psychoanalysis*, 39, 350-373.

Bowlby, J. 1969 *Attachment and Loss, vol. 1: Attachment*. London: Hogarth. 黒田実郎・大羽 秦・岡田洋子・黒田聖一（訳）1991 母子関係の理論 I：愛着行動 岩崎学術出版社

Bowlby, J. 1973 *Attachment and Loss, vol. 2: Separation: anxiety and anger*. London: Hogarth. 黒田実郎・岡田洋子・吉田恒子（訳）1991 母子関係の理論 II：分離不安 岩崎学術出版社

Crittenden, P. M. 1985 Social networks, quality of child rearing, and child development. *Child Development*, 56, 1299-1313.

Fischer, C. S. 1977 *To dwell among friends: Personal networks in town and city*. Chicago: University of Chicago Press.

Hazan, C. & Shaver, P. 1987 Romantic love conceptualized as an attachment process. *Journal of Personality and Social Psychology*, 52, 3, 511-524.

Hirsh, B. J. 1979 Psychological dimensions of social networks: A multimeshod analysis. *American Journal of Community Psychology*, 7, 263-277.

Hirsh, B. J. 1980 Natural support systems and coping with majour life changes. *American Journal of Community Psychology*, 8, 159-172.

稲葉昭英・浦 光博・南 隆男 1987 「ソーシャルサポート研究」の現状と課題 哲学, 85, 109-149.

井上まり子・高橋恵子 1998 小学生の対人関係の測定(2) PART による対人関係の類型と適応 日本教育心理学会第40回総会発表論文集 p.77.

井上まり子・高橋恵子 1999 女子大学生の対人関係の類型と大学生活での適応 日本心理学会第63回大会発表

論文集 p.919

久田 満 1987 解説 ソーシャル・サポート研究の動向と今後の課題 看護研究，20-2，170-179．

Kadushin, C. 1982 Social density and mental health. In P. Marrsden & N. Lin (Eds.), *Social structure and network analysis*. Beverly Hills, CA : Sage. p. 147-158.

Kahn, R. L. & Antonucci, T. C. 1980 Convoys over the life course : Attachment, roles, and social support. In P. B. Baltes & O. B. Brim (Eds.) *Life-span development and behavior, Vol. 3*. New York : Academic Press. p. 253-268. 遠藤利彦・河合千恵子（訳）1993 生涯にわたる「コンボイ」－愛着・役割・社会的支え 東 洋・柏木惠子・高橋惠子（監訳）生涯発達の心理学2巻：気質・自己・パーソナリティ 新曜社 p. 33-70．

Kahn, R. L. & Antonucci, T. C. 1981 Convoys of social support : A life-course approach In S. B. Kiesler, J. N. Morgan & V. K. Oppenheimer (Eds.) *Aging : social change*. New York : AcademicPress. p. 383-405.

Kalish, R. & Knudtson, F. W. 1976 Attachment versus disengagement : A life-span conceptualization. *Human Development*, 19, 171-182.

小松源助 1994 解説：ソーシャルサポートネットワークの動向と課題（Maguire, L. 1991 *Social Support Systems in Practice : A Generalist Approach*. Washington, DC : National Association of Social Workers, Inc. 小松源助・稲沢公一（訳）対人援助のためのソーシャルサポートシステム 川島書店 p. 241-253．）

Lerner, R. & Ryff, C. 1978 Implementation of the life-span view of human development : The sample case of attachment. In P. B. Baltes (Ed.) *Life-span development and behavior* (vol. 1). New York : Academic Press.

Lewis, M. 1979 *The social network : Toward of social development*. The invited address at the 50th annual meeting of the Eastern Psychological Association. 山田洋子（訳）1983 社会的ネットワーク－社会的発達理論の建設に向かって サイコロジー 34 No. 1, p. 69-73., No. 2, p 68-72., No. 3, p61-67.

大日向雅美 1988 母性の研究 川島書店

Radcliffe-Brown, A. R. 1940 On social structure. *The Journal of the Royal Anthropological Institute*, vol. 70, p. 39-58.

高橋惠子 1968a 依存性の研究Ⅰ：大学生女子の依存性 教育心理学研究，16, 7-16．

高橋惠子 1968b 依存性の研究Ⅱ：大学生との比較における高校生女子の依存性 教育心理学研究, 16, 216-226．

高橋惠子 1970 依存性の研究Ⅲ：大学・高校生との比較における中学生女子の依存性 教育心理学研究，18, 65-75．

高橋惠子 1974 生活史にみる依存の発達 教育心理学研究，22, 1-9．

Takahashi Keiko 1990 Affective relationships and lifelong development. In P. B. Baltes, D. L. Featherman, & R. M. Lerner (Eds.) *Life-span development and behavior,* Vol. 10. Hillsdale, NJ : Erlbaum. p. 1-27.

高橋惠子 1991 生涯発達論と教育＜誌上シンポジウム＞ 生涯発達論の展開 －たとえば，対人関係の発達の場合 名古屋大学教育学部紀要，38, 2-8．

高橋惠子 1999 第1章 発達研究の現在－社会＝情動的分野の進歩－ 児童心理学の進歩，vol. 38, p. 1-28.

高橋惠子・波多野誼余夫 1990 生涯発達の心理学 岩波書店

高橋惠子・井上まり子 1998 小学生の対人関係の測定（Ⅰ）PARTの構成 日本教育心理学会第40回総会発表論文集 p. 77．

田中 優・高木 修 1994 被依存者の心理についての研究（Ⅰ）－依存欲求と被依存欲求との関連性について－ 日本教育心理学会第36回総会発表論文集 p. 332．

Terrance, L. A. & Mara, B. A. 1987 Communication Networks as structures of Social Support. In L. A. Terrance, B. A. Mara, & Associates. (Eds.) *Communicating Social Support*. Newbury Park, Calif : Sage Publications. p. 40-63.

詫摩武俊・戸田弘二 1988 愛着理論からみた青年の対人態度 －成人版愛着スタイル尺度作成の試み－ 東京都立大学人文学報，196, 1-16．

戸田弘二 1991 Internal Working Models研究の展望 北海道大学教育学部紀要，55, 133-143．

戸田弘二 1992 愛着を感じる 松井 豊（編）対人心理学の最前線 サイエンス社 p. 40-50．

10章

　大学生のＡ君は友人から言われたことばにショックを受けました。
　「放っておいてくれよ！」
　友人が就職活動がうまくいかずに落ち込んでいるのを見かねて，Ａ君が就職活動についてあれこれアドバイスをしようとしたら，友人が怒りを含んだ声でこう言ったのです。
　「何だよ，せっかく人が親切で言ってやっているのに」と言い返したのですが，友人はさらに次のように言いました。
　「それを『小さな親切，大きなお世話』っていうんだよ」
　そのときの友人の辛そうな目を見て，Ａ君はそれ以上何も言えなくなってしまったのでした。
　「友だちだからこそ，彼のことを気遣ってやることができる」とＡ君はいまでもそう思っています。だから，彼のことを気遣う自分の気持ちはまちがいがなかったと確信しています。
　「でも…」とＡ君は思います。「気遣いが人を傷つけることもあるのかもしれない。だとしたら，僕はあのときどうしたらよかったんだろう」

対人関係の光と影

1 対人関係の2面性

　言うまでもないことだと思いますが，人と人との関係にはよいことばかりが起こるわけではありません。よいことも起こればわるいことも起こります。本章では，この対人関係のポジティブな部分，すなわち光の部分と，逆にそのネガティブな部分，すなわち影の部分の双方に焦点をあててみたいと思います。

　従来の対人関係をめぐる社会心理学の研究は，対人関係のこれら両面に目を向けさまざまに検討してきました。対人関係が人に及ぼす望ましい影響に焦点をあてた研究の代表が向社会的行動やソーシャル・サポートの研究であり，また望ましくない影響に焦点をあてた研究の代表が，対人的な葛藤や攻撃性の研究です。それぞれのテーマをめぐる研究の成果は膨大で，また有益な知見も豊富です。本章の目的は対人関係の光と影に焦点をあてることですから，それらの研究を紹介すればよいのかもしれません。しかし，これら個別の領域について紹介した書物はすでにいくつか存在します（たとえば，浦，1992；松井・浦，1998；大渕，1993）。また，それらの膨大な知見をわずかなスペースで紹介しきることも困難です。

　そこで本章では，従来あまり扱われてこなかった，そしてそれゆえに必ずしも体系的な形で知見が整理されてこなかったテーマに焦点をあてます。それは，対人関係において望ましい効果をもたらすはずの言動が，意に反して望ましくない効果をもたらしてしまうという過程を扱った研究です。このテーマは従来必ずしも積極的に検討されてきたものではないため，本章の内容はともすると未整理なままになってしまう可能性もなきにしもあらずです。しかし，その未整理な部分こそ，対人関係をめぐる社会心理学の将来の展開の可能性を示すものになるはずです。本章の最後では，その展開にとってどのようなアプローチが必要かということにまで踏み込んで考えてみたいと思います。

2 ソーシャル・サポートのネガティブ効果

（1） 友人からのサポートのネガティブ効果

　最初に述べたように，ソーシャル・サポートは対人関係において個人に望ましい影響を及ぼす行動の典型例といえるでしょう。しかし，このソーシャル・サポートが，送り手の意に反して受け手に対してネガティブな影響を与えることがあります。たとえば菅沼と浦（1997）は，友人からのサポーティブなはたらきかけが，場合によっては人の不安や心理的な反発を高めることがあることを明らかにしています。どのような場合にそれが起こるのかというと，友人がサポーティブなはたらきかけをするうえで十分な正当性をもっていない場合です。

　ここで正当性とは，おもにリーダーシップ研究で扱われてきた概念で（たとえば，Hollander & Julian, 1970），リーダーの部下に対する影響力の基盤となる特質のことです。ホランダーたちによれば，これは，リーダーが課題遂行に対してもっている動機づけの強さと課題を遂行するうえでの有能さによって決まるとされています。要するに，やる気があって能力の高いリーダーの言うことであれば，部下は従うけれども，やる気もなければ有能でもない人の言うことなんてだれも聞かないということです。

　菅沼と浦（1997）は，この正当性の概念を使って，ソーシャル・サポートの効果を実験によって検証しようとしました。この実験では，被験者は数字の単純加算という課題を行なうよう求められました。この課題遂行の際，被験者は友人から，課題遂行量の目標を高めに設定してはどうかというようなことばをかけられます。そして，そのようなはたらきかけを行なうことへの正当性の高低は，友人の課題遂行への動機づけの強さと能力の

高さによって操作されました。

　実験の結果は興味深いものでした。まず友人からのはたらきかけは，被験者の課題遂行中の血圧を上昇させ，状態不安を高めました。また，状態不安は，正当性の低い友人からはたらきかけられた場合のほうが，正当性の高い友人からはたらきかけられた場合よりも高くなることが示されました。さらに，正当性の低い友人からのはたらきかけは，被験者の心理的な反発を高めました。要するに，正当性の低い友人からのはたらきかけは，人の不安を高め，心理的な反発を引き起こしたということです。さらには，被験者の課題遂行量も，正当性の高い友人からはたらきかけられた場合のほうが，正当性の低い友人からはたらきかけられた場合よりも高くなることが示されました。

　これらの結果から次のようなことが言えます。まず，友人から課題遂行目標を高めに設定してはどうかというようなはたらきかけを受けた場合，その友人が被験者に対してそのようなはたらきかけをするだけの正当性をもつ場合に限り，被験者の心理的反発を生じさせることなく課題遂行への動機づけを高め，課題遂行を促進させるということです。逆に，正当性の低い友人の場合には，その被験者の心理的反発を招き，その反発が動機づけを低下させ，不安や緊張が顕在化し，課題遂行が抑制されるということです。

　この実験結果は，課題遂行を促進する目的で行なわれる友人からのはたらきかけは，どのような場合にでも目的どおりの結果を生むわけではないことを示しているといえます。そのはたらきかけを受けた人に，それを受け入れることを納得させるだけの資質や実績を友人がもたないときには，かえって悪影響が生じてしまうこともあるということです。

（2）上司からのサポートのネガティブ効果

　上述の実験は，友人関係における励ましが課題遂行や問題解決，あるいはストレス反応に対してポジティブな影響を及ぼしたりネガティブな影響を及ぼしたりする条件とは何かを明らかにしたものといえます。では，友人関係以外の関係ではどのような条件が重要なのでしょうか。私たちの日常生活のなかで友人関係とともに重要な役割を占めているのが，職場における人間関係です。とくに，職場の上司との関係は，仕事への動機づけという観点から見ても，また日常のストレスの緩和や促進という観点から見ても，かなり重要な位置を占めています。この職場の上司から部下に向けてのサポーティブなはたらきかけもまた，上司の意図したとおりの結果を生じさせることもあれば，意図とは逆の結果を生じさせる場合もあります。これらの違いを生じさせる要因とは何なのでしょうか。

　ひとつの答えはすでに明らかです。それは，上司の部下に対するリーダーシップの効果についてのものです。リーダーシップ行動もまた，部下の課題遂行に対してそれを促進するための種々のはたらきかけをするという意味において，サポーティブな行動であるといえます。このリーダーシップ行動が部下の課題遂行を促進するかどうかについては，ホランダーとジュリアン（Hollander & Julian, 1970）の研究や菅沼と浦（1997）の研究から，上司のリーダーとしての正当性の高低によって左右されると考えられます。つまり，有能で動機づけの高いリーダーからのはたらきかけは，部下の課題遂行を促進するのに対して，有能さも動機づけも低いリーダーからのはたらきかけは，課題遂行促進効果をもちません。

　このような課題遂行のためのはたらきかけとは別に，職場でしばしばみられる上司から部下に対するはたらきかけに，プライベートな生活（家族や友人関係をめぐることがら）に関するものがあります。本来，上司―部下関係は職場のなかだけのものであるはずですが，上司が部下のプライベートな生活について，たとえば人生の先輩として

年若い部下にアドバイスをしてやるような気持ちで，あれこれと口を出すというようなことがあります。これは上司にしてみれば，よかれと思って取ったサポート行動なのですが，部下にとってはどうなのでしょう。このような問題についても，菅沼と浦（1996）が興味深い結果を報告しています。

社会人162名を対象として行なわれた調査研究の結果は，部下のプライベートな生活に対する上司の口出しが，部下にとって望ましい効果をもたらすか否かは，上司と部下との価値観の類似性によって左右されることを示していました。つまり，部下が自分の直属の上司と自分とは類似した価値観をもっていると感じている場合には，その上司からプライベートな生活について指図されても抑うつは高まらないのに対して，自分とは異なった価値観をもつ上司から指図された場合には，部下は抑うつ傾向を高めたのです。

（3）対人関係の特質とサポート

さて，以上に紹介してきた菅沼と浦の2つの研究の結果から全体としてどのようなことがいえるのでしょうか。この点について考えるためには，対人関係の質的差異についての考え方を理解しておく必要があります。たとえば，クラークとミルズ（Clark & Mills, 1979 ; 1993）は，対人関係を交換関係と共同関係に分類しています。交換関係とは，比較的関係の浅い対人関係や経済的生産性を高めることを主要な目的とする対人関係です。そのような関係では，人は自分たちの関係に対して自分と相手がそれぞれどれくらいの貢献をし，その結果としてどれくらいの報酬を得たのかを常に気にしていると考えられます。そして，これらのあいだのバランスが二者間でとれているならば，人はその関係に満足しますが，そのバランスが崩れると不満になると考えられます。これに対して，共同関係は，親密性の高い友人関係や親子関係に典型的にみられるものです。この共同関係においては，自分と相手の貢献に差があったとしても，結果として得られる報酬が両者のあいだで等しいことが重要です。そのことによって，お互いが損得を抜きにしてつきあえるからです。

このような分類をさきの研究にあてはめてみると，まず，友人関係というのは典型的な共同関係であるといえます。この共同関係においては，損得を抜きにして，生産性の高さなどにもあまり気を遣わずにつきあいたいと人は考えます。しかしながら，このような関係性のなかで課題遂行をめぐって生産性が問題となり，一方が他方にそれを促進するような指示を与えることになれば，共同関係が崩れてしまう可能性が出てきます。お互い対等であるべき関係性において，指示する者と指示される者という地位の差が出てくるからです。そのため，友人関係において関係性をそこなわずに指示の効果を高めるためには，この指示する者とされる者という差が生じることについて，納得できる理由が必要になります。菅沼と浦（1997）の実験で操作された正当性は，この理由としてうまく機能したのです。つまり，友人は課題に対してやる気もあれば有能でもある，そんな友人の指示なのだから，それに従うことには抵抗がない，ということになったのです。これに対して，正当性の低い友人の指示は，それに従わなければならない正当な理由がみつかりません。そのため，心理的な反発を高めたり，ディストレスを高めたりしたものと思われます。

また職場での上司―部下関係は，多くの場合，交換関係であるといえます。そして，上司はリーダーとしての正当性をもっているでしょう。しかしリーダーとしての正当性は，部下のプライベートな生活に口出しするための正当な理由にはならないのです。なぜならば，それはあくまでも交換関係における影響力の基盤にしかならないからです。プライベートな生活においては，多くの場合私たちは他者とのあいだに共同関係を取り結んで

います。そこでは，価値観を共有できる人たちとのあいだで，貢献とか報酬とか，能力とか動機づけなどを気にせずにつきあっていきたいと考えているのです。したがって，プライベートな生活領域でのできごとに対するサポートを受け入れることができるかどうかは，そのサポートの送り手と受け手とのあいだで価値観がどれくらい共有できているかが重要な条件となります。菅沼と浦（1996）の研究で，部下が自分とは異なった価値観をもつ上司から指図された場合に，抑うつ傾向を高めたのは，このような理由によると考えることができます。

（4）文脈のなかでのソーシャル・サポート

ところで，ソーシャル・サポートとひと口に言っても，そこには大きく2つのとらえ方があります。サポートの利用可能性と実際に提供されたサポートの2つです。前者は，自分がもしなにか困った状態になったときに（たとえば，ストレッサーにさらされたときに），どれくらいのサポートが利用できるかについての期待の程度を意味し，後者は，実際に困った状態になったときに他者から提供されるサポートの程度のことを意味します。このサポートの利用可能性と提供された程度という2つの要因の関連について，稲葉（1998）は興味深いモデルを提唱しています。それは文脈モデルとよばれるもので，次の命題からなります。
①サポートへの期待が大きいほど，そのサポートの欠如は受け手に心理的不満を生む。
②サポートの提供が規範化されているほど，そのサポートの欠如は受け手に心理的不満を生む。
というものです。

①の命題から明らかなように，このモデルは，サポートの利用可能性と実行されたサポートとの関連を積極的に扱おうとしたモデルです。従来のサポート研究の多くが，サポートの利用可能性の程度が高ければ，ストレスの悪影響が緩衝されやすいという，比較的単純な命題を扱ってきたのに対して，この文脈モデルでは，利用可能性の高さが，必ずしも受け手にポジティブな影響のみを与えるわけではないことを主張しています。

中村と浦（2000）はこの文脈モデルを実証的に検証しようとしました。この研究では，大学新入生364名を対象として，縦断的なデザインでデータが収集されました。具体的には，大学に入学した直後の4月に，父親，母親，入学以前から親しい学外の友人（旧友），入学後親しくなった学内の友人という4種類のサポート源から，大学生活で経験する種々のストレス状況へのサポートをどれくらい受けることができるかという期待の程度（上記のサポートの利用可能性にあたります）を調べ，3か月後に，これら4種類のサポート源から実際にどの程度のサポートを受けたかを問うというものでした。そして，この期待されたサポートの程度と実際に受け取ったサポートの程度とのギャップが，大学新入生の健康や抑うつ，あるいは自尊心に及ぼす影響を分析しました。

結果は次のようなものでした。まず，大学入学後にストレスをたびたび経験していた新入生は，旧友からのサポート受容が期待したほどのものでない場合に，不健康度や抑うつの程度が高まり，自尊心が低下していました。なお，サポートの提供がどれくらい規範化されているかの程度については，旧友からのものがもっとも高いという結果も得られました。これらの結果は，上述の稲葉の2つの命題を支持するものといえます。

これら以外にも興味深い結果が得られています。それは，大学入学後に経験するストレスの頻度がさほど高くない新入生についての結果です。このような新入生においては，新たな友人からのサポートが期待以上のものであったときに自尊心が低下し，旧友からのサポート提供が期待以上のものであったとき，不健康度が増大していました。また，母親からのサポートが期待したほどのものでなかったとき，不健康度が増大していました。

以上の結果は，サポートの程度が高ければ高いほど，人の適応が促進されるという単純な命題では，ソーシャル・サポートの効果を適切にとらえることができないことを示しています。まず，サポートの利用可能性が高ければ，それだけで人の適応が促進されるわけではないことが明らかです。期待しただけのサポートが得られなかった場合には，適応水準が低下することもあるのです。また，実際に得られたサポートについても，その程度が高ければ必ず適応が促進されるわけではありません。さほど期待していない相手から多くのサポートを得ると，適応水準が低下する場合があることも示されています。

3　ソーシャル・サポートと自己過程

（1）　ソーシャル・サポートと自己高揚

　上述の中村と浦（2000）の結果のうち，とりわけ興味深いのは，期待以上のサポートを得ることによる適応の低下です。ストレス頻度が低い場合の友人からのサポートにこのような結果が認められています。この結果はどう解釈すればよいのでしょうか。

　この結果についての解釈のためには，2つの点に留意する必要があります。第一に，それがストレス頻度の低い状況で認められたという点です。第二に，菅沼と浦（1997）の研究結果やそれについての考察で述べたように，友人関係というのは本来相互に対等な関係であることが期待されているという点です。友人から期待以上のサポートを受けることは，本来対等であるはずの友人関係に地位の差を生じさせます。これは，個人の自尊心に脅威を与える原因になります。しかし，そのような場合でも，たびたびストレスを経験するような状況では，その状況への適応の必要性が高いために，自尊心への脅威の悪影響は顕在化しないと考えることができます。ところが，ストレスの頻度が低い状況では，適応の必要性がさほど高くないために，必要以上のサポートを受けることの自尊心への脅威が顕在化しやすいと考えられます。このことが，期待以上のサポートを受けることで，適応水準が低下することの理由と考えることができます。

　このような，サポートが個人の自尊心にとって脅威となることで，そのポジティブな効果が減少したり，また逆にネガティブな効果が生じる可能性は，他の研究によっても示されています（たとえば，Allen, et al., 1991）。これらのことから，サポートがその提供者の意図しない結果を生じさせる原因として，サポートの受け手の自尊心やアイデンティティへの影響を考える必要があることがわかります。このような影響についてもう少し詳しく述べると次のようになります。

　人は一般に，自己高揚的な欲求をもっているといわれています。これは，自分をよりよい存在，より高い価値をもつ存在であるとみなそうとする欲求のことです。このような自己に対する認識が，さまざまな課題や問題の解決に対する高い動機づけを維持するうえで重要な役割を果たしていると考えられています（たとえば，Taylor & Brown, 1988）。つまり，自分は困難な状況に陥ったとしてもそれをうまく解決できるだけの人間なのだという自己認識が，実際にその解決を促進するということです。

　こう考えたとき，ソーシャル・サポートのひとつの効果が明らかになります。それは，サポーティブな他者の存在が，このような自己高揚的な認識を維持させるという効果です。人がストレッサーにさらされ，その解決に困難を感じるようになると，自分の無力さや欠点に目が向き，自分は高い能力をもつという信念が揺らぎかねません。しかし，このようなときでも，自分には困ったときにサポートを提供してくれる他者がいると感じることができれば，その困難に対して果敢に立ち向

かおうとする気力が湧いてくるでしょう。また，実際に困難に対処しようとするときに，親しい友人から励ましや情緒的なサポートを受けることで，自己高揚的な認識の揺らぎを小さくすることもできるでしょう。このようにして，親しい他者の存在は人を自立的なストレス対処に向かわせる原動力となり得るのです。

しかしながら，このようなサポートの効果は，時として逆に機能する場合があります。上述の菅沼と浦（1997）の研究で，正当性をもたない友人からの励ましがかえって人のストレスを高めたことが示されました。また，中村と浦（2000）の研究では，ストレス頻度が低い場合，友人からの期待以上のサポートがかえって適応の程度を低めてしまうことが見いだされました。これは，本来自尊心を支える役割をもつはずの友人からのサポートが，逆に，自尊心を揺るがせてしまうことによって生じた結果であると考えることができます。では，なぜ自尊心が揺らいでしまうのでしょう。

（2） ソーシャル・サポートと自己確証

人は自己高揚的な欲求とともに自己確証的な欲求ももっています（Swann, 1983）。これは，自分自身に対する自己認識がまちがっていないことを確認したいという欲求です。この自己確証の失敗は人にとって不快なものであり，時としてストレスを高める原因にもなります。この自己確証は，ソーシャル・サポート過程で次のように機能すると考えられます。

まず，人はストレス状況に陥ると，十分な対処ができない自分に気がつきます。これは，自己高揚を妨げ，適切な対処を取らせなくする可能性があります。しかしこのとき，まわりに自分を支えてくれる他者が存在することを知れば，人はその困難に向けて果敢に立ち向かおうとする気力を維持できる可能性が高まります。ここまでは，上述のとおりです。しかしこのとき，自分と対等だと考えている友人が自分のことを気遣い，手をさし

のべようとさえしていることに気づくと，どうなるでしょうか。自分は対等であるはずの友人から励ましを受けたり，具体的な援助をしてもらわなければならないほど無力な人間なのだと気づくことにもなりかねません。サポートの提供は，同時に「あなたは弱い人間だ」という宣言にもなりかねないのです。これは，自分は強い人間であるという自己認識の確証にとって脅威となります。このようにして，サポートの提供は，その受け手の自己評価過程を通じて，提供者の意図しない結果につながる可能性があるのです。

（3） 自己高揚と自己確証との関連

さて，以上のように，サポートがなぜ効果をもつのか，あるいはなぜ意図しない効果が生じるのかを考えるうえで，個人の自己評価過程に及ぼす他者からの影響の重要性が明らかとなります。もう少しこの観点からの研究をみていくことにしましょう。

上述の説明で，人がもつ自己評価過程における2つの異なった欲求に言及しました。自己高揚欲求と自己確証欲求です。これら2つの欲求は互いにどう関係しあっているのでしょうか。結論から言うと，多くの場合この2つの欲求はうまくかみ合い，他者からのサポーティブなはたらきかけを，適応を高める方向へとつなぐ役割を果たします。しかし，時にこの2つの欲求がうまくかみ合わず，他者からのサポーティブなはたらきかけの効果を無にしてしまいかねないことが起こります。具体的な研究例をみてみましょう。

スワンとプレッドモア（Swann & Predmore, 1985）は，自己確証が必要となる状況において，自分のことをよくわかってくれている友人との交流が重要な役割を演じることを示しました。彼らの実験では，自己評価と矛盾する評価を他者から受けた被験者が，その後，友人か初対面の他者のいずれかと5分間相互作用する機会を与えられました。被験者とその友人とのペアのなかには，被

験者自身の自己評価と友人からの評価とのあいだの一致度が高いペアもあれば，それの低いペアもありました。5分間の相互作用の後，被験者自身の自己評価が再度測定されました。結果は，次のことを示していました。まず，自己評価と一致した評価をしている友人と相互作用した被験者は，そうでない友人や初対面の他者と相互作用した被験者よりも，自己評価の変化量が少なかったのです。自己評価と矛盾する評価を他者から受けると，人は自己確証に向けて動機づけられると考えられます。そのとき，自分のことをよくわかってくれている友人と過ごすことができれば，その友人とのやりとりによって自己確証を行なうことが可能になるため，自己評価の変化量が少なくなったものと思われます。

ところで，この実験における自己確証は，すべての被験者にとって望ましい結果だったわけではありません。というのは，この実験ではさらに次のようなことが見いだされているからです。実は被験者は，本人の自己評価がどの程度なのかによって，自己評価の高い群（高自尊群）とそれの低い群（低自尊群）とにグループ分けされていました。これらのどちらの群においても上述のような結果が見いだされたのです。このことは何を意味するのでしょう。まず，高自尊群の被験者について考えてみると，彼ら彼女らが自己評価と不一致な評価を他者から与えられたということは，他者から低い評価を受けたことを意味します。このときに被験者が，自己評価と一致した評価をもっている友人と相互作用することができれば，もともともっていた自分に対する高い評価が確証されます。

低自尊群ではどうでしょうか。低自尊群の被験者にとって自己評価と不一致な評価とは，高い評価のことを意味します。つまり，他者から価値のある人物だと評価されたわけです。この評価は，被験者がもともともっていた，自分はさほど価値のある人間ではないという自己評価の安定を脅かします。このとき，被験者のことを被験者と同じようにさほど価値のない人間であるとみなしている友人と相互作用することによって，もともともっていた低い自己評価が確証されたのです。つまり，低自尊者の自己評価は，彼ら彼女らのことをよくわかっている友人と相互作用することで，低いまま維持されたということです。低自尊者においては，自己確証が自己高揚を妨げたのです。

さきに述べたように，ストレスへの適切な対処にとって自己高揚は重要です。自分は能力の高い人間であるという自己認知が，困難に対する積極的な対処を生むのです。そして，高自尊者においては，他者からの高揚的なはたらきかけが，みずからの高揚的な自己評価を確証することによって，サポーティブな効果を生むといえます。しかしながら低自尊者に対する他者からの高揚的なはたらきかけは，彼ら彼女らの低い自己評価と矛盾し，自己確証を妨げます。だからといって，低自尊者に低い評価を与えて自己確証をうながすと，今度は自己高揚ができません。このような低自尊者に対しては，どのようなはたらきかけが有効なのでしょうか。

この点に関して，たとえ安定が脅かされる可能性があっても，低自尊者には他者からの高揚的なはたらきかけが必要ではないかという意見があるかもしれません。高揚的なはたらきかけによって低自尊が揺らげば，それがきっかけとなって自己高揚が実現する可能性があるからです。実際のところ，低自尊者は他者からの評価に対してどのように反応するのでしょうか。次に，この問題について検討した研究をみることにしましょう。

（4）自己過程が対人関係に及ぼす影響

長谷川と浦（1998）は，縦断的なデザインによる調査によって，自己評価をめぐる自己と他者との相互影響過程について詳細な検討を加えています。この研究では，146名の大学生が2人一組の友

人ペアとして調査に協力しました。各被験者は，自分自身の自尊心の程度を自己評価するとともに，調査のパートナーである友人の評価も行ないました。また同時に，適応指標として不健康の程度や大学生活への充実感，抑うつ傾向も調べられました。同じ内容の調査が3か月の間隔をあけて行なわれ，3か月間での自己評価，他者評価ならびに適応の程度の変化や，これらの諸変数の相互の影響過程が分析されました。

分析の結果は，自尊心の高い者と低い者とで，パートナーとの相互作用のあり方やその適応に及ぼす効果が異なっていることを示していました。この研究では，自尊心の高低を，パートナーからの客観的な評価と自己評価との相対的な位置関係によってとらえました。つまり，パートナーからの評価より自己評価が高い群を相対的自己評価高群，逆にパートナーからの評価より自己評価が低い群を相対的自己評価低群としました。それぞれの群の特徴を述べると次のようになります。

まず相対的自己評価高群では，3か月間の自己評価の安定性がかなり高いことが示されました。この群では，自己評価が他者からの評価に影響されにくかったのです。また，この群は相対的自己評価低群と比較して，抑うつ得点や一般的不健康得点が低いことが示されました。

逆に，相対的自己評価低群では，自己評価，他者の評価ともに安定性が低く，最初の時点での自己評価が3か月後の他者評価に有意な影響を及ぼしていました。このことは，相対的自己評価の低い人々は，パートナーの自分に対する評価を，自分自身の低い自己評価に合わせるような形で，パートナーに対してはたらきかけていることを示唆しています。つまり，低自尊者は自分の低い自尊心が確証できるようにパートナーからの評価を下げようとしていたのです。

こうなると，低自尊者の自己評価を高揚させることは，必ずしも容易ではないと予想されます。

低自尊者に高い評価を与えると自己確証ができません。かといって，低い評価を与えると自己高揚ができません。それどころか，低自尊者は自分を高く評価している他者にはたらきかけて，その評価を下げようとすることさえあるのです。どうすれば，このような悪循環から抜け出すことができるのでしょうか。

この問題についての解決策は，これまで必ずしも十分な形で検討されてきたとはいえないのが現状です。しかし，まったく見通しがないわけでもありません。この点については，次の，残された課題の(2)で述べることにします。

4　残された課題

(1) サポートを質量ともに適切なものにするための条件とは

ここまで述べてきたように，他者に対するサポーティブなはたらきかけは，意図しなかった結果を生じさせることがあります。そうなってしまう理由について，前述でいくつかの観点から整理してきました。しかしながら，それらだけで十分でないことは言うまでもありません。どうすればそれを防ぐことができるのかにまで踏み込んで検討する必要があります。しかしながら，この問題について体系的な整理が可能になるほどの関連研究は多くないというのが現状です。そこで以下では，この問題の解決のためにはどのような方向の研究が有効なのかについて，いくつかの可能性を探ってみたいと思います。

サポートのマッチングモデルが示唆するように，受け手が必要とするサポートが提供されて初めてそれは効果をもちます（Cohen & Wills, 1985）。また，稲葉（1998）の文脈モデルが示唆し，中村と浦（2000）が明らかにしたように，期待されるサポート量と提供されるサポート量との適合性も重要です。にもかかわらず，サポートの提供者は

しばしば，質か量，あるいは質量ともに不適切なサポートを提供してしまうことがあります。そうならないためには何が必要なのでしょうか。

これらの問題を考えるうえで，そもそも人が困っている他者を助けようとするのはなぜなのかについての検討が重要な意味をもちます。たとえばバトソンらは，人は困っている他者を見ると共感性が高まり，それが愛他的な動機づけを引き起こすために，他者に救いの手をさしのべるのだと主張しています（Batson, 1997；Batson, et al., 1997）。ここで，愛他性とは他者の幸福を高めるという最終的な目標を達成しようとする動機づけ状態と定義されています。

これに対して，チャルディーニたちは，共感性によって引き起こされた愛他性は，他者に対する援助やサポートを生起させるうえで必ずしも必要ではないと主張してます（Chialdini, et al., 1997；Neuberg, et al., 1997）。彼らは，人は困っている他者と自分とのあいだに高い一体性を感じるからこそ，その他者を救おうとするのだと考えます。これは，純粋に愛他的な動機づけではありません。なぜならば，自分と一体化した他者を救うことは，他者だけを救うのではなく自分もまた同時に救うことになるからです。

さらにチャルディーニたちは，共感性というのは情緒的な反応であり，情緒は人の行動を引き起こすエネルギーにはなるけれども，その行動が向かうべき方向を決めることはないため，共感性だけでは表面的な援助しか説明できないと主張しています。これに対して，自他の一体性が高まると人は自己の利益に敏感になるため，行動のコストーベネフィット分析を行なうようになり，それがより的確な援助を引き起こすことにつながると予測し，実際，この予測を支持する結果を報告しています。

実は，バトソンらとチャルディーニらのあいだで，これら2つの考え方のうちどちらの妥当性が高いのかをめぐって興味深い論争が行なわれています。もしチャルディーニたちの主張のほうが妥当であるとすれば，他者に対する共感性を高めるだけでは，必ずしもサポートの適切性は高まらないということになるかもしれません。共感性が自他の一体性を高めた場合に限り，人は自己とともに他者をも同時に救おうとして，適切なサポートとはなにかを考えるようになるのかもしれないのです。また，共感性だけでなく，他に自他の一体性を高めるような要因があれば，それによってサポートの適切性を高めることもできるでしょう。このような観点からの検討は，サポートの適切性をめぐる研究に大きな示唆を与えるものになると思われます。

（2） サポートの受け手の要因をどうとらえるか

対人関係が，少なくとも2人以上のあいだで展開されるものである限り，そこでやりとりされる行動でどのような効果が生じるのかを考えるとき，その行動の送り手側の要因だけでなく，受け手側の要因もまた考慮しなければならないことは言うまでもありません。本章で紹介した研究をみても，受け手の自尊心の高低によって，サポートの効果や送り手と受け手とのあいだのサポート過程そのものに違いが生じることが示されています。

長谷川と浦（1998）で示されたように，低自尊者は他者へのはたらきかけを通じて自分自身の自尊心を低いまま維持しようとする傾向があります。人間のよりよい適応にとって自己高揚が必要であるとするならば，このような低自尊の維持メカニズムを改善することが必要です。どうすれば，それができるのでしょうか。

何よりも，低自尊者が自己評価を高めることができるような状況を作り出すことが必要です。しかし対人関係のなかでそのような状況を作り出すことは容易ではありません。低自尊者の自己評価を高めようとする他者からのはたらきかけは，低自尊者を情緒的には快適だが認知的には不快であ

るという「認知と情緒の板挟み」状態に追い込むことになるという指摘があります。そしてこの状態は，低自尊者の「安心探し行動」を引き起こし，これが他者を低自尊者から遠ざけてしまうことで，結果的に低自尊者の自己評価がさらに下がってしまう可能性があります（Coyne, 1976a, b）。

とするならば，よほど親しく，また多少のことでは相手のことを見放さないパートナーが，根気強くポジティブな評価を与え続けるというような方策が必要なのかもしれません。実際，そのようなはたらきかけの有効性を報告する研究もあります（De La Ronde & Swann, 1998）。これらの研究知見を考えあわせると，ソーシャル・サポート研究においても，これまでのようにサポートの利用可能性の高低やサポートの実行の有無だけでなく，サポート提供の持続性というような要因を考慮する必要があると言えるでしょう。

もちろん，サポートの受け手側の要因として重要なものは自尊心や自己評価だけではありません。他の諸変数も考慮に入れたうえで，それらを包括的に説明できる概念枠組みを探る必要があります。

（3） 対人関係の多様性をどうとらえるか

これまでの対人関係の研究は，多くの場合，ある人にとっての対人関係をひとまとまりのものとして全体的にとらえるか，もしくは，ある人と特定のひとりの他者との関係性に焦点をあてるか，のいずれかで対人関係をとらえてきました。しかしながら，実際には私たちは多数の他者に囲まれ，それらの他者から種々の異なった影響を受けています。対人関係についてのよりよい理解のためには，このような対人関係の多様性に着目して，それが個人に及ぼす影響を検討することが必要です。そしてこの検討にとっては対人関係の影響をより長期的にとらえる視点も不可欠です。

たとえば，ある人に対して批判的な他者は，短期的にはその人を不愉快な気持ちにするかもしれませんが，長い目でみれば，その人を成長させるうえで重要な役割を果たすのではないでしょうか。逆に，甘い評価ばかりを与える他者は人を慢心させ，人間的な成長を阻むことになるかもしれません。しかし別の観点からみれば，甘い評価はその受け手の自己高揚につながり，ストレス状況への積極的な対処を促進する可能性も考えられます。そしてストレス対処の成功は，人間的な成長につながると考えられるでしょう。また逆に，批判的な意見は人のやる気をそぎ，積極的な対処を阻むことで成長のきっかけをつぶしてしまいかねません。

従来の対人関係をめぐる概念的な枠組みは，このような対人関係の多様性と長期的な影響過程を必ずしも的確にとらえ得るものではありませんでした。しかし，いくつかの試みが行なわれ始めています（たとえば，浦，1997； 西村ら，1999）。今後，より積極的な取り組みが必要だといえるでしょう。

引用文献

Allen, K. M., Blascovich, J., Tomaka, J., & Kelsey, R. M. 1991 Presence of human friends and pet dog as moderators of automatic responses to stress in women. *Journal of Personality and Social Psychology*, 61, 582-589.

Batson, C. D. 1997 Self-other merging and the empathy-altruism hypothesis: Reply to Neuberg et al. (1997). *Journal of Personality and Social Psychology*, 73, 517-522.

Batson, C. D., Sager, K., Garst, E., Kang, M., Rubchinsky, K., & Dawson, K. 1997 Is empathy-induced helping due to self-other merging? *Journal of Personality and Social Psychology*, 73, 495-509.

Cialdini, R. B., Brown, S. L., Lewis, B. P., Luce, C., & Neuberg, S. L. 1997 Reinterpreting the empathy-altruism relationship: When one into one equals oneness. *Journal of Personality and Social Psychology*, 73, 481-494.

Clark, M. S. & Mills, J. 1979 Interpersonal attraction in exchange and communal relationships. *Journal of Personality and Social Psychology*, 37, 12-24.

Clark, M. S. & Mills, J. 1993 The difference between communal and exchange relationships: What it is and is not. *Personality and Social Psychology Bulletin*, 19, 684-691.

Cohen, S. & Wills, T. A. 1985 Stress, social support, and the buffering hypothesis. *Psychological Bulletin*, 98, 310-357.

Coyne, J. C. 1976a Depression and the response of others. *Journal of Abnormal Psychology*, 85, 186-193.

Coyne, J. C. 1976b Toward an interactional description of depression. *Psychiatry*, 39, 28-40.

De La Ronde, C. & Swann, W. B. Jr. 1998 Partner verification: Restoring shattered images of our intimates. *Journal of Personality and Social Psychology*, 75, 374-382.

長谷川孝治・浦 光博 1998 アイデンティティー交渉過程と精神的健康との関連についての検討 実験社会心理学研究, 38, 151-163.

Hollander, E. P. & Julian, J. W. 1970 Studies in leader legitimacy, influence, and innovation. In L. L. Berkowitz(Ed.) *Advances in experimental social psychology*, (Vol. 5, p. 33-69). New York : Academic Press.

稲葉昭英 1998 ソーシャル・サポートの理論モデル 松井 豊・浦 光博(編) 人を支える心の科学 誠信書房 p 151-175.

松井 豊・浦 光博 1998 人を支える心の科学 誠信書房

中村佳子・浦 光博 2000 適応及び自尊心に及ぼすサポートの期待と受容の交互作用効果 実験社会心理学研究, 39, 121-134.

Neuberg, S. L., Cialdini, R. B., Brown, S. L., Luce, C., & Sagarin, B. J. 1997 Does empathy lead to anything more than superficail helping? Comment on Batson et al. (1997). *Journal of Personality and Social Psychology*, 73, 510-516.

西村太志・浦 光博・長谷川孝治 1999 自己評価過程における他者選択が適応に及ぼす影響 日本社会心理学会第47回大会発表論文集, 50-51.

大渕憲一 1993 人を傷つける心―攻撃性の社会心理学 サイエンス社

菅沼 崇・浦 光博 1996 対人行動が異質な対人関係領域における適応に及ぼす効果 日本グループ・ダイナミックス学会第44回大会発表論文集, 2-5.

菅沼 崇・浦 光博 1997 道具的行動と社会情緒的行動がストレス反応と課題遂行に及ぼす効果―リーダーシップとソーシャル・サポートの統合的アプローチ― 実験社会心理学研究, 37, 138-149.

Swann, W. B., Jr. 1983 Self-verification: Bringing social reality into harmony with the self. In Sules & Greenwald(Eds.). *Social psychological perspectives on the self*, vol. 2, p. 33-66. Hillsdale, NJ : Erlbaum.

Swann, W. B., Jr. & Predmore, S. C. 1985 Intimates as agents of social support: Source of consolation or despair? *Journal of Personality and Social Psychology*, 49, 1609-1617.

Taylor, S. E. & Brown, J. D. 1988 Illusion and well-being: A social psychological perspective on mental health. *Psychological Bulletin*, 116, 21-27.

浦 光博 1992 支えあう人と人―ソーシャル・サポートの社会心理学― サイエンス社

浦 光博 1997 仕事と家庭のインターフェイスの検討―対人関係の道具性と情緒性のバランスに着目して― 平成7-8年度文部省科学研究費補助金(基盤研究C)研究成果報告書

索 引

50 音順

ア 行

愛情関係構造　114
愛情の関係　113
愛情の関係モデル　113
愛情の絆　107
愛情要求（得点）　113
愛他性　127
愛他的な動機づけ　127
愛着　107
愛着スタイル　108
安心探し行動　128
依存性　107
依存欲求　115
田舎　55
インターナル・ワーキング・モデル　108
インフォーマルな援助　56
ARS (affective relationships scale)　113
疫学　27
エクソシステム　76
SESS (the scale of expectancy for social support)　14
援助エピソード　57
援助カテゴリー　58
援助経験の影響出現過程モデル　98
援助行動　53, 77, 97
援助授与　97
援助受容　97
援助授与行動の生起過程モデル　98
援助事例　79
援助成果　2, 114
援助動機　68
援助要請　97
援助要請過程　2
援助要請行動　48
援助要請行動の生起過程モデル　97
援助要請者　58
援助要請状況　49
援助要請の生起過程　48
横断データ　30
お互いさま的関係　115
親子関係　12, 121

カ 行

介護　33
介入型研究　37
カウンセラー　43
学生相談　43
学生相談室　43
家族介護者　34
家族型　114
家族サポート　21
価値観　121
活動動機　68
過程モデル　49
観察型研究　37
緩衝効果　5, 18
キティ・ジェノベーゼ嬢殺人事件　54
規範意識　77
基本的帰属錯誤　77
救援者へのサポート　71
境界密度　106
共感喚起　100
共感性　127
共同関係　121
協同志向性　60
共分散構造分析　29
近隣社会　53
健康心理学　27
効果出現3過程8段階モデル　100
交換関係　121
構造的次元　105
公的支援　28
行動一環境システム　76
行動のコスト－ベネフィット分析　127
行動場面　76
交友関係　59
高齢化　27
高齢化社会　91
高齢者　27, 56
高齢者保健福祉推進10か年計画（ゴールドプラン）　33
互恵性　60, 114
互恵的関係　115
こころのケア　66, 70
互酬性　36
個人的ネットワーク分析　106
コミュニティ意識　59, 60
コンボイ・モデル　110

サ 行

災害　63
災害ボランティア　63
サブカルチャー理論　55
サポート　107
　実行されたサポート　63
　実際に提供されたサポート　122
サポート概念　36
サポート期待　18
サポート源　18, 122
サポート源への満足度　17
サポートシステム　43
サポート提供の持続性　128
サポートネットワーク　43, 56, 65
サポートの縦断的効果　22
サポートの適切性　127
サポートのマッチングモデル　126
サポートの利用可能性　122
サポートへの満足度　106
漸成説　109
自覚率　70
自我同一性　11
刺激過負荷理論　54
自己開示　100
自己確証欲求　124
自己過程　123
自己高揚　123
自己高揚欲求　123, 124
自己効力感　91, 99
自己認識　124

索引

自己評価　125
自己理解　100
自然観察法　77
自然災害　64
自尊心　123
自尊心回復過程　100
自他の一体性　127
私的支援　28
自発性　83
社会関係　28
社会経済的地位　106
社会構造　105
社会資源　43
社会情緒的サポート　2
社会的生活組織への打撃　64
社会的接触　28
社会的ネットワーク　28, 56, 105
社会的ネットワーク・モデル　109
社会的非組織化理論　54
集合体の構造　106
集団概念　105
縦断データ　30
主観的幸福感　29
主観的サポート　14, 15
手段的サポート（支援）　16, 28
手段的日常生活動作能力　31
授与出費　98
授与利得　98
生涯発達　107
生涯発達心理学　27
情緒的サポート（支援）　16, 27, 28, 41
焦点説　114
小都市　54
職場の上司　120
事例分析　78
人為災害　64
人生満足度　29
心的外傷　64
心的外傷後ストレス障害　70
心的表象　108
心理・社会的危機　11
心理的サポート　15
心理的健康状態　18
心理的負債感　66
心理臨床　43
ストレス緩衝効果　32
ストレス症状　70
ストレンジ・シチュエーション法　107
精神・心理的問題　70
精神的・心理的援助　66
精神的健康　28
精神的打撃　64
成人版愛着スタイル尺度　108
生態学　75
生態学的考察　76
生態学的構造　76
生態学的心理学　75
生態学的妥当性　75
生態学的要因　77
静態的・一時的な社会的ネットワーク　116

正当性　119
青年期　11
　〜の特徴　11
　〜の発達課題　11
青年の悩み　13
青年の人間関係　12
生物学的生態学　75
責任の分散理論　79
セルフ・ヘルプ・クリアリングハウス　103
セルフ・ヘルプ・グループ　95
　〜の機能　96, 99
　〜の定義　95
　〜の特徴　95
　〜の分類　95
潜在的援助者　97
潜在的被援助者　97
ソーシャル・サポート（社会的支援）　2, 13, 27, 63, 122
ソーシャル・サポート（社会的支援）ネットワーク　17
ソーシャル・サポート（社会的支援）ネットワークアプローチ　106
ソーシャル・サポート（社会的支援）の測度　14
ソーシャルスキル（社会的技能）　46
相互作用的な諸次元　105

◆　タ 行　◆

対処方略　34
　情動焦点型対処方略　35
　問題解決型対処方略　34
対人関係　119
対人関係の多様性　128
対人関係の2面性　119
大都市　54
他者理解　100
探索の安全基地　108
知覚されたサポート　63
痴呆（認知障害）　29
中核的な対象　113
直接効果　19
定点観察　77
道具的サポート　2, 14, 41
動態的・継時的な社会的ネットワーク　116
ときはなち　99
特殊災害　64

◆　ナ 行　◆

仲間型　114
二次的愛着対象　109
日常生活動作能力　31
日常的援助　53
入手可能性　15
ニュータウン　59
人間関係　105
認知過程　49
ネガティブ効果　119
ネットワーク　105
ネットワークの密度　106

▶ ハ 行 ◀

バーンアウト（燃えつき症候群） 71
般化説 114
阪神・淡路大震災 63
PART (picture affective relationships test) 114
PTSD (post traumatic stress disorder) 70
被依存欲求 115
被援助経験の影響出現過程モデル 99
比較的関係 121
被災者 64, 65
非授与出費 98
非授与利得 98
否定的対人関係 28
ひとりだち 99
避難所 64, 66
ヒューマン・サービス 102
被要請者 58
非要請出費 97
非要請利得 97
フォーマルな援助 56
不健康度 122
物理的サポート 16
文脈モデル 122
ヘルパーセラピー原則 96
ヘルパーセラピー効果 99
ヘルパーセラピー効果の3つの基本要素 99
返還行動 2
 互恵的返還行動 2
 補償的返還行動 2
母子関係 107
補償的なサポート関係 20
ボランティア 68, 83
 国際ボランティア 84
 個人ボランティア 85
 災害ボランティア 84
 専門ボランティア 84
 団体ボランティア 85
 地域ボランティア 84
 福祉ボランティア 84
 有償ボランティア（活動） 84
ボランティア活動 83, 84
 活動効果 90
 活動参加影響過程モデル 89
 活動成果 90
ボランティア活動参加過程 85
ボランティア活動参加動機 85, 88
 愛他的な動機 86
 価値機能 86
 強化機能 87
 経歴機能 87
 自己志向的な動機 86
 社会適応機能 86
 知識機能 86
 防衛機能 87
 欲求充足機能 86
ボランティア元年 63
ボランティア休暇制度 84
ボランティアためらい症候群 71
ボランティア統括組織 69
ボランティアの組織化 69
ボランティアの特徴 85

▶ マ 行 ◀

マイクロシステム 76
マクロシステム 76
慢性ストレス事態 34
無償性 83
メゾシステム 76
燃えつき症状 34

▶ ヤ 行 ◀

野外科学 75
役割 111
役割移行 111
役割関係の変化 111
役割ストレス 111
役割喪失 111
友人関係 12, 121
友人サポート 21, 41
有能感 99
要援護高齢者 33
要請出費 97
要請利得 97
抑うつ傾向 121
抑うつ症状 29

▶ ラ 行 ◀

ライフイベント 32
ライフライン 65
リーダー 66
 仕事上リーダー 67
 自然就任リーダー 66
 自発的リーダー 67
 選出されたリーダー 67
 避難所リーダー 66
リーダーシップ効果 120
リーダーシップ行動 120
連続性の問題 109
連帯性 83
老化 27
老年学 27

▶ ワ 行 ◀

わかちあい 99

監修／高木　修（たかぎおさむ）
1940年　京都府生まれ

現　職：関西大学社会学部教授
学　歴：1970年　京都大学大学院文学研究科博士課程満期退学・文博
研究分野：社会心理学・対人行動学
著　書：「他者（ひと）を助ける行動」の心理学（共編著）光生館　1987年
　　　　現代社会心理学の発展Ⅱ（分担）ナカニシヤ出版　1991年
　　　　被服と身体装飾の社会心理学：装いのこころを科学する（上・下巻）（監訳）北大路書房　1994年
　　　　社会心理学への招待：若者の人間行動学（編著）有斐閣　1995年
　　　　被服と化粧の社会心理学：人はなぜ装うのか（監著）北大路書房　1996年
　　　　人を助ける心：援助行動の社会心理学　サイエンス社　1998年
　　　　21世紀の社会心理学　被服行動の社会心理学（監著）北大路書房　1999年　他

編集／西川　正之（にしかわまさゆき）
1953年　兵庫県生まれ

2000年　逝去（帝塚山大学人文科学部　教授）
学　歴：1978年　関西大学大学院社会学研究科修士課程修了・博士（社会学）
研究分野：社会心理学・被服心理学
著　書：被服と化粧の社会心理学：人はなぜ装うのか（分担）北大路書房　1996年
　　　　あのとき避難所は：阪神・淡路大震災のリーダーたち（共編）ブレーン出版　1998
　　　　人を支える心の科学（分担）誠信書房　1998年
　　　　被服行動の社会心理学（分担）北大路書房　1999年

Message

　思い起こせば，40年近く研究を続けてきて，2000年6月に還暦を迎えることになりました。理念的態度構造理論を因子分析法を用いて検証することから社会心理学的研究を始め，その後，構造理論を基盤に，態度と行動の一貫性問題を，環境問題，援助や攻撃，被服行動，消費行動などの現実の問題行動において研究してきました。この間，すばらしい指導者や研究協力者との出会いだけでなく，貴重な示唆や研究の方向づけを与えてくれた書物との出会いもありました。本当に幸せなことです。そこで，今度は，自分が社会心理学の初学者や専門家に，少しでもお役に立つことがあればやろうと考えた次第です。

Message

　人を支える行動の研究は，新しい局面を迎えようとしています。これまでの，援助を規定する基本的要因の解明や，行動モデルの提案といった援助行動の基礎的研究から，実践的，応用的研究へと重心を移しつつあります。このような動向を考慮しながら本書は編集されました。執筆者はわが国で，この分野の研究を力強く進めている心理学者です。現在懸命に研究に取り組んでいるなかで，その成果の一端を積極的に披露していただきました。新しい援助やサポート研究に触れて，この分野への関心をいだいていただければ幸いです。

シリーズ　21世紀の社会心理学 4
援助とサポートの社会心理学

2000年5月30日　初版第1刷発行
2005年5月20日　初版第2刷発行

定価はカバーに表示してあります

監　修　者　高　木　　　修
編　著　者　西　川　正　之
発　行　者　小　森　公　明
発　行　所　㈱北大路書房
　　　　　　〒603-8303　京都市北区紫野十二坊町12-8
　　　　　　電　話　(075) 431-0361（代）FAX (075) 431-9393
　　　　　　振　替　01050-4-2083

Ⓒ2000　印刷／製本　㈱太洋社　　検印省略　落丁・乱丁本はお取り替えいたします
ISBN4-7628-2182-9 Printed in Japan